完善文化产业
投融资体系研究
——以天津市为例

李 勇 著

国家行政学院出版社

图书在版编目（CIP）数据

完善文化产业投融资体系研究：以天津市为例／李勇著．—北京：国家行政学院出版社，2015．7（2025.7重印）

ISBN 978－7－5150－1556－9

Ⅰ．①完…　Ⅱ．①李…　Ⅲ．①文化产业－投资－研究－天津市②文化产业－融资－研究－天津市　Ⅳ．①G127.21②F832.721

中国版本图书馆 CIP 数据核字（2015）第 171384 号

完善文化产业投融资体系研究：以天津市为例

著　　者：	李　勇
责任编辑：	侯书生
装帧设计：	高　建
出版发行：	国家行政学院出版社
地　　址：	北京市海淀区长春桥路 6 号
电　　话：	（010）68920640　68929037
邮　　编：	100089
经　　销：	新华书店
印　　刷：	三河市天润建兴印务有限公司
开　　本：	700mm×1000mm　　1/16
印　　张：	16
字　　数：	260 千字
版　　次：	2015 年 7 月第 1 版
印　　次：	2025 年 7 月第 3 次印刷
书　　号：	ISBN 978－7－5150－1556－9
定　　价：	45.00 元

图书如有印装问题，请与印刷厂联系调换　电话：（010）69633430

目录 CONTENTS

第一章 相关概念及理论依据 …………………………………… 1

一、文化产业的含义及范围 …………………………………… 1
（一）文化产业的含义 …………………………………… 1
（二）文化产业的范围 …………………………………… 3

二、发展文化产业的理论依据 ………………………………… 10
（一）文化资本理论 …………………………………… 10
（二）增长极理论 ……………………………………… 11
（三）外部性理论 ……………………………………… 12
（四）公共产品理论 …………………………………… 13
（五）市场失灵理论 …………………………………… 14
（六）比较优势理论 …………………………………… 15
（七）产业集群理论 …………………………………… 15

三、我国发展文化产业的优势与现实意义 …………………… 17
（一）发展优势 ………………………………………… 17
（二）现实意义 ………………………………………… 18

四、本章小结 …………………………………………………… 21

第二章 文化产业投融资方式及投融资政策 ……… 23

一、文化产业投融资方式 ……… 24
（一）政府投资 ……… 24
（二）上市融资 ……… 38
（三）债券融资 ……… 44
（四）信贷融资 ……… 48
（五）资产证券化融资 ……… 53
（六）外资投资 ……… 62

二、文化产业投融资政策 ……… 65
（一）财政政策 ……… 65
（二）税收政策 ……… 66
（三）金融政策 ……… 84

三、本章小结 ……… 88

第三章 天津文化产业发展现状与评价 ……… 91

一、天津文化产业发展总体状况 ……… 91
（一）文化产业增加值增加迅猛，对国民经济的贡献逐年加大 ……… 91
（二）文化产业发展规划合理，重点产业定位明确 ……… 92
（三）重点工作扎实推进，文化产业发展迅速 ……… 95
（四）文化产业与文化事业协调发展，文化建设不断取得新成就 ……… 103

二、天津各区县文化产业发展概况与评价 ……… 105
（一）发展概况 ……… 105
（二）天津各区县文化产业发展总体评价 ……… 138

三、本章小结 ……… 141

第四章 天津文化产业投融资体系建设现状 ……… 143

一、政府投资居主体地位，呈现逐年增加态势 ……… 143

（一）滨海新区文化产业投资高速领航 ……………… 145
（二）中心城区新老文化水乳交融交相辉映 …………… 146
（三）其他区县成为文化产业投资重点 ………………… 146

二、文化产业投资结构优化升级，促进了经济又好又快发展 …… 147
（一）文化产业投资与文化事业发展相映成辉，
实现物质精神双丰收 …………………………… 147
（二）产业结构不断升级 ………………………………… 148
（三）投资结构不断优化 ………………………………… 149

三、投融资环境进一步优化，增强了文化产业发展动力 ………… 150
（一）成功搭建金融与产业的对接平台 ………………… 150
（二）政府设立专项资金支持文化产业发展 …………… 152
（三）出台扶持政策助力文化产业发展 ………………… 157

四、创新投融资方式，加速文化产业与资本市场的对接 ………… 166
（一）信托融资 …………………………………………… 166
（二）债券融资 …………………………………………… 167
（三）股票融资 …………………………………………… 167

五、建设各类交易平台，服务于文化产业投融资 ………………… 169
（一）天津股权交易所 …………………………………… 169
（二）天津文化艺术品交易所 …………………………… 172
（三）天津 OTC 交易平台 ………………………………… 173
（四）天津文化产权交易所 ……………………………… 175

六、本章小结 ………………………………………………………… 178

第五章　国内外健全文化产业投融资体系的先进经验及启示 …… 181

一、国外先进经验 …………………………………………………… 181
（一）美国 ………………………………………………… 182
（二）英国 ………………………………………………… 185
（三）法国 ………………………………………………… 187
（四）日本 ………………………………………………… 189
（五）韩国 ………………………………………………… 190

二、国内先进经验 192
　（一）北京 192
　（二）上海 194
　（三）福建 196
　（四）杭州 199
　（五）南京 202
三、国内外先进经验对天津发展文化产业的几点启示 205
四、本章小结 208

第六章　完善天津文化产业投融资体系的对策建议 209
一、天津市文化产业投融资存在的问题 210
　（一）政策支持方面存在的问题 210
　（二）融资市场方面存在的问题 210
　（三）社会资本融资方面存在的问题 215
二、文化产业投融资问题的原因分析 216
　（一）文化产业方面 216
　（二）政府投入方面 216
　（三）融资市场方面 216
三、完善天津文化产业投资融体系的对策建议 217
　（一）国家层面 217
　（二）天津市层面 227
　（三）文化企业层面 231
四、本章小结 238

参考文献 241

后记 250

第一章 相关概念及理论依据

本章导读

> 本章首先对文化产业的含义和范围进行了界定，为课题的研究奠定了基础。接下来梳理了国内外关于文化产业发展的经典理论，包括文化资本理论、增长极理论、外部性理论、公共产品理论、公共产品理论、比较优势理论和产业集群理论精神生产理论。最后分析我国发展文化产业具有的文化优势、资源优势、经济优势、人才优势、政策优势和技术优势，同时从发展方式转变、产业结构转型升级和保障人民群众的文化权益等角度分析了发展文化产业的实践意义。

关于文化产业发展的研究需要从其概念和范围入手，只有明确界定文化产业的含义及其范围，才能为文化大繁荣大发展背景下的科学研究打下必要的基础。同时，文化产业研究在我国毕竟是一个新课题，我们需要借助经典理论廓清发展思路，增强自信。只有这样，才能推动我国文化事业和文化产业的又好又快发展，早日实现全面建成小康社会的宏伟目标。

一、文化产业的含义及范围

（一）文化产业的含义

"文化产业"一词最初是以"文化工业"的名称出现的，最早出现在法兰克福学派的特提奥多·阿多诺和马克斯·霍克海默尔于1947年合著的

《启蒙的辩证法》一书中,其本意有批判之意,认为文化产业具有一定的欺骗性和控制性。后来各国文化产业发展实践充分证明,正是法兰克福学派对文化产业的批判具有针砭文化产业之弊的作用,才对文化产业向健康的方向发展大有裨益。①1978年,联合国成立了教科文组织这一专门机构对文化产业进行了深入研究,并于1982年在墨西哥城召开"世界文化政策会议",这次会议上对文化进行了初步界定,指出文化不仅包括艺术和文学,也包括生活方式,人类的基本权利,价值体系,传播和信仰。②应该说,联合国关于文化的界定拓展了其内涵和外延。1980年英国大伦敦市议会将"文化产业"界定为没有稳定的公共财政资金维持,采用商业化方式运作的文化活动;是产生财富与就业的重要渠道;是所有与文化有关商业活动的通称,其文化产品用于满足人们的消费需求。这是最早国际上比较公认关于文化产业的权威定义。③

在我国,"文化产业"是一个舶来词汇,其缘起可上溯至20世纪70年代末到80年代中期。随着"文化大革命"的结束,党和国家将工作重心转移到经济建设上来,随着工业的恢复发展,娱乐业也逐渐从无到有开始发展起来。从盒式录音带和录音机到录像机,从电视剧到电视广告出现在银屏上,从录像制品出版社到卡拉OK厅,人们在新鲜事物的陶醉中,意识到文化不仅仅只是具有教化功能的政治宣传,而且也是一个经济门类的重要组成部分。伴随着人们的价值观念的转变,我国的文化产业开始起步。20世纪80年代中期以后,文化部门积极探索体制和分配模式的改革,文化产业的业态日趋丰富;90年代,我国文化体制改革进一步深入,政府的支持力度逐渐增大,企业组织形式从单一法人制企业向集团化发展,文化产业对GDP的贡献迅速提升。2000年10月,在十五届五中全会会议通过的《中共中央关于制定国民经济和社会发展第十个五年计划的建议》

---

① 范希春. 论法兰克福学派文化批判理论 [J]. 山东师大学报(社会科学版),2000(06):79-83.

② 吉永生. 向普适文明迈进——兼论加入WTO的文化意义 [J]. 云南行政学院学报,2004(03):109-113.

③ 孙启明. 文化创意产业的形成与历史沿革. 文化创意产业前沿——希望:新媒体崛起 [M]. 北京:中国传媒大学出版社2008年版.

中，我国官方第一次正式提出文化产业，该报告的第十五条"加强社会主义精神文明建设"提出要"完善文化产业政策，加强文化市场建设和管理，推动有关文化产业发展"。其后，文化产业被放在重要位置上，2004年9月，十六届四中全会通过《中共中央关于加强党的执政能力建设的决定》，提出"不断提高建设社会主义先进文化的能力"，并将它列为加强党的执政能力建设的主要任务之一；2011年10月，党的十七届六中全会吹响了推动社会主义文化大发展大繁荣、建设社会主义文化强国的进军号。全会强调："培养高度的文化自觉和文化自信，提高全民族文明素质，增强国家文化软实力，弘扬中华文化，努力建设社会主义文化强国。"从此，我国文化事业和文化产业进入快速发展期。

(二) 文化产业的范围

1. 不同时期关于文化产业范围的界定

从上文可以看出，文化产业在我国发展的历史不长，但其迅猛的发展速度令人称道。对于一个外来词汇，我国关于文化产业的范围在不同时期有着不同的界定。下文按照时间维度就21世纪以来我国政府不同部门对文化产业的文化产业范围的界定做一简单梳理。

2003年9月，文化部制定下发了《关于支持和促进文化产业发展的若干意见》(文产发〔2003〕38号)，对文化产业界定为从事文化产品生产和提供文化服务的经营性行业；认为文化产业是与文化事业相对应的概念，两者都是社会主义文化建设的重要组成部分；文化产业是社会生产力发展的必然产物，是随着我国社会主义市场经济的逐步完善和现代生产方式的不断进步而发展起来的新兴产业，社会主义文化产业要把社会效益放在首位，努力通过市场实现文化产品和文化服务的经济价值；采用列举法细分了文化产业的行业门类，包括演出业、影视业、音像业、文化娱乐业、文化旅游业、网络文化业、图书报刊业、文物和艺术品业以及艺术培训业等。

2004年4月，国家统计局制定和发布了《文化及相关产业分类》(国统字〔2004〕24号，下称《分类(2004)》)，将文化及相关产业界定为"为社会公众提供文化娱乐产品和服务的活动，以及与这些活动有关联的活动的集合"。《分类（2004）》指出，文化及相关产业的活动主要包括文化产品制作和销售活动、文化传播服务、文化休闲娱乐服务、文化用品生产和销售活动、文化设备生产和销售活动、相关文化产品制作和销售活动。《分类（2004）》将文化产业分为核心层、外围层和相关层，其中，文化产业核心层包括新闻服务、出版发行和版权服务、广播、电视、电影服务和文化艺术服务；文化产业外围层包括网络文化服务、文化休闲娱乐服务和其他文化服务；文化产业相关层包括文化用品、设备及相关文化产品的生产和销售。

2009年8月，文化部发布《文化产业投资指导目录》（文化部便函[2009] 42号），针对内资投资主体确定了我国文化产业的鼓励类、允许类、限制类和禁止类。鼓励类主要是针对具有良好的经济效益和社会效益，市场前景好，关联带动作用突出，技术含量和附加值高，有利于产业结构优化升级，能够有效地扩大内需，增加就业，扩大文化产品出口的产业，包括演艺服务业（文艺创作；艺术表演团体；营业性演出；舞台美术、服装、道具；文艺演出院线；艺术表演场所）、网络文化和动漫服务业（网络文化服务业，包括网络文化信息服务，数字内容产品开发，网络博物馆、图书馆、美术馆，网络游戏，网络音乐，手机游戏，手机音乐，网络、手机游戏衍生产品开发，移动多媒体文化产品开发；动漫业，包括动漫创作，动漫工作室，动漫文化推广，动漫技术开发与应用，动漫服务平台，动漫衍生产品开发）、文化休闲娱乐服务业（休闲娱乐服务；文化旅游资源开发与经营；民族特色文化产品开发与经营；农村文化服务产品开发与经营；民间民俗工艺品开发与经营）、文化科技服务业（文化科技成果产业化服务；文化中小企业创新服务；文化艺术新技术研发、应用与推广；文化新产品研发、应用与推广；文化科技服务平台建设与开发）、其他文化服务业（文化商务服务，包括艺术设计，摄影服务，票务服务，文化艺术经纪代理服务，文化艺术品鉴定、咨询服务，文化艺术产品物流配送，文化产业认证服务，文化艺术培训服务，文化产业咨询服务；文化会展服务，包括会展策划及组织服务，境外参展服务；文化活动服务，包括节庆文化活动的策划、组织，艺术活动策划、组织，民族、民俗活动策划、组织；文化信息服务，包括文化行业信息服务，文化市场信息服务；

文化投资服务，包括文化企业孵化中心，文化产业投资基金，文化产业风险投资基金，文化产业创业投资服务，文化投资担保服务；文化贸易服务，包括文化产品出口服务，文化贸易经纪代理）、文化用品、设备及相关文化产品的生产销售（乐器及相关产品生产销售；游艺器材及娱乐用品生产销售；照相器材生产销售；工艺美术品生产销售）。限制类主要针对符合行业准入条件，但国家规定需有计划按比例逐步发展的产业以及有投资比例要求的产业；禁止类产业为国家法律法规和有关政策明令禁止的产业，包括网络文化和动漫服务业以及部分文化休闲娱乐服务业。不属于鼓励类、限制类和禁止类的产业，除国家另有规定外均为允许类文化产业。

2009年，财政部、海关总署和国家税务总局联合发布《关于支持文化企业发展若干税收政策问题的通知》（财税〔2009〕31号），确定文化企业的具体范围包括：（1）文艺表演团体；（2）文化、艺术、演出经纪企业；（3）从事新闻出版、广播影视和文化艺术展览的企业；（4）从事演出活动的剧场（院）、音乐厅等专业演出场所；（5）经国家文化行政主管部门许可设立的文物商店；（6）从事动画、漫画创作、出版和生产以及动画片制作、发行的企业；（7）从事广播电视（含付费和数字广播电视）节目制作、发行的企业，从事广播影视节目及电影出口贸易的企业；（8）从事电影（含数字电影）制作、洗印、发行、放映的企业；（9）从事付费广播电视频道经营、节目集成播出推广以及接入服务推广的企业；（10）从事广播电影电视有线、无线、卫星传输的企业；（11）从事移动电视、手机电视、网络电视、视频点播等视听节目业务的企业；（12）从事与文化艺术、广播影视、出版物相关的知识产权自主开发和转让的企业；从事著作权代理、贸易的企业；（13）经国家行政主管部门许可从事网络图书、网络报纸、网络期刊、网络音像制品、网络电子出版物、网络游戏软件、网络美术作品、网络视听产品开发和运营的企业；以互联网为手段的出版物销售企业；（14）从事出版物、影视、剧目作品、音乐、美术作品及其他文化资源数字化加工的企业；（15）图书、报纸、期刊、音像制品、电子出版物出版企业；（16）出版物物流配送企业，经国家行政主管部门许可设立的全国或区域出版物发行连锁经营企业、出版物进出口贸易企业、建立在县及县以下以零售为主的出版物发行企业；（17）经新闻出版行政主管部门许可设立的只读类光盘复制企业、可录类光盘生产企业；（18）采用数字化印刷技术、电脑直接制版技术（CTP）、高速全自动多色印刷机、高速书刊装订联动线等高新技术和装备的图书、报纸、期刊、音像制品、电子出版物印刷企业。

党的十六大以来，各地区的文化事业、文化产业均得到长足的发展。随着新技术在文化领域的广泛应用，文化产业的传统形态发生了很大变化，文化业态不断融合、新业态的不断涌现，《分类（2004）》在实施过程中发现一些局限性，需要进行修订才能更加充分地反映这些变化。为此，2012年，国家统计局根据新的《国民经济行业分类》（GB/T4754—2011）与联合国教科文组织《文化统计框架—2009》，修订和发布了《文化及相关产业分类（2012）》，将文化产业划分为以下几个层次。

第一，文化产品的生产。"文化产品的生产"由七个部分组成。一是新闻出版发行服务，包括：新闻服务、出版服务（含图书出版、报纸出版、期刊出版、音像制品出版、电子出版物出版和其他出版业）、发行服务（含图书批发、报刊批发、音像制品及电子出版物批发、图书、报刊零售、音像制品及电子出版物零售）；二是广播电视电影服务，包括广播电视服务（含广播、电视）、电影和影视录音服务（含电影和影视节目制作、电影和影视节目发行、电影放映、录音制作）；三是文化艺术服务，包括文艺创作与表演服务（含文艺创作与表演、艺术表演场馆）、图书馆与档案馆服务（含图书馆、档案馆）、文化遗产保护服务（含文物及非物质文化遗产保护、博物馆、烈士陵园、纪念馆）、群众文化服务（含群众文化活动）、文化研究和社团服务（含社会人文科学研究、专业性团体的服务①）、文化艺术培训服务（含文化艺术培训、其他未列明教育②）、其他

---

① 专业性团体的服务包括学术理论社会团体的服务（包括党的理论研究、史学研究、思想工作研究、社会人文科学研究等团体的服务）、文化团体的服务（包括新闻、图书、报刊、音像、版权、广播、电视、电影、演员、作家、文学艺术、美术家、摄影家、文物、博物馆、图书馆、文化馆、游乐园、公园、文艺理论研究、民族文化等团体的服务）。

② 其他未列明教育是指美术、舞蹈、音乐辅导服务，包括美术、舞蹈和音乐等辅导服务。

文化艺术服务；四是文化信息传输服务，包括互联网信息服务、增值电信服务（含其他电信服务①）、广播电视传输服务（含有线广播电视传输服务、无线广播电视传输服务、卫星传输服务②）；五是文化创意和设计服务，包括广告服务、文化软件服务（含软件开发③、数字内容服务④）、建筑设计服务（含工程勘察设计⑤）、专业设计服务；六是文化休闲娱乐服务，包括景区游览服务（含公园管理、游览景区管理、野生动物保护⑥、水族馆管理服务、野生植物保护⑦）、娱乐休闲服务（含歌舞厅娱乐活动、电子游艺厅娱乐活动、网吧活动、其他室内娱乐活动、游乐园、其他娱乐业）、摄影扩印服务；七是工艺美术品的生产，包括工艺美术品的制造（含雕塑工艺品制造、金属工艺品制造、漆器工艺品制造、花画工艺品制造、天然植物纤维编织工艺品制造、抽纱刺绣工艺品制造、地毯、挂毯制造、珠宝首饰及有关物品制造、其他工艺美术品制造）、园林、陈设艺术及其他陶瓷制品的制造⑧、工艺美术品的销售（含首饰、工艺品及收藏品批发、珠宝首饰零售、工艺美术品及收藏品零售）。

---

① 其他电信服务是指增值电信服务（文化部分），包括手机报、个性化铃音、网络广告等业务服务。
② 卫星传输服务是指传输、覆盖与接收服务（包括卫星广播电视信号的传输、覆盖与接收服务）和设计、安装、调试、测试、监测等服务（包括卫星广播电视传输、覆盖、接收系统的设计、安装、调试、测试、监测等服务）。
③ 软件开发是指多媒体、动漫游戏软件开发，包括应用软件开发及经营中的多媒体软件和动漫游戏软件开发及经营活动。
④ 数字内容服务是指数字动漫、游戏设计制作，包括数字动漫制作和游戏设计制作等服务。
⑤ 工程勘察设计是指房屋建筑工程设计服务（包括房屋（住宅、商业用房、公用事业用房、其他房屋）建筑工程设计服务）、室内装饰设计服务（包括住宅室内装饰设计服务和其他室内装饰设计服务）、风景园林工程专项设计服务（包括各类风景园林工程专项设计服务）。
⑥ 野生动物保护是指动物园和海洋馆、水族馆管理服务，括动物园管理服务，放养动物园管理服务，鸟类动物园管理服务，海洋馆、水族馆管理服务。
⑦ 野生植物保护是指植物园管理服务，括各类植物园管理服务。
⑧ 园林、陈设艺术及其他陶瓷制品制造是指陈设艺术陶瓷制品制造，包括室内陈设艺术陶瓷制品、工艺陶瓷制品、陶瓷壁画、陶瓷制塑像和其他陈设艺术陶瓷制品的制造。

第二，文化相关产品的生产。文化相关产品的生产由以下三个部分组成。一是文化产品生产的辅助生产，包括版权服务（含知识产权服务①）、印刷复制服务（含书、报刊印刷，本册印制、包装装潢及其他印刷、装订及印刷相关服务、记录媒介复制）、文化经纪代理服务（含文化娱乐经纪人、其他文化艺术经纪代理）、文化贸易代理与拍卖服务（含贸易代理②、拍卖③）、文化出租服务（含娱乐及体育设备出租④、图书出租、音像制品出租）、会展服务（含会议及展览服务）、其他文化辅助生产（含其他未列明商务服务业⑤，如公司礼仪和模特服务、大型活动组织服务、票务服务）；二是文化用品的生产，包括办公用品的质保（含文具制造、笔的制造、墨水、墨汁制造）、乐器的制造（中乐器制造、西乐器制造、电子乐器制造、其他乐器及零件制造）、玩具的制造、游艺器材及娱乐用品的制造（含露天游乐场所游乐设备制造、游艺用品及室内游艺器材制造、其他娱乐用品制造）、视听设备的制造（含电视机制造、音响设备制造、影视录放设备制造）、焰火、鞭炮产品的制造、文化用纸的制造（含机制纸及纸板制造⑥、手工纸制造）、文化用油墨颜料的制造（含油墨及类似产品制

---

① 知识产权服务是指版权和文化软件服务、版权服务，包括版权代理服务，版权鉴定服务，版权咨询服务，海外作品登记服务，涉外音像合同认证服务，著作权使用报酬收转服务，版权贸易服务和其他版权服务。文化软件服务指与文化有关的软件服务，包括软件代理、软件著作权登记、软件鉴定等服务。

② 贸易代理是指文化贸易代理服务，包括文化用品、图书、音像、文化用家用电器和广播电视器材等国际国内贸易代理服务。

③ 拍卖是指艺（美）术品、文物、古董、字画拍卖服务，包括艺（美）术品拍卖服务，文物拍卖服务，古董、字画拍卖服务。

④ 娱乐及体育设备出租是指视频设备、照相器材和娱乐设备的出租服务，包括视频设备出租服务，照相器材出租服务，娱乐设备出租服务。

⑤ 其他未列明商务服务业是指公司礼仪和模特服务、公司礼仪服务包括开业典礼、庆典及其他重大活动的礼仪服务，模特服务包括服装模特、艺术模特和其他模特等服务；大型活动组织服务包括文艺晚会策划组织服务，大型庆典活动策划组织服务，艺术、模特大赛策划组织服务，艺术节、电影节等策划组织服务，民间活动策划组织服务，公益演出、展览等活动的策划组织服务，其他大型活动的策划组织服务；票务服务，包括电影票务服务，文艺演出票务服务，展览、博览会票务服务。

⑥ 机制纸及纸板制造是指文化用机制纸及纸板制造，包括未涂布印刷书写用纸制造，涂布类印刷用纸制造，感应纸及纸板制造。

造、颜料制造①)、文化用化学品的制造（含信息化学品制造②)、其他文化用品的制造（含照明灯具制造③、其他电子设备制造④)、文具乐器照相器材的销售（含文具用品批发、文具用品零售、乐器零售、照相器材零售)、文化用家电的销售（含家用电器批发⑤、家用视听设备零售)、其他文化用品的销售（含其他文化用品批发、其他文化用品零售)；三是文化专用设备的生产，包括含印刷专用设备的制造、广播电视电影专用设备的制造（含广播电视节目制作及发射设备制造、广播电视接收设备及器材制造、应用电视设备及其他广播电视设备制造、电影机械制造)、其他文化专用设备的制造（含幻灯及投影设备制造、照相机及器材制造、复印和胶印设备制造)、广播电视电影专用设备的批发（含通讯及广播电视设备批发⑥)、舞台照明设备的批发（含电气设备批发⑦)。

2. 简评

从以上不同时期我国政府部门关于文化产业范围的界定我们可以看出以下几个方面的特点，一是关于文化产业的认识逐步清晰，二是将文化产业的范围逐渐扩大，不但包括文化产品生产本身，而且涵盖了文化相关产品的生产。范围的扩大也从一定程度上反映出我国文化产业发展势头的迅猛，因为新的产品和服务的不断涌现，所以，门类就变得越发齐全了。但是，我们也发现了一些问题，比如，文化、统计和财税等部门对文化产业

---

① 颜料制造是指文化用颜料制造，包括水彩颜料、水粉颜料、油画颜料、国画颜料、调色料、其他艺术用颜料、美工塑型用膏等制造。

② 信息化学品制造是指文化用信息化学品的制造，包括感光胶片的制造，摄影感光纸、纸板及纺织物制造，摄影用化学制剂、复印机用化学制剂制造，空白磁带、空白磁盘、空盘制造。

③ 照明灯具制造是指装饰用灯和影视舞台灯制造，包括装饰用灯（圣诞树用成套灯具、其他装饰用灯）和影视舞台灯的制造。

④ 其他电子设备制造是指电子快译通、电子记事本、电子词典等制造，包括电子快译通、电子记事本、电子词典等电子设备的制造。

⑤ 家用电器批发是指文化用家用电器批发，包括电视机、摄录像设备、便携式收录放设备、音响设备等的批发。

⑥ 通讯及广播电视设备批发是指广播电视电影专用设备批发，包括广播设备、电视设备、电影设备、广播电视卫星设备等的批发。

⑦ 电气设备批发是指舞台照明设备的批发，包括各类舞台照明设备的批发。

的界定尚不完全统一，这对于政策的执行形成了一定的障碍，这恐怕是将来全面深化改革要着力解决的问题之一。只有保证政令统一，才能提高政策的执行力，也才能更为有效地推动我国文化事业和文化产业的大繁荣和大发展。

二、发展文化产业的理论依据

（一）文化资本理论

文化资本的概念最早由法国社会学家布尔迪厄（P. Bourdieu）于19世纪末在其著名论文《资本的形式》中完整地提出的。他认为资本有三种表现形态，第一种是经济资本，以金钱为符号，以产权制度化形式存在；第二种是社会资本，以社会声望和社会头衔为符号，以社会规约制度化形式存在；第三种是文化资本，以文凭和学衔为符号，以学位制度化形式存在。其中，文化资本又分为身体化形态（包括精神和身体组成的知识、教养、技能、趣味及感性等）、客观化形态（包括书籍、绘画、古董、文物等知识载体和文化表现形式）和制度化形态（包括学历文凭、资格证书、行业执照等）三种。他认为三种形态的文化资本之间是可以相互转换的，而且文化资本是以"再生产"的方式世代相传的。

"文化资本"作为一个学术概念提出后，在西方学术界引发了极其热烈的讨论。20世纪90年代，文化资本的概念被引入我国，也受到了我国学者的普遍关注。综合起来看，国内外学者围绕着结构说、资源说、财产说和功能说等四个维度对文化资本概念进行了界定。结构说试图将文化资本作为一种结构性的制度"资产"引入经济学的分析框架，将行动者的文化资本的生产、交换和消费过程还原到相应的社会文化环境（"场域"）中理解，并且高度关注镶嵌在文化系统里的认同与合法性的力量；认为文化资本是一种铭写在客体或主体结构中的资本，它的强大功能在于其规范性力量。资源说围绕解决资源、欲望和理性三者之间的矛盾展开，认为文化资本是指对经济发展起积极推动作用的文化资源；与物质资源、人力资源、自然资源等一样，相对于人类无限的需求而言，任何文化资源在一定的社会历史条件下都表现为一定的稀缺性，成为不同社会主体和社会阶级争夺的对象；占有这类资源就能获取一定的物质的和象征的利润，在这种情况下，文化资源就开始成为文化资本。财产说将文化资本定义为以财产的形式具体表现出来的文化价值的积累，这种积累紧接着可能会引起物品和服务的不断流动；有形的文化资本积累存在于被赋予文化意义的人工制品中，无形的文化资本包括一系列与既定人群相符的想法、实践、信念、传统和价值观。功能说从"经济人"理性假设出发，认为文化资本是指人们所选择的、能为其带来收益的特定价值观体系。

学界对文化资本概念虽未达成共识，但在不同的分析思路下却形成了一些颇有价值的观点：文化资本是一种象征性资本，与赤裸裸的经济资本相比具有掩蔽性；个体文化资本的拥有量深受家庭和学校的影响，但无法通过馈赠与购买获得，必须由行动者亲力亲为；文化资本对"场域"有着强烈的依赖性，行动者的心灵空间必须与社会空间同质同构才能使其拥有的文化资本发挥效用；文化资本与经济资本、社会资本之间可以相互转换，同时，经济资本是其他所有类型资本的根源。[①]

（二）增长极理论

"增长极"理论最早由法国经济学家弗朗索瓦·佩鲁（Francois Perroux）于 1955 年在《略论增长极的概念》一文中提出的。新古典经济增长理论认为发展中国家各工业部门必须同时平衡发展，如果投资是一点一点、孤立分散地进行，那么对经济增长难以产生有效的影响。但佩鲁认为不同地区均匀增长的特例在经济发展史中是难以找到的，"增长并非同时出现在所有地区，它以不同的强度首先出现于一些点或增长极上，然后通过不同的渠道向外扩散，并对整个经济产生不同的终极影响"，"如果一个集团在其所处环境中引起不对称的增长和（或）不对称的发展现象，而且这些增长与发展现象至少在一个时期中是相反的而不是同步的，那么，我们就可以将这个集团称之为一个增长的极或发展的极"[②]。虽然不整个区

---

① 王海岳. 文化资本理论研究 [J]. 南通职业大学学报, 2012 (01): 16-20.
② 王 瑜. 增长极理论与实践评析 [J]. 商业研究, 2011 (4): 33-34.

域没有明显的增长，但其中一个小的区域单元却增长很快，佩鲁将这个小的区域单元概括为"极"。增长极概念提出后，不同的经济学家在这一概念的基础上深化研究。1957年瑞典经济学家缪尔达尔（Myrdal）在《经济理论和不发达地区》中提出"循环累计因果论"，认为增长极与其周边地区的相互作用存在扩散和回流两种效应，且两种效应将会扩大区域间的差异。1958年美国发展经济学家赫希曼（Hirshman）在《经济的发展战略》一书中提出"涓滴效应"和"极化效应"，他认为增长极的扩展会带来了有利影响和不利影响。"涓滴效应"（有利影响）表现为核心区吸引生产要素进行技术、产品、材料以及社会文化体制等方面的革新，这种革新不断地从核心区向外扩散，引导边缘区的经济活动、社会文化结构、聚落类型进行转化；"极化效应"（不利影响）是因为"极"形成了经济、工业、第三次产业的地理团聚，高效率和强吸引能力通过竞争使周围腹地经济萎缩。1966年，佩鲁的学生法国经济学家布德维尔（Boudville）提出了都市工业增长极的概念，他认为在极化地区内大力发展"增长极"工业可以刺激地区的经济增长。①

（三）外部性理论

外部性理论最早可追溯至英国古典政治经济学的主要代表人物亚当·斯密，他在《国富论》一书中提出了外部性的雏形。外部性的概念是美国经济学家马歇尔（Marshall）和英国经济学家庇古（Pigou）于20世纪初提出的。马歇尔在《经济学原理》一书中首创了外部经济概念，外部经济是某一经济行为者带来的、他自己又无法占有的利益，这一利益为其他人所获得，尤其是随着整个产业的增长，使这种经济往往能因许多性质相似的小型企业集中在特定的地方而获得。庇古提出了系统的生产外部性理论，当生产生产商私人收益大于边际生产成本，为负外部性（外部不经济）；反之，则是正外部性（外部经济）。其后，萨缪尔森和诺德豪斯深化了外部性理论研究，在《经济学》一书中描述了"生产的外部经济"和"消费的外部经济"两种现象。

---

① 戴钰. 文化产业空间集聚研究［D］. 武汉理工大学，2012.

文化产品在不同国家、不同地域范围内总会反映出不同的价值观念，在文化消费中也会不知不觉地向消费者传递和渗透文化产品所内涵的价值观念、价值取向和人生理念等，从而具有广泛的正外部性。文化的正外部性主要表现在：第一，同伴效应，同伴效应是指艺术活动的创造能够激发其他活动的创新与开发；第二，社会化收益，其主要认为：在社会成员中，接纳并消费文化产品的就是"好成员"，而且，这些"好成员"的文化行为将会对其他人产生积极的正面影响；第三，文化产业也会促进经济的发展，例如文化能提升一个社区所给予成员的愉悦感，进而吸引居民和公司进驻社区等。[1] 同样，在文化产业领域，也存在着负外部性。一些低俗、媚俗、虚假的文化产品会对消费者形成严重的误导，对民族和社会文化造成严重的精神污染。近些年来，我国政府针对涉黄、涉赌和涉毒的文化产业进行严厉打击和管控，也是在极力地消除这些负外部性。

（四）公共产品理论

公共产品是与私人产品相对应的概念，其经典定义是由萨缪尔森（Samuelson）于1954年提出的。他描述公共物品是这样一些产品，每个人对这种产品的消费都不会导致其他人对该产品消费的减少。公共产品具有如下特征，一是非竞争性，即一部分人对某一产品的消费不会影响另一些人对该产品的消费，一些人从这一产品中受益不会影响其他人从这一产品中受益，受益对象之间不存在利益冲突；二是非排他性，即产品在消费过程中所产生的利益不能为某个人或某些人所专有，要将一些人排斥在消费过程之外，不让他们享受这一产品的利益是不可能的。公共产品分为纯公共产品和准公共产品，具有非竞争性和排他性两个特征的属于纯公共产品，国防等；而不完全具有这两种特征的则称为"准公共产品"，如教育、政府兴建的公园、拥挤的公路等。

文化产品具有准公共物品属性。首先文化产品的消费具有非排他性，例如，对于同时看电影的观众来说，甲在看电影的同时，并不会排斥乙看

---

[1] 杜小伟. 促进文化产业发展的财税政策——理论基础及政策设计[J]. 会计之友，2013（19）：87-90.

电影。就是说，甲在消费教育产品时并不排斥乙的消费，也不排斥乙获得利益。但是，文化产品在非竞争性上表现不充分。因为一般文化产品都有它的物质载体，尽管消费者在消费文化产品的时候，在很多情况下是欣赏，其文化价值不会消耗，但是它会增加所消耗的文化艺术的物质载体，增加物质载体的成本。人们可以根据自己的爱好自由地选择某一时代某人创造的文化产品加以消费，但许多文化产品不会在消费中立即消失，一个优秀的文化产品可以通过再版、再演与复制拷贝而获得永久的生命力，但是再版、再演与复制拷贝都需要一定的成本，所以，具有一定的竞争性。

（五）市场失灵理论

"市场失灵"最早是由美国经济学家巴托（Bator）于1958年在《市场失灵分析》一文中提出的。市场失灵理论与公共产品理论是相互关联的。对于公共产品而言，市场机制的调节是失灵的。因为公共产品是非排他性的，消费者就会让他人支付费用，而自己免费使用，此即"免费搭车"的现象；由于每一个消费者都在追求自身效应最大化，都会运用这种策略，因而市场对于公共产品供应没有什么经济刺激，所以私人不愿或无力生产公共产品，尽管提供这些公共产品会导致帕累托福利的改进。[①] 所以，几乎所有经济学教程都会用"公地悲剧"来描述市场失灵的现象。除了公共产品以外，外部性、垄断、信息不对称、贫富分化等现象也会引发市场失灵。

文化产业具有准公共产品的属性，加之我国正处在经济转型过程中，文化产业负外部性、垄断和贫富分化等现象同时存在，文化产业领域必然存在着市场失灵。市场失灵的领域就是政府应介入的，所以，近些年来，我国政府致力于做好文化产业发展规划，明确文化产业发展战略；加快文化产业立法步伐，完善文化产业法律法规体系建设；加强文化基础设施和基础平台建设，不断提升文化产品服务能力和水平；发挥财政的引导和扶持功能，吸引社会资金做大做强文化产业；完善信用体系和信用担保体系

---

① 陈秀山，张可云. 区域经济理论［M］. 商务艺术馆，2009.

等社会化服务，搭建文化产业投融资平台；加强组织协调；同时扶持优秀原创文化、保护知识产权、确保公民基本文化权益、培育文化消费市场、培养文化产业专业人才。这些行为都是政府运用"有形的手"在极力增强文化产业的正外部性，纠正市场失灵。

（六）比较优势理论

比较优势理论发源于国际贸易领域，最早是由英国资产阶级古典政治经济学的主要代表人物之一的大卫·李嘉图（David Ricardo）于1817年在其著作《政治经济学及赋税原理》中提出的。李嘉图认为，一个国家要想增加自身的福利水平，就应该出口本国生产效率方面具有比较优势的商品，同时注重进口生产效率不具有比较优势的商品，通过这种途径该国就可以实现利益最大化。其后，很多经济学家将深化了比较优势理论的研究。具有代表性的理论包括20世纪30年代瑞典经济学家赫克歇尔（Heckscher）和俄林（Ohlin）的要素禀赋理论，20世纪60年代弗农（Raymond Vernon）的产品生命周期理论。[1]

文化强国战略是比较优势理论在我国的具体应用。本章稍后将分析我国发展文化产业的经济优势、资源优势等比较优势，以期更为清楚地理解党和政府将文化大发展和大繁荣作为今后工作重点的意图和目的所在。

（七）产业集群理论

产业集群理论是在20世纪90年代由美国哈佛商学院的竞争战略和国际竞争领域研究权威学者麦克尔·波特（Michael E. Porter）创立的。波特认为，在一个特定区域的一个特别领域，集聚着一组相互关联的公司、供应商、关联产业和专门化的制度和协会，通过这种区域集聚形成有效的市场竞争，构建出专业化生产要素优化集聚洼地，使企业共享区域公共设施、市场环境和外部经济，降低信息交流和物流成本，形成区域集聚效应、规模效应、外部效应和区域竞争力。

波特创立的产业集群理论是集合前辈研究成果，规模经济理论、产业

---

[1] 鲍枫. 中国文化创意产业集群发展研究［D］. 吉林大学，2013.

区位理论和增长极理论对于产业集群理论的产生有着非常重要的作用，也是其重要组成部分。规模经济效益理论是由马歇尔于 1890 年在其著作《经济学原理》中提出的，他认为规模经济包括内部规模经济和外部规模经济，其中内部规模经济源于分工协作，是在个别企业对资源的有效利用和经营效率的提高基础上形成的；而外部经济则是在多个企业之间因合理的分工与联合、合理的区域布局等因素基础上形成的。产业区位理论是德国经济学家韦伯（Weber）于 1909 年在其著作《工业区位论》中提出的，他从工业区位理论的角度解释了产业聚集现象，他认为，在一定的经济空间中，各区位所处的地位不同，其区位因素各异从而其市场、成本、技术、资源约束不同；为追逐最大化经济利益，各决策主体将根据自身的需要和相应的约束条件选择最佳的区位，这就是区位决策。

文化产业有多种集聚类型。一是文化资源集聚型，即以本地文化资源为依托，而催生的一大批具有地域特色的文化生产和经营企业集群；二是文化创意产业园区型，是指地方政府在进行文化产业布局时，有选择地在特定地区、城市，通过政府规划，构建公共服务平台，重点吸引文化企业投资，使文化产业或关联企业在某个具体的区域产生的集聚；三是龙头文化企业带动型，指以具有主导产品的文化大企业为龙头，众多中小企业为配套而形成的文化产业集聚，也称之为"1 + X"集群模式，"1"是龙头文化企业，"X"是相关的中小企业；四是专业化生产聚合型。是指围绕某一种或某一类文化产品的专业化生产和经营，集聚形成的文化企业组织群落。[①]

产业集群理论对我国文化产业的发展具有重要的指导作用。近些年，文化企业的整合，其目的在于通过规模的提升实现规模效应和聚集效应。而文化产业项目或文化企业的选址也要充分考虑当地的区位因素，比如资源、人口、经济、交通等区位条件，寄希望通过最佳区位产生产业聚集效应。

---

① 施涛. 文化产业集群理论与广西的实践 [J]. 商业文化，2012（06）：133 - 135.

三、我国发展文化产业的优势与现实意义

（一）发展优势

1. 文化优势

中华文化源远流长，五千年文化沉淀形成了中国人特有的意向型思维定式，这种开放性的思维定式为文化产业的发展提供了非常开阔的空间；中华民族传统文化"天人合一"的和谐的生存理念，使中国人在长期的生活中积累了各色各样的娱乐方式，这些娱乐方式一直延续到现代，成为中国文化产业化的广阔市场；中华民族几千年的文明史上，留下了大量的典籍及人物事迹，成为当代文化产业发展的有效素材；我国是多民族国家，各个民族文化的交融，形成了传统文化特有的包容性与开放性，这为文化产业在发展中吸引发达国家先进的经验和将本民族文化特色推向世界提供了便利的条件。[1]

2. 资源优势

我国国土广阔，资源丰富。从东北高寒之地到西南热带丛林，从东部沿海到西北内陆，平原、高原、沙漠、盆地、丘陵、山地、湖泊、江河、海滨，囊括了地球上所有的地形地貌，万里长城、烽烟城堡、土家围楼、租界遗存……宛若一个大的影视城，为影视产业创作提供了理想的拍摄场景；56个民族星罗棋布，服装各异，习性迥然，为文化产业发展提供了天然的脚本；民族英雄的史诗，儿女情长的哀怨，大漠朔风的豪迈，小桥流水的闲散，为文化产业发展提供给了经典的案例库。

3. 经济优势

改革开放30多年，中国经济取得了突飞猛进的成就，经济总量越居世界第二，人均国民总收入步入中等收入国家行列，为文化产业发展提供了

---

[1] 邹广文. 资源与市场：中国文化产业的发展优势［N］. 学习时报，2006.04.20.

坚实的经济基础和广大的消费群体。近些年，文化产业大项目投资额逐年攀升，票房收入屡屡刷新，银行、证券公司、保险公司和各色担保公司蓬勃发展，为文化产业发展提供了巨大的资金池；电影银幕数量十年间几何级增长从几千块到近两万块。从资金流到人流，从硬件到软件，眼下的中国，经济基础对文化产业发展快速发展的强大促进作用越发明显。

4. 人才优势

改革开放初期，"百家争鸣，百花齐放"铺就了文化人才培养之路。如今的中国，导演、演员、作家、戏曲家、剧作家、钢琴家、歌唱家、曲艺家、书法家、画家、经纪人等专业人才队伍极大丰富；摄影、录音、剪辑、灯光、化妆等各类技术人才众多。巨大的产业队伍为文化产业生产性服务业的发展提供了坚实的后援保障。从莫言问鼎诺贝尔到金色大厅奏响中国民乐，从丁俊晖用球杆叩开世界顶级赛事到李娜成就大满贯美名，从张艺谋提名奥斯卡到郎朗受聘国际顶尖乐坛，从北京奥运会的福娃到上海世博会的中国红，"中国元素"惊艳世界，中国发展文化产业有了强大的人才支撑。

5. 政策优势

党和政府历来重视文化事业和文化产业的建设与发展。十七届六中全会决定深化文化体制改革，推动社会主义文化大发展大繁荣，文化强国成为基本国策，十八届三中全会通过全面深化改革的决议，中国政府向改革要动力，积极推进文化事业和文化产业发展。近些年来，各类促进文化产业发展的财税政策、金融政策、外贸政策、人才政策纷纷出台，文化事业和文化产业发展有了强大的政策保障。

6. 技术优势

科学技术是第一生产能力。得益于我国科学技术的迅猛发展，文化产业大发展有了强大的技术支撑。3D成像技术、虚拟现实技术、三维空间技术、大数据处理技术、人机交互技术、云计算技术、快速三维模型、3D打印，成就了高品质智慧型的产业发展之路。

（二）现实意义

1. 发展文化产业能够推动科学发展、促进经济发展方式转变

改革开放30多年来，我国走过了长期的粗放型发展之路，虽然经济发

展速度举世瞩目，但高投入、高污染、高排放使不得不面临能源告急，能源告急的尴尬局面，甚至曾经被认为是取之不尽、用之不竭的大气也因为"四面霾伏"而成为一种稀缺资源。痛定思痛，亡羊补牢之举是转变经济发展方式。作为"绿色产业"的文化产业具有能源消耗低、环境污染小的行业特性，在我国能源吃紧、环境日益恶化的当今，发展文化事业和文化产业是时代的必然。从世界各国经济发展的实践，我们可以明确地感知到文化在经济发展中的重要作用，它能成就一个国家在综合国力竞争中最根本、最难替代和模仿、最持久与最核心的竞争优势。在文化产业发展过程中，文化资源可以重复、多次地被开发，也可以同时、多层次被利用，而开发和利用过程中，文化资源逐渐丰富起来，促进经济走向可持续发展之路。发展文化事业和文化产业，有助于促进经济增长和经济发展质量的提升。文化产业是生活性服务业和生产性服务业的重要组成部分，发展文化产业，能有效扩大内需，实现消费升级，进而推动经济增长，同时，文化产业能有效提高物质产品和现代服务业的科技含量和附加值，从而提升我国经济发展质量。

2. 发展文化产业能够促进产业结构转型升级

随着国际分工的细化，互联网等高科技的普及，人口红利丧失殆尽，我国长期赖以发展的低成本比较优势风光不再，产业结构面临转型升级的压力。产业转型升级的关键是技术进步，在引进先进技术的基础上消化吸收，并加以研究、改进和创新，建立属于自己的技术体系。文化产业以其高技术和低能耗的优势成为产业结构转型升级的首选。文化产业的波及效应强，产业链条长。既可以波及运输业、信息产业、流通产业、旅游产业等，又可以波及制造业、能源产业、建筑业等。通过提升文化用品、设备及相关文化产品的产业层次，填补和增强产业链高端环节，实现产业发展由粗放型增长方式向效益型、创新型、节约型增长方式转变，促进文化产业与教育、科技、体育、休闲等产业的联动发展，与工业设计、城市建设等经济活动相结合，扩大文化经济增长空间。较强的波及效应使文化产业与相关产业良性互动，从而大大促进了产业结构调整。文化产业属于知识密集型的创意产业，它的发展可以提高产业结构的知识含量和知识层次。以动漫、信息文化产业为代表的现代文化产业，与信息技术、数字技术等高新技术紧密结合在一起,是高新技术与创意的完美结合,它的发展可以加速高新技术在产业结构调整中的应用,提高产业结构的技术含量,提升其技术层次。①

3. 发展文化产业有助于繁荣发展社会主义文化

当今时代,文化的发展越来越离不开市场和科技的支撑。市场和科技如同鸟之双翼,为社会主义文化大发展大繁荣提供强大动力。从市场经济发展看,市场在资源配置中的基础性作用日益凸显,文化与市场的接轨已经成为文化发展的必然趋势。只有加快发展文化产业,建立健全现代文化市场体系,让文化生产要素在市场中高效流通和配置,才能充分调动方方面面的积极性、主动性、创造性,形成推动社会主义文化大发展大繁荣的强大合力;让经营性文化单位成为合格的市场主体参与市场竞争,才能更好地利用丰富的市场资源做大做强;让文化产品真正成为市场上的商品,变为广大群众的消费,才有可能最大限度地实现产品的文化功能,实现社会效益和经济效益的有机统一。运用符合市场经济的思路、办法、手段来推动文化发展,借助市场的力量生产制作优秀文化产品、扩大先进文化的影响,迫切需要加快发展文化产业。从科技发展应用看,现代科技深刻改变了文化的生产方式、传播方式和消费方式,也赋予文化新的内涵、新的功能和新的形态,为文化发展提供了强大的后发优势。文化产业在运用最新科技成果发展文化和推动文化科技创新方面具有天然的敏感和优势。电影业的迅速发展,是内容创新和科技创新的结果,也是强大的产业基础和有效的市场运作的结果。适应当代科技发展的新趋势,推动文化与科技的融合,抢占文化发展制高点,形成新的文化创造力和竞争力,迫切需要加快发展文化产业。②

4. 发展文化产业有助于保障人民群众的文化权益

随着国民收入的增加,人民群众对于文化的需求日益强劲。然而,长

---

① 吕庆权,吕秀霞. 发展文化产业的理论价值和现实意义 [J]. 边疆经济与文化,2009(09):59-60.

② 孙志军. 加快推动文化产业成为国民经济支柱性产业 [EB/OL]. 新华网,2011.10.12.

期以来，我们过分强调以经济建设为中心，导致文化建设滑坡，文化市场各种"低俗""庸俗"和"媚俗"的现象扰乱了人民群众的精神文化生活。文化是一个市场，我们不占领，别人就会占领，因此，发展文化产业有利于弘扬社会主义核心价值观，保证先进文化的前进方向。面对群众多样化的文化消费需求，在发展文化事业与文化产业的过程中，我们要强化中国特色社会主义意识形态的主导地位，提高马克思主义在民族文化产业中的渗透力，树立正确的舆论导向，用人民群众喜闻乐见的形式进行引导，丰富群众的文化生活；加快文化建设基础设施建设，完善文化产业投融资渠道，完善政策设计，为文化产业发展营造宽松的发展环境，提高满足人民群众精神文化需求的能力；加大科技支持力度，引导文化企业做大做强，为人民群众制造和提供更好的文化产品与服务，保障人民群众真正享受改革红利，努力实现物质文明和精神文明建设双丰收。

四、本章小结

本章是全书的开篇，为整个研究解决一些基础性问题。

一是关于文化产业的涵义和范围。文化部、国家统计局等部门先后关于文化产业都做了不同的界定。概念模糊，必然造成边界不清，导致研究无所适从。国家统计局2012年发布《文化及相关产业分类》有利于廓清视野，也为本课题的研究奠定了基础。

二是文化产业发展的理论依据。书中梳理了国内外关于文化产业发展的经典理论，包括文化资本理论、增长极理论、外部性理论、公共产品理论、公共产品理论、比较优势理论、产业集群理论和精神生产理论。这些理论是在不同时代提出的，有着不同的前提和假设，但"没有科学的理论来指导实践，就犹如航船行驶在没有舵和指南针一样"（德国哲学家雅斯贝尔斯语），这些理论对我国发展文化产业，实现文化大繁荣大发展具有重要的指导作用。

三是指出我国发展文化产业具有的优势，包括文化优势、资源优势、经济优势、人才优势、政策优势和技术优势等，这些优势的存在，说明党和国家在现阶段大力发展文化事业和文化产业可谓恰逢其时。同时，我国文化产业的发展能有力地推动科学发展和促进经济发展方式转变,能够促进产业结构转型升级,有助于繁荣发展社会主义文化,有助于保障人民群众的文化权益。这些实践意义都有助于我们更清楚、准确、深刻地理解文化强国的战略决策。

第二章 文化产业投融资方式及投融资政策

> **本章导读**
>
> 本章首先介绍了我国文化产业投融资主要方式,共有以下六种。一是政府投资,包括财政拨款和财政专项资金;二是上市融资,文化企业通过国内和国外资本市场发行股票进行直接融资;三是债券融资,文化企业通过发行企业债、集合债和工资债等方式融资;四是信贷融资,文化企业通过金融机构和融资公司以借债方式融资;五是资产证券化融资,文化企业以特定资产组合或特定现金流为支持,发行可交易证券的一种融资形式。接下来分析了我国文化产业投融资政策环境,包括财政政策、税收政策和金融政策。在文化强国的背景下,我国文化产业投融资环境有了极大改善,有力地促进了文化产业的发展,但政策环境尚有优化的空间,书稿对政策环境进行了评价,指出了改革的方向。

文化产业投融资体系是指旨在为文化产业发展提供资金支持和服务的投融资活动和系列制度安排。其中居于重要地位的是投融资方式和投融资政策。投融资方式是指文化产业投资主体筹集资金的渠道、方法和资金运用方式,一般包括文化企业的资金筹措方式、经营方式、回收方式、利润分配等。投融资政策是指文化产业投融资政策是指在文化产业发展过程中投资、融资、补偿等政策与法规的总称,一般包括财政政策、税收政策和金融政策等。

由于文化产业具有准公共产品的属性,其投资方式和政策环境与其他产业有着明显的区别，突出表现在政府在投融资体系中占有重要地位，同时在不同阶段出台和实施不同的扶持政策，促进文化产业的发展。

一、文化产业投融资方式

（一）政府投资

1. 财政拨款

文化产品具有公共产品或准公共产品的属性，具有正外部性和高度外溢性的特征，这些特点决定了文化产品供给不足。为了弥补市场失灵，政府需要加强对文化产品和服务的投资，以扩大文化产品和服务的供给数量。从世界各国文化产业发展的历程，我们可以清楚地发现，文化产业是一个国家公共事业的重要组成部分，各国政府是文化产业的重要投资人和经营者。

政府针对文化产业投资按不同的标准可分为以下几类。第一，按照投入性质划分为无偿性投资与有偿性投资。所谓无偿投资就是政府部门为保障纯公益性部门提供的产品与服务能力所进行的投资。一般采取拨款形式投入资金。无偿投资体现了法律与契约赋予政府公共投资的应尽义务。所谓有偿性财政支出形式主要指政府采取政策性贷款和资本金注入等方式提供的财政投资，包括对有重要的社会效益或对国家有重要战略意义的国民经济建设项目给予的扶持。第二，按照投入对象可以分为直接投资与间接投资。所谓政府直接投资就是指政府通过财政支出拨款给公营部门来提供相应的产品或服务。所谓政府间接投资就是指政府通过财政贴息、政策性贷款、税收减免等途径给社会资本，通过社会资本的投资实现投资效益。尽管财政投资并不直接形成固定资产，但只要财政支出最终转化为固定资产，就可以列为间接投资范畴。第三，按照投入控制力可划分为刚性投资与弹性投资。所谓刚性投资就是指政府根据特定领域与特定区域的特点必须进行的、不能随意停付或逾期支付的投资支出，也可以称之为不可控制的投资。所谓弹性投资就是政府根据行业特点与每个预算年度的需要决定增减的支出，弹性投资也可以称之可控制性投资。第四，按照投入受益范围可划分为一般利益支出与特殊利益支出两大类。所谓一般利益支出就是指政府通过财政拨款等途径向全体社会成员均可享受的社会服务的支出，也称之公益性支出。所谓特殊利益支出就是指政府通过产业补助等方式对社会某些特定居民或企业给予特殊利益的支出①。

新中国成立以来，党和政府高度重视文化的意识形态属性，在很长时间内，政府是文化产业投资、经营和管理的唯一主体。但这种管理模式对文化的商品属性的长期忽略在很大程度上阻滞了文化产业的发展。2005年12月，中共中央、国务院发布《关于深化文化体制改革的若干意见》，明确提出"深化文化体制改革，解放和发展文化生产力"，2006年3月全国文化体制改革工作会在北京召开，会议进一步强调"要坚持以体制机制创新为重点，在重塑文化市场主体、完善文化市场体系、改善宏观管理、加快转变政府职能等关键环节上实现新突破"。随着改革的逐步深入，各种形态的社会资本纷纷进入文化领域。

虽然文化产业投资主体多元化的现象正在形成，但政府和集体在文化产业投资中的主要主体地位并没有发生改变。全国第二次经济普查的数据（见表2-1）显示，国家资本和集体资本占文化产业资本的43%，远远高于其他资本形式的占比。从2010—2012年全国执行企业会计制度的文化文物机构国家资本金情况表（见表2-2），我们也可以看出，近些年来，国家资本金呈上升趋势，这反映出国家对文化产业的重视程度，同时也能看出，政府投资的逐年增加。我们可以预见，这种以政府投资为主体的格局将在较长期内存在。

表2-1 我国文化产业资本构成情况　　　　　　　　　　单位：%

投资主体	国家资本	集体资本	外商资本	港澳台资本	个人资本	法人资本
投资占比	39	4	7	7	19	24

资料来源：国家统计局网站

---

① 王元京. 政府投资方式适用性研究 [J]. 经济研究参考，2006；(04)：27 - 72，48.

表2-2 全国执行企业会计制度的文化文物机构国家资本金情况表

单位：千元

年 份	2010	2011	2012
一、文化艺术服务	2305287	5007024	5579618
其中：1. 文化艺术与表演	316147	1030866	1933963
2. 艺术表演场馆	1988672	3976158	3639955
3. 其他文化艺术	15		
二、网络文化服务	240482	1140578	758355
三、文化艺术休闲娱乐	2876902	2978395	3769233
其中：1. 娱乐场所	1988610	2007619	1509279
2. 其他计算机服务（网吧）	8822836	966800	854620
四、其他文化服务	3916220	6450557	4765114
五、动漫企业服务	1141402	244645	279645
六、文化用品、设备及相关文化产品的生产与销售	437963	1281607	438301
七、其他	38015	238669	165054
总计	10956271	39473	15755317

资料来源：文化部财政司. 中国文化文物统计年鉴（2011）. 北京：国家图书馆出版社，2011；文化部财政司. 中国文化文物统计年鉴（2012）. 北京：国家图书馆出版社，2012；文化部财政司. 中国文化文物统计年鉴（2013）. 北京：国家图书馆出版社，2013。

  各级政府对文化产业的投资主要采用财政拨款的形式。在改革开放前，政府的财政直接拨款是文化领域资金的唯一来源，这种情形一直延续到20世纪80年代中期。随着文化领域改革开放进程的推进，"政府办文化"开始向"政府管文化"方向转变，政府在文化产业发展的定位也由先前的主导者向引导者过渡。虽然出现了这些可喜的变化，但政府财政拨款在文化领域的重要地位尚未彻底转变。在构建现代公共文化服务体系的过程中，支持公共文化事业是公共财政的应尽职责，公共文化领域也是财政预算安排重点支持的领域之一。据报道，2011—2014年，仅中央财政通过一般公共预算安排用于公共文化服务体系建设的支出就达到705亿元。另外，从近些年来全国分类型文化所属机构财政拨款的具体情况也可窥一斑。

表2-3 2010-2012年全国分类型文化文物所属机构财政拨款

单位：万元

年份	文化合计	艺术表演团体	艺术表演场馆	图书馆	群众文化
2010	3230646	679175	51778	583257	803918
2011	4070046	844048	78958	756357	1122872
2012	4990664	934749	80415	934890	1300692

注：(1) 资料来源：文化部财政司．中国文化文物统计年鉴（2011）．北京：国家图书馆出版社，2011；文化部财政司．中国文化文物统计年鉴（2012）．北京：国家图书馆出版社，2012；文化部财政司．中国文化文物统计年鉴（2013）．北京：国家图书馆出版社，2013．

(2) 上表反映财政拨款系填表单位本年度实际收到的本级财政拨款，包括一般预算财政拨款和政府性基金预算财政拨款。一级预算单位收到的应拨给下级单位使用的款项年终尚未拨出的，在编制财务决算表和填报统计报表时，列为本单位的财政拨。

我国文化产业领域的政府投资主要由以下三个方面组成。

(1) 政府对国有文化企业的资金投入

政府将国有文化企业的资金投入分为两个部分。

第一部分，财政部代表国务院对已纳入中央资本预算实施范围的中央文化企业的资金投入。中央财政对文化央企的投资的目的在于扶优扶强，即集中资源培育一批有竞争力、控制力和影响力的骨干文化企业及企业集团；按轻重缓急排序，结合当年财力，优先支持中央和国务院确定的重大项目，以及符合重点支持方向的项目；坚持社会效益放在首位，实现社会效益与经济效益相统一。2009年中央成立中央文化企业国有资产监督管理领导小组办公室（即文资办），2011—2013年中央财政已累计向105户中央文化企业拨付国有资本经营预算资金18.9亿元。

第二部分，地方政府对所属文化企业的资金投入。近些年来，各省市区也都纷纷成立文化企业国资办，强化了文化企业资金拨付与监管工作。如北京于2012年6月成立国有文化资产监督管理办公室（市文资办），作为市政府授权负责授权范围内国有文化资产监管的市政府直属机构。2012年，北京市文资办将专项资金从5亿元增加值9亿元，面向社会公开征集项目，经区县初审、专家会审、实地查勘等程序，共支持项目338个，财政资金杠杆率达22倍；2013年，他们继续投入9亿元专项资金，共支持项目289个，资金杠杆率达到32倍。① 经过两年多投资运营和资金监管，较好地实现了国有文化资产的保值增值。

(2) 政府对事业型文化单位的资金拨付

文化事业单位，是指在文化领域从事研究创作、精神产品生产和文化公共服务的组织机构。主要包括演出事业单位、艺术创作事业单位、图书文献事业单位、文物事业单位、群众文化事业单位、广播电视事业单位、报纸杂志事业单位、编辑事业单位以及新闻出版事业单位等。在文化体制改革进程中，我国部分文化事业单位已转企改制成功，因此目前我们所说的文化事业单位是指全额由财政拨款的具有公益性质的文化单位。②

我国文化事业单位所需发展资金主要来自国家的财政拨款，以事业单位建设费为主要表现形式。

文化事业建设费是国务院为进一步完善文化经济政策，拓展文化事业资金投入渠道而对广告、娱乐行业开征的一种规费。我国境内依照《中华人民共和国营业税暂行条例》的规定缴纳娱乐业、广告业营业税的单位和个人，为文化事业建设费的缴纳义务人。文化事业建设费按缴费人应当缴纳娱乐业、广告业营业税的营业额和规定的费率计算应缴费额。现行文化事业建设费的费率为3%。对中央直属单位及其所属企业事业单位征收的文化事业建设费，全额上缴中央金库；对地方单位和个人征收的文化事业建设费，全额缴入省级金库。文化事业建设费纳入财政预算管理，建立专项资金，用于文化事业建设。③

实践证明，文化建设事业费对于补充文化事业单位的资金起到了重要作用。统计资料显示，文化事业费支出总额从2001年的70.99亿元上涨至2012年的480.10亿元，增幅达到5.76倍。较为充足的事业费投入强化了

---

① 张硕. 北京文资办主任：确保国有文化资产保值增值[N]. 北京晨报，2014-01-20.
② 辛阳. 中美文化产业投融资比较研究[D]. 吉林大学，2013.
③ 财政部 国家税务总局. 关于印发《文化事业建设费征收管理暂行办法》的通知（财税[1997]95号），1997-07-07.

文化企业的固定资产和基本建设的投资,提升了其持续经营能力。

表2-4 2006-2012年全国文化事业费基本情况　　单位：亿元;%

年份	文化事业费	国家财政总支出	文化事业费总支出占国家的比重
2006	158.03	4022.73	3.93%
2007	198.96	49781.35	0.40%
2008	248.04	62592.66	0.40%
2009	292.31	76299.93	0.38%
2010	323.06	89575.38	0.36%
2011	392.62	108929.67	0.36%
2012	480.10	125712.25	0.38%

资料来源：中国文化文物统计年鉴(2013).北京：国家图书馆出版社,2013.

表2-5 "十一五"以来全国文化事业基本建设情况

单位：万元、个、万平方米

年份	本年计划投资	国家投资	本年完成投资	竣工使用 项目	竣工使用 面积
2006	451099	317046	371736	253	139.0
2007	578655	355023	400798	783	137.3
2008	665375	297124	444627	1175	125.6
2009	1208917	692040	816741	4842	284.1
2010	1275884	658792	751392	5260	315.5
2011	1083654	599390	777189	4954	296.9
2012	1390223	710584	784726	982	170.7

资料来源：文化部财政司.中国文化文物统计年鉴(2011).北京：国家图书馆出版社,2011;文化部财政司.中国文化文物统计年鉴(2012).北京：国家图书馆出版社,2012;文化部财政司.中国文化文物统计年鉴(2013).北京：国家图书馆出版社,2013.

有些研究者将政府拨付给文化事业单位的财政拨款称为文化发展经费,其实"文化事业费"和"文化发展经费"分别是文化部和财政部依据不同统计口径测算得出的,虽然数据不尽相同,但基本趋势和总体规模大致相同。

(3) 政府通过设立文化产业投资基金对文化产业进行资金投入

文化产业投资基金的设立是借鉴成熟资本市场"产业投资基金"运作模式,由政府财政部门作为发起人进行定向募集,委托专业机构管理基金资产,主要采取股权投资方式解决文化产业融资问题的一种探索和尝试。

早在2002年,我国就尝试建立文化产业投资基金。当时,中国电视艺术家协会卡通艺术委员会、湘财证券有限公司及其旗下湘财贯通投资管理公司邀请境外基金管理机构、文化机构,拟共同发起设立中国文化产业基金(CCF)——卡通/传媒行业伞型基金①,基金规模为1亿美元,但终因当时我国资本市场不发达等原因以失败告终。

其后,得益于文化部等高层的积极推进,我国第一只文化产业投资基金——华人文化产业投资基金于2009年在上海成立,2011年开始,我国文化产业进入大爆发和"大跃进"时代。据《2013年文化发展统计公报》显示,截至2013年底,全国各类型的文化产业股权投资基金57只,募集规模超过1350亿元。表2-6显示我国主要文化产业股权投资基金的基本情况。

表2-6 我国主要文化产业股权投资基金的基本情况 单位:亿元

序号	基金名称	基金规模	设立日期	省份	主要文化领域	基金荣誉
1	华人文化产业投资基金	50	2009	上海	综合	*
2	湖南文化旅游产业基金	30	2010	湖南	文化旅游	*
3	中国影视出版产业投资基金	20	2010	北京	影视动漫	
4	江苏高投紫金文化产业基金	20	2010	江苏	媒体文化等	*
5	江苏紫金文化产业发展基金	20	2010	江苏	综合	
6	安徽中科安广股权投资基金	50	2010	安徽	综合	*
7	凤凰文化产业基金	40-53	2011	香港	综合	
8	中国文化产业投资基金	200	2011	北京	综合	*

---

① 伞型基金是指在一个母基金之下再设立若干个子基金,各子基金独立进行投资决策的基金运作模式。其主要特点是在基金内部可以为投资者提供多种选择,投资者可根据自己的需要转换基金类型(不用支付转换费用),在不增加成本的情况下为投资者提供一定的选择余地。——摘自《百度百科》。

续表

序号	基金名称	基金规模	设立日期	省份	主要文化领域	基金荣誉
9	北京中关村新媒体版权基金	2	2011	北京	新媒体	
10	炫动创投基金	1	2011	上海	动画	
11	华夏文化动漫发展基金	9.4	2011	海南	动漫产业	
12	聚宝计划		2011	广东	网络游戏	
13	星基金	10	2011	天津	网络游戏	
14	腾讯产业共赢基金	50	2011	广东	网络游戏	
15	懋源富雅艺术品投资集合资金信托计划	2.7	2011	北京	艺术品	
16	领慧磐石艺术品高增长投资基金	1.5	2011	北京	艺术品	
17	红珊瑚三期艺术品私募基金	0.15–0.2	2011	上海	艺术品	
18	中国新影视整合基金	8	2011	北京	影视	
19	大摩华莱坞基金	10（¥）+1（$）	2011	江苏	影视	
20	浙江文化产业基金	1	2011	浙江	综合	*
21	云南省文化（旅游）产业发展基金	50	2011	云南	综合	
22	天津文化产业股权投资基金	20	2011	天津	综合	
23	南京文化创业投资基金	1	2011	江苏	综合	
24	华映无锡文化产业基金	10	2011	江苏	综合	
25	华映东南文化产业基金	10	2011	江苏	综合	
26	湖南富坤文化产业投资基金	3	2011	湖南	综合	
27	广东广电基金	50	2011	广东	综合	
28	广东文化产业投资基金	50	2011	广东	综合	*
29	海峡文化产业投资基金	30	2011	福建	综合	
30	建银国际文化产业股权投资基金	20	2011	北京	综合	*
31	陕西文化艺术品投资基金	30–50	2012	陕西	艺术品	

续表

序号	基金名称	基金规模	设立日期	省份	主要文化领域	基金荣誉
32	山东省文化产业投资基金	10	2012	山东	综合	
33	上海文化产业股权投资基金	100	2012	上海	综合	*
34	上海复星文化产业投资基金	—	2014	上海	综合	*

注：(1) 资料来源：相关网站；(2) 上表中基金按设立日期排序；(3) 带"*"的当选"2013年十佳投资基金"。

值得特别指出的是，各种类型的文化产业基金成立以后，纷纷支持文化产业的发展。比如华人文化产业投资基金与新闻集团合资成立了星空华文传媒公司，其下辖的灿星制作先后成功引进和制作出全球最大选秀节目《中国达人秀》及火爆荧屏的音乐选秀节目《中国好声音》和《中国好歌曲》，取得了巨大的成功。还比如，2011年4月，中国建设银行与国家广播电影电视总局、国家新闻出版总署共同成立规模达到20亿元人民币的建银国际文化产业股权投资基金，投资范围涵盖出版发行、广播电视、广告传媒、演艺娱乐、动漫制作、文化旅游、文化休闲、文化服务、视听媒体、网络应用、网络游戏、艺术品投资、文化用品、电影、音像、体育、会展、相关设备的生产销售等相关产业。建银国际文化产业股权投资基金成立大会上，北京小马奔腾传媒股份有限公司成为该基金正式投资的首家文化企业。我们相信，有了强有力的基金支持，"小马"必将在文化产业领域更为欢快地"奔腾"。

2. 财政专项资金

国家财政相继出资设立了宣传文化发展专项资金、优秀剧（节）目创作演出专项资金、国家电影事业发展专项资金、电影精品专项资金、出版发展专项资金等，以增量投资的方式强化对公共文化事业和原创精品文化产品的支持力度。通过与国家发改委、文化部、国家广电总局联合实施国家舞台艺术精品工程、中国民族民间文化保护工程、全国文化信息资源共享工程、中华再造善本工程、清史编纂工程、广播电视村村通工程、西新工程、农村电影放映工程等重大文化建设项目，推动了农村和中西部地区的公共文化建设，以及文化遗产保护和文化内容建设，同时也促进了国家财政的公共化进程和投资机制的转变；三是探索市场化的文化投融资机制。江苏省以财政增量投资2亿元设立了文化产业投资公司,探索以国有资本为主体,广泛吸纳社会资本,打造混合经济结构的文化市场战略投资者,促进文化产业快速成长的途径和方式。上海市投入财政资金5亿元,对原上海文化发展基金会的运行机制和资助方式进行了全面、系统的改革,形成了"政府委托投资、专家管理、管办分离、面向全社会资助"的市场化运行机制,成为我国第一家比较规范的区域性文化基金会。上海新华发行集团在改制中尝试利用产权交易所公开挂牌出让49%的国有资产,吸收社会资本投资参股,以1.6亿元的国有净资产实现了3.48亿元转让收入,使国有资产大幅度增值。2006年,该企业在改制为新华传媒股份有限公司的基础上,在上海证券交易所通过买壳上市,在探索文化产业如利用何资本市场发展壮大方面迈出了坚实的步伐。

前文已经述及,文化产业具有准公共产品的性质,需要政府财政支持。"十一五"时期以来,各种形态的财政专项资金纷纷建立,有效促进了我国文化产业的发展。

为了促进我国宣传文化事业的发展,增强政府的调控能力,保证重点项目和产业发展的需要,规范财政资金的管理,1996年9月,国务院发布《关于进一步完善文化经济政策的若干规定》(国发[1996]37号)决定,自1997年起,中央和省级要建立健全有关专项资金制度,包括"宣传文化发展专项资金"、"优秀剧(节)目创作演出专项资金"、"国家电影事业发展专项资金"和"出版发展专项资金"等。

(1) 宣传文化发展专项资金

2006年6月,国务院办公厅转发财政部、中宣部《关于进一步支持文化事业发展若干经济政策的通知》(国办发〔2006〕43号),决定中央和省级财政建立宣传文化发展专项资金,每年按2005年实际拨付数为基数列支出预算。

2007年8月,财政部发布《宣传文化发展专项资金管理办法》(财教[2007]157号),就该项资金的使用原则、使用方式和适用范围做出了明确规定。明确指出,宣传文化发展专项资金采用专项拨款和专项贴息相结合的方式安排使用。专项拨款主要用于宣传文化单位的公益性项目或技术改造、设备更新等。包括:(1)党和国家提倡的重大题材影片、重大纪录片、科教片、儿童片、美术片等摄制资助；（2）重点图书和专业学术著作出版困难补助及优秀图书奖励；（3）电影企业、出版企业和印刷企业设备更新和技术改造；（4）城市专业电影院维修改造；（5）县及县以下新华书店网点建设；（6）编辑业务楼改造、维修；（7）对文化产品和服务出口的资助；（8）其他经财政部门批准的支出。

专项贴息主要用于宣传文化单位临时性资金不足及有偿还能力的技术改造、设备更新等项目借款的利息补助。包括：（1）技术改造等临时性资金不足借款的利息补助；（2）有偿还能力的技术改造、设备更新等项目借款的利息补助。

专项资金不得用于楼堂馆所建设；不得用于弥补主管部门行政事业费不足；不得用于请客送礼、滥发奖金、补贴等违反财经纪律的支出。

在以上政策的推动下，各省市区纷纷建立宣传文化发展专项资金。比如，"十一五"期间，北京市将宣传文化发展专项资金主要用于扶持京演集团国家体育馆马戏杂技舞台设备购置等重点项目；2011年天津市财政局拨付1000万元专项资金，配合中宣部等部门全力支持《辛亥革命》的创作制作；江苏省财政每年从宣传文化发展专项资金中安排500万元，重点用于对优秀文化拔尖人才、管理人才、经营人才、科技人才的培养、人才高地的建设；广东动用宣传文化发展专项资金、基层公共文化服务设施建设专项资金、文化产业发展专项资金，支持新建市县文化馆、图书馆、博物馆，乡镇综合文化站，城乡社区文化室的建设，实施重点文化项目，支持建设社会主义核心价值体系，开展群众性精神文明创建活动。

（2）优秀剧（节）目创作演出专项资金

1997年，内蒙古自治区人民政府发布《关于进一步完善文化经济政策的实施意见》（内政发〔1997〕134号），明确规定由自治区财政从预算中安排一部分资金，加上全区宣传文化系统企事业单位及其创办的各类经济实体上缴到自治区财政的除所得税以外的各种地方税金和预算外调节资金，建立自治区"优秀剧（节）目创作演出专项资金"，由自治区文化厅商财政厅安排使用。

2006年，新疆自治区人民政府发布《文化事业发展第十一个五年规划》，决定建立优秀剧（节）目创作演出专项资金，加强对艺术精品创作和生产的扶持，重点扶持具有示范性，体现民族特色和国家艺术水准的民族艺术或高雅艺术的创作和生产。

2008年，贵州省文化厅发布《贵州省重点剧（节）目创作演出专项资金申报管理办法》（黔文发〔2008〕12号），将该省舞台艺术生产实施重点剧目项目列入省级重点剧（节）目的创作生产提供相适应的资金支持。经费资助原则上分响排、制作、演出三个阶段拨付；具体拨付时段为，剧目进入彩排阶段10万元，实施制作阶段50万元，首演20万元。

（3）国家电影事业发展专项资金

电影是文化产业的重要组成部分，我国政府一直不遗余力地运用财政资源支持电影产业的发展，1996年，财政部、广电总局联合印发了《国家电影事业发展专项资金管理办法》（财教〔2006〕115号），决定按县及县以上城市电影院电影票房收入的5%计征电影事业发展专项资金，明确规定资金适用范围包括资助城市影院放映国产影片，资助城市影院更新改造，资助影院计算机售票系统，资助少数民族电影译制以及其他对电影事业发展有重大影响的项目。在这项政策的推动下，我国电影事业发展迅速，表现在票房收入激增，从1996年的11.5亿元增长至2013年的217亿元，增长了将近2011倍。国家电影事业发展专项资金也因此突飞猛进的增长，从1991年的1415万元跃升至2013年的10.94亿元年平均增长超过20%。得益于专项资金收入的迅速增加，用于支持电影事业发展的资金也呈现快速增长。从国家电影专项资金办公室获悉，从2008年至2011年，电影专项资金的资助项目额达到11.36亿元。专项资金的使用主要包括几方面，一是对省级管委会和新建影院的返还，分别为5.82亿元和3.33亿元；二是对影院改造进行专项资助，金额达到1.1亿元；三是对少数民族语电影译制单位给予专项资助，金额为1753万元；四是对城市影院计算机售票系统的资助1586万元；五是对成绩优秀的省级管委会奖励共1372万元；另外，还对影院安装数字放映机补贴了6390万元。①

表2-7反映出近年来国家电影事业发展专项资金的收入支出基本情况。

---

① 张梦依. 电影票房的百分之五该怎么用. 中国文化报，2012.11.19.

表2-7　近年来国家电影事业发展专项资金的收入支出基本情况

单位：亿元

年份	2010	2011	2012	2013
收入	4.71	6.10	7.69	10.94
支出	3.83	4.61	5.25	12.85

资料来源：财政部网站

另外，国家还设立了电影精品专项资金。电影精品专项资金用于资助中国电影华表奖及夏衍剧本奖的奖励；资助重大革命历史题材和重点题材影片剧本创作及影片摄制；资助优秀国产影片的生产和影片宣传、发行、放映以及购买公益性放映版权；资助电影制作、发行、放映单位的更新改造以及数字电影研发、推广、制作和设备购置；资助农村电影；资助打击走私盗版、保护电影版权以及经财政部批准的其他支出。该专项资金来源于中央财政年度资金规模为1.5亿元左右。

（4）出版发展专项资金

相对于其他专项资金而言，出版发展专项资金建立的时间较早，可上溯至20世纪90年代初，当时，财政部和新闻出版总署发布了一系列关于建立出版发展专项资金的文件①，就专项资金的筹集和使用做出了明确的规定。为了加强对少数民族出版事业和文化产业的发展，2007年，中共中央宣传部、国家民委、财政部、国家税务总局、新闻出版总署联合发布《关于进一步加大对少数民族文字出版事业扶持力度的通知》（中宣发〔2007〕14号），决定设立民族文字出版专项资金，通过中央财政对少数民族地区的专项转移支付，加大对少数民族文字出版工作的扶持力度。重点补贴少数民族文字出版物（包括书报刊、音像制品和电子、网络出版物）的编辑出版、少数民族文字编译人才的培养、民族文字新闻出版单位设备更新和技术改造，以及少数民族文字出版"走出去"的项目等。各地也要相应增加投入，保证本地区少数民族文字出版事业的繁荣

---

① 包括：财政部．新闻出版署．《关于建立出版企业发展专项资金的规定》（财文字〔1991〕537号），1991.10.10；新闻出版总署．《新闻出版署出版发展专项资金管理办法》（新出计〔1995〕987号）等．

近些年来，全国各省市区也都纷纷设立专项资金扶持本地文化出版业的发展，如杭州市政府从2012年起，在文化创意专项资金中设立杭州市数字出版产业发展专项资金，主要用于扶持数字出版产业发展和国家数字出版基地建设；湖北省财政厅新闻出版广电局、省财政厅发布《湖北数字出版专项资金管理暂行办法》，决定从2013年起至2015年，每年安排湖北数字出版专项资金2000万元；2013年，山东省财政厅设立了规模为1500万元的山东省新闻出版发展宏观调控专项资金，并与省新闻出版局联合制定了《山东省新闻出版发展宏观调控专项资金管理办法（试行）》，对专项资金的使用范围和方式、申报条件和程序、资金审批和拨付、绩效考评和监督检查等方面做出了明确规定。

除了以上专项资金以外，我国政府实施了一系列重点文化工程，中央和地方政府设立专项资金进行扶持，从表2-8列示的重点文化工程，我们可从中感受到政府专项资金对于文化产业发展的巨大促进作用。

表2-8 我国重点文化工程基本情况

项目名称	实施部门	扶持形式	代表性项目
国家舞台艺术精品工程	文化部、财政部	中央财政安排专项资金用于鼓励舞台艺术精品剧目创作生产的资助经费	《西京故事》（陕西）、《老子》（河南）、《七步吟》（广西）、《香莲案》（天津）、《牡丹亭》（江苏）、《红楼梦》（北京）、《大红灯笼》（山西）、《谁主沉浮》（浙江）、《三峡人家》（重庆）、《毛泽东在西柏坡的畅想》（总政歌舞团）、《郭明义》（辽宁）、《四世同堂》（北京）、《解放解放》（西藏）、《三家巷》（广东）、《花木兰》（重庆）
中国民族民间文化保护工程	文化部、财政部、国家民委、中国文联	中央财政设立保护工程专项资金	第一批试点名单（综合性试点3个+专业性试点7个）；第二批试点名单（综合性试点3个+专业性试点26个）

续表

项目名称	实施部门	扶持形式	代表性项目
全国文化信息资源共享工程	文化部、财政部	中央财政建立共享工程专项资金	完成全国图书馆、博物馆、美术馆、艺术研究等机构的文化信息资源联合目录；完成以"百万册（件）文献共建"与"四个一优秀作品"为核心的数字资源建设；整合贴近大众生活的社会文化信息资源；建设支持文化信息资源共建的基础信息资源
中华再造善本工程	文化部、财政部	中央财政建立中华再造善本工程专项经费	《唐宋编》、《金元编》、《明代编》、《清代编》、《少数民族文字文献编》
清史编纂工程	财政部、中宣部、中央文献研究室等	财政部设立国家清史纂修工程项目经费	通纪、典志、传记、史表、图录等
广播电视村村通工程	国家发改委、财政部、广电总局	中央财政投入专项资金用于建设及运行维护	村村通
西新工程	中央宣传部、国家广电总局等部委	财政部设立西新工程专项资金	西藏、新疆广播电视覆盖工程
农村电影放映工程	国家发改委、财政部、广电总局、文化部等	财政部设立"2131工程"专项资金	采购电影放映设备和拷贝；恢复和建立农村电影放映队；购买公益服务和数字设备

资料来源：相关网站

（二）上市融资

1. 文化企业上市融资现状

改革开放以来，随着我国政府以"简政放权"为代表的改革的深入进行，社会资本进入文化领域的限制逐渐放宽，社会资本不断进入文化产业。综合起来看，社会资本主要通过股票、债券、信贷融资及风险投资等形式进入文化产业领域。

上市融资是指文化企业通过国内外的各类证券交易市场公开发行股票，以筹集用于企业发展资金的融资方式。自20世纪90年代初上海和深圳两家股市建立以来，我国政府在其后的20多年里，加强制度建设，规范证券交易，取得了不小的成就。虽然与欧美发达的资本市场相比，我们还存在着较大的距离，但股市已成为我国企业融通资金的重要平台。

在建立健全公共财政体系的过程中，虽然各级财政支持文化事业和文化产业的资金持续增加，但文化企业单纯依靠政府财政注定难以摆脱发展资金的困境，于是，上市融资是文化企业吸引社会资金的现实选择，我国众多文化企业上市公司的成功实践即为明证。

近些年来，越来越多的文化企业主动利用资本市场进行融资。据《2013年文化发展统计公报》显示，截至2013年底，我国在沪深两地资金市场上市的文化企业达到77家，同时有多家文化企业成功走出国门，在境外或海外成功上市。见表2-9。

表2-9 部分文化产业上市公司融资情况　　　　单位：亿元

证券简称	证券代码	省份	上市年份	经营范围	上市地点	股本规模
浙报传媒	600633	浙江	1993	新闻和出版业	上海	11.90
号百控股	600640	上海	1993	会展会务服务	上海	5.35
新华传媒	600825	上海	1994	新闻和出版业	上海	10.40
鹏博士	600804	四川	1994	电信、广播电视和卫星传输服务	上海	13.90
广电网络	600831	陕西	1994	电信、广播电视和卫星传输服务	上海	5.63
东方明珠	600832	上海	1994	广播电视传播服务	上海	31.90
博瑞传播	600880	四川	1995	新闻和出版业	上海	10.90
西藏旅游	600749	西藏	1996	文化投资、艺术咨询及相关服务	上海	1.89
湖北广电	000665	湖北	1996	广播、电视、电影和影视录音制作	深圳	3.89

续表

证券简称	证券代码	省份	上市年份	经营范围	上市地点	股本规模
中信国安	000839	北京	1997	电信、广播电视和卫星传输服务	深圳	15.70
中视传媒	600088	上海	1997	广播、电视、电影和影视录音制作	上海	3.31
华闻传媒	000793	海南	1997	新闻和出版业	深圳	18.50
中体产业	600158	天津	1998	体育产业	上海	8.44
电广传媒	000917	湖南	1999	影视节目制作、发行、销售	深圳	14.20
歌华有线	600037	北京	2001	电信、广播电视和卫星传输服务	上海	10.60
北巴传媒	600386	北京	2001	媒体代理发布	上海	4.03
中文传媒	600373	江西	2002	新闻和出版业	上海	6.59
时代出版	600551	安徽	2002	新闻和出版业	上海	5.06
长城影视	002071	江苏	2006	广播电视节目	深圳	5.25
粤传媒	002181	广东	2007	印刷出版物	深圳	6.92
出版传媒	601999	辽宁	2007	新闻和出版业	上海	5.51
天威视讯	002238	广东	2008	电信、广播电视和卫星传输服务	深圳	3.20
奥飞动漫	002292	广东	2009	电视剧、综艺、专题、动画故事片	深圳	6.14
中青宝	300052	广东	2010	游戏、出版	深圳	2.60
皖新传媒	601801	安徽	2010	新闻和出版业	上海	9.10
天舟文化	300148	湖南	2010	新闻和出版业	深圳	2.28
省广股份	002400	广东	2010	品牌管理、媒介代理和自有媒体	深圳	5.78
乐视网	300104	北京	2010	动画片、电视综艺、专题片	深圳	8.37
蓝色光标	300058	北京	2010	公众传播、媒体关系	深圳	4.74

续表

证券简称	证券代码	省份	上市年份	经营范围	上市地点	股本规模
骅威股份	002502	广东	2010	文教、工美、体育和娱乐用品制造	深圳	2.82
华谊兄弟	300027	浙江	2010	影视剧的制作、发行及衍生业务	深圳	12.10
华谊嘉信	300071	北京	2010	展览展示活动	深圳	3.48
华策影视	300133	浙江	2010	广播剧、电视剧	深圳	6.47
东方财富	300059	上海	2010	会务会展咨询服务	深圳	6.72
中国新华电视	08356	香港	2010	电视播放	香港	19.81（HK$）
土豆网	YOKU	北京	2011	网络视频	美国	0.2836（USD）
淘米网	TAOM	上海	2011	儿童互动娱乐	美国	0.3655（USD）
盛通股份	002599	北京	2011	出版	深圳	1.32
上海钢联	300226	上海	2011	会务培训服务、咨询服务	深圳	1.20
三三传媒	08087	香港	2011	媒体	香港	6.00（HK$）
人人网	RENN	北京	2011	互联网	美国	3.7772（USD）
奇虎360	QHU	北京	2011	互联网安全	美国	1.1866（USD）
汇星印刷	01127	香港	2011	印刷	香港	7.70（HK$）
光线传媒	300251	北京	2011	广播电视节目制作、发行及经纪业务	深圳	5.06
凤凰新媒体	FENG	北京	2011	媒体	美国	0.7688（USD）

续表

证券简称	证券代码	省份	上市年份	经营范围	上市地点	股本规模
凤凰传媒	601928	江苏	2011	新闻和出版业	上海	25.45
方直科技	300235	深圳	2011	教育软件	深圳	0.88
百视通	600637	上海	2011	电信、广播电视和卫星传输服务	上海	11.10
掌趣科技	300315	北京	2012	软件和信息技术服务业	深圳	13.0
人民网	603000	北京	2012	互联网和相关服务	上海	5.53

注：（1）数据来源：国信证券网、东方财富网；（2）上表按上市年份排序。

2. 文化企业上市融资评价

（1）文化企业上市融资有利于资本结构优化

企业首次上市发行股票可以筹集到大量的资金，上市后还可以通过配股和增发新股等方式再次融资，从而为企业进一步发展壮大提供了资金来源。更为重要的是，企业上市筹集的资金是主权资金，这笔资金在法律上无须还本付息。因为权益资本的增加，上市公司的资产负债率有一定程度的下降，资本结构相对合理。

企业上市，需要满足较为严格的上市标准，并通过监管机构的审核，外部监督可以推动企业建立规范的经营管理机制，完善公司治理结构，不断提高运行质量。从另一个角度看，公司能上市，是对其管理水平、发展前景、盈利能力的有力的证明。

企业上市后，其股票交易信息通过报纸、电视台等各种媒介不断向社会发布，扩大了公司的知名度，提高了公司的市场地位和影响力，有助于公司树立产品品牌形象，扩大市场销售量。

企业上市有助于提高自身信用状况，增强金融机构对企业的信心，使公司在银行信贷等业务方面获得便利。

（2）过高的门槛制约了文化企业上市融资能力的迅速提升

从证监会获悉，2013 年，我国境内上市公司数 2489 家，境内上市外资股 107 家，境外上市公司数为 179 家，合计为 2775 家。与此相对的是，文化企业上市公司只有77家，只占我国上市公司总数的2.77%。数据显示了我国文化企业在上市融资方面才刚刚起步。实际上，我国资本市场过高的门槛使得大多数文化企业只能是"望股兴叹"。截至目前，我国资本市场主要由主板市场、中小板市场、创业板市场和"新三板"几大板块组成，各个板块都有着严格的进入条件。

主板市场（一板市场）的进入条件包括发行人是依法设立且持续经营三年以上的股份有限公司；发行人最近三个会计年度净利润均为正且累计超过人民币3000万元；最近三个会计年度经营活动产生的现金流量净额累计超过人民币5000万元，或者最近三个会计年度营业收入累计超过人民币30000万元；最近一期末无形资产（扣除土地使用权等）占净资产的比例不超过20%；发行前股本总额不少于人民币3000万元。这些条件形成了强有力的进入障碍，将为数众多的中小文化企业挡在了门外。近些年来，以博瑞传媒、长城影视为代表的企业被迫"借壳上市"，个中透露出种种无奈。

相对于主板市场而言，中小板市场的设立弥补了主板市场的功能缺位，为中小企业进入资本市场准备了条件。近10年的发展历程中，有20家文化产业相关企业在中小板成功上市，经营范围覆盖了信息服务与网络平台、文化娱乐、影视动漫、广告媒体等行业。虽然如此，文化产业相关企业在中小企业板719家上市公司的占比只有2.78%，所以中小型文化企业还是不能融入其中。

为了缓解中小企业上市融资难题，2009年10月，创业板市场（二板市场）营运而生，其市场定位是拥有一定的资产规模的高成长性企业。创业板的进入条件是：依法设立且持续经营三年以上的股份有限公司；最近两年连续盈利；最近两年净利润累计不少于1000万元，且持续增长；或者最近一年盈利，且净利润不少于500万元；最近一年营业收入不少于5000万元；最近两年营业收入增长率均不低于30%；企业发行后的股本总额不少于3000万元。相对于主板市场和中小板市场，进入障碍低了很多。创业板市场的推出，迎合了包括文化产业在内的中小企业的欢迎。截至2013年底，华谊兄弟、华谊嘉信、华策影视、方舟文化、上海钢联、光线传媒、方直科技等12家文化传媒类企业成功上市。

为了方便创业板市场之外的企业进入资本市场，中小企业股份转让系统（俗称"新三板"）再次降低了上市条件，只要求依法设立且存续满两年，业务明确，具有持续经营能力。应该说，"新三板"与其他资本市场板块涵盖了我国全部层级的企业，至此，多层次的资本市场终于建立起来了。国学时代（430053）、首都在线（430071）、极品无限（430129）、沃捷传媒（430174）、中教股份（430176）、银都传媒（430230）、随视传媒（430240）、优睿传媒（430282）益佰广通（430660）等文化企业成功上市，拓宽了融资渠道。

从以上各种类型文化企业进入不同的资本市场板块的历程，我们可以看出，适合文化企业上市的机制和条件尚未成熟，致使数量众多的企业不能融入其中。进一步降低市场门槛，规范市场交易，保护投资者合法权益，是我国完善资本市场的必由之路。

（三）债券融资

1. 文化企业债券融资现状

债券是一种有价证券，是社会各类经济主体为筹措资金而向债权投资者出具的并承诺按一定利率定期支付利息和到期偿还本金的债权债务凭证。

我国政府在推动债券市场建设方面做出了种种努力。2004年2月2日，国务院《关于推进资本市场改革开放和稳步发展的若干意见》（国发〔2004〕3号）明确提出"积极稳妥发展债券市场。在严格控制风险的基础上，鼓励符合条件的企业通过发行公司债券筹集资金，改变债券融资发展相对滞后的状况，丰富债券市场品种，促进资本市场协调发展。制定和完善公司债券发行、交易、信息披露、信用评级等规章制度，建立健全资产抵押、信用担保等偿债保障机制。逐步建立集中监管、统一互联的债券市场"。2010年，中央宣传部、中国人民银行、广电总局等九部委联合发布《关于金融支持文化产业振兴和发展繁荣的指导意见》[①]，强调各部委协力"支持符合条件的文化企业通过发行企业债、集合债和公司债等方式融

---

① 中央宣传部、中国人民银行、财政部、文化部、广电总局、新闻出版总署、银监会、证监会、保监会．《关于金融支持文化产业振兴和发展繁荣的指导意见》（银发〔2010〕94），2010.3.19.

资。积极发挥中债信用增进投资股份有限公司等专业机构的作用,为中小文化企业通过发行短期融资券、中期票据、集合票据等方式融资提供便利。对符合国家政策规定的中小文化企业发行直接债务融资工具的,鼓励中介机构适当降低收费,减轻文化企业的融资成本负担。对于运作比较成熟、未来现金流比较稳定的文化产业项目,可以以优质文化资产的未来现金流、收益权等为基础,探索开展文化产业项目的资产证券化试点"。

在政府的推动下,我国债券市场逐渐发展壮大,文化企业也积极利用债券进行资金融通。现摘录几例如下:

(1) 2007年中国电影集团公司发行企业债券,债券规模为人民币5亿元;债券期限为7年(自2007年12月13日起至2014年12月12日止);票面年利率为6.1%,采用单利按年计息,不计复利,逾期不另计利息;债券通过承销团成员设置的发行网点公开发行,境内机构投资者(国家法律、法规另有规定的除外)均可购买;债券每年付息一次,到期一次还本,最后一期利息随本金的兑付一起支付;经大公国际资信评估有限公司综合评定,"中影债券"信用等级为AAA级,长期主体信用等级为AA;"中影债券"由中国建设银行股份有限公司授权其北京市分行提供全额无条件不可撤销的连带责任保证担保。

(2) 2012年重庆出版集团公司公司发行4亿元5年期无担保固定利率债券。债券附发行人第5年末上调票面利率选择权和投资者回售选择权。存续期内前5年票面年利率为6.18%。"重庆出版债券"通过承销团成员设置的发行网点向在中央国债登记结算有限责任公司开户的中国境内机构投资者(国家法律、法规另有规定者除外)公开发行。经鹏元资信评估有限公司综合评定,"重庆出版债券"的信用等级为AA,发行人主体长期信用等级为AA。

(3) 2012年9月,天津生态城投资开发有限公司发行12亿元7年期无担保固定利率债券,票面年利率为6.76%。"12生态城债"通过承销团成员设置的发行网点向中国境内机构投资者(国家法律、法规另有规定者除外)公开发行。经上海新世纪资信评估投资服务有限公司综合评定,"12生态城债"信用级别为AA+,发行主体长期信用级别为AA+。

(4) 2013年广东奥飞动漫文化股份有限公司发行5.5亿元人民币7年

期无担保固定利率债券。债券附发行人第 3 年末上调票面利率选择权和投资者回售选择权。存续期内前 3 年票面年利率为 5.20%。"奥飞债券"通过承销团成员设置的发行网点向境内机构投资者公开发行。经鹏元资信评估有限公司综合评定,"奥飞债券"信用等级为 AA,发行主体长期信用等级为 AA。

(5) 2013 年北京歌华文化发展集团有限公司发行 6 亿元人民币 7 年期无担保固定利率债券。债券附发行人第 4 年末上调票面利率选择权和投资者回售选择权。存续期内前 4 年票面年利率为 5.98%。"歌华债券"通过承销团成员设置的发行网点向境内机构投资者公开发行。经鹏元资信评估有限公司综合评定,"歌华债券"信用等级为 AA,发行主体长期信用等级为 AA。

2007 年 11 月,银监会发布《关于有效防范企业债担保风险的意见》(银监发〔2007〕75 号)禁止金融企业为企业债券提供担保。其后,企业债券融资转向银行间市场。银行间市场的融资工具包括短期融资券、中期票据、中小企业集合债等品种,与企业债的核准制相比,银行间市场的融资工具采取注册制,周期短,流程公开透明,因此受到了文化企业的青睐。[①]

短期融资券是由企业发行的无担保短期本票。在我国,短期融资券是指企业依照《银行间债券市场非金融企业债务融资工具管理办法》的条件和程序在银行间债券市场发行和交易并约定在一定期限内还本付息的有价证券,是企业筹措短期(1 年以内)资金的直接融资方式。近些年来,四川、陕西、重庆、福建等省市的文化企业都发行了不同形式的短期融资券,在融通资金方面较以往有了较大的改善。

中期票据是企业依照中国人民银行《银行间债券市场非金融企业债务融资工具管理办法》及中国银行间市场交易商协会相关自律规则和指引、由具有法人资格的非金融企业在银行间债券市场按照计划分期发行的、约定在一定期限还本付息的有价证券,募集资金主要为满足企业长期资金需求。近些年来,越来越多的文化企业通过中期票据筹措资金。如 2012 年

---

① 辛阳. 中美文化产业投融资比较研究 [D]. 吉林大学,2013.

11月,成都文化旅游发展集团有限责任公司发行2亿元人民币3年期无担保固定利率中期票据;2013年3月,重庆旅游投资集团有限公司发行10亿元人民币7年期无担保固定利率中期票据;2013年9月,湖北长江出版传媒集团有限公司发行9亿元五年期无担保固定利率中期票据。

受制于资产规模和业务范围等原因,数量众多的中小企业无法单独发行债券,也不具备发行单体短期融资券和中举票据的能力。在这种情况下,中小企业集合债为中小文化企业开辟了一条新的市场化融资渠道。所谓集合债,也称为"捆绑发债",是指以一个机构作为牵头人,多个中小企业作为发债主体,统一冠名、评级、担保、承销,独立负债,集合发行的新型企业债券形式,有效降低了企业的融资成本。

在我国文化企业融资实践中,还存在一种债券,这就是可转换债券,它是依托上市公司发行的,票利率较低,但允许购买者(债权人)在规定的时间范围内按照规定的价格转换成指定公司的股票。2003年,深圳华侨城控股股份有限公司曾发行了4亿元的可转债。近些年,晨鸣纸业(0004888)、博汇纸业(600966)、歌华有线(600037)都发行了数量不等的可转换债券,总体效果良好。可转换债券是依托上市公司进行的,因此,其适用范围相对较窄,对于数量众多的未上市文化企业而言,没有机会使用这种融资方式。

2、文化企业债券融资评价

我国文化企业债券融资历史不长,总体发展规模不是很大,即便在2007年我国债券市场进入高速扩张期后,文化企业通过发行企业债券实现成功融资的案例还是不多。据《2013年文化发展统计公报》显示,截至2013年末,文化企业在债券市场融资余额为2878.5亿元,仅占整个债券市场余额的5.3%。

出现这种现象的原因一方面是由于我国文化企业的行业性质问题、公司管理不规范问题、市场化运作程度低问题以及盈利模式不清晰等问题,还有一点更为重要的是,债券融资的门槛相对较高。我国《证券法》《公司法》和《公司债券发行试点办法》规定,发行公司债券应当符合下列条件:(1)股份有限公司的净资产不低于人民币3000万元,有限责任公司的净资产不低于人民币6000万元;(2)本次发行后累计公司债券余额不超过最近一期期末净资产额的40%；金融类公司的累计公司债券余额按金融企业的有关规定计算；（3）公司的生产经营符合法律、行政法规和公司章程的规定，募集的资金投向符合国家产业政策；（4）最近三个会计年度实现的年均可分配利润不少于公司债券1年的利息；（5）债券的利率不超过国务院规定的利率水平；（6）公司内部控制制度健全，内部控制制度的完整性、合理性、有效性不存在重大缺陷；（7）经资信评估机构评级，债券信用级别良好。以上条件，特别是关于资产规模和利润的量化规定，将大多数中小文化企业挡在了门外。虽然，中小企业集合债的出现使得问题的解决出现了一些转机，但集合债的运行过程中还会出现一些新的问题，所以，中小文化企业畅达的融资渠道还需假以时日。

（四）信贷融资

信贷融资是指企业为满足自身生产经营的需要，同金融机构（主要是银行）或者信誉比较好的融资公司签订协议，借入一定数额的资金，在约定的期限还本付息的融资方式。一直以来，信贷融资是我国企业最为重要的融资手段之一，对于文化企业尤其如此。近些年来，文化部、中国人民银行等金融和管理部门也都在着力搭建文化与金融的对接平台，为文化企业的发展提供巨大的资金支持。2009年以来，文化部先后与中国进出口银行、中国银行、国家开发银行、北京银行、中国工商银行、中国农业银行、中国建设银行等银行机构建立了部行合作关系。2010年8月26日，国家广电总局与中国进出口银行签订了《关于扶持培育广播影视出口重点企业、重点项目的合作协议》，采取"广电总局组织推荐、专家组认真评选、进出口银行独立审贷"的合作方式，共同扶持培育广播影视出口重点企业和重点项目。

部行合作关系建立后，各家银行加大了对文化产业的支持。具体表现为：

第一，北京银行。2009年，北京银行设立文化创意贷款，重点支持文化创意企业及其文化创意聚集区建设量身定制的特色金融组合产品，具体包含以下10项子产品：（1）文艺演出贷款，支持对象为从事文艺创作、文艺表演、各类大型文化商务活动的策划、组织和提供服务的企业；（2）

出版发行贷款,支持对象为从事新闻服务,书报刊及音像、电子出版物的出版发行、印刷制作等服务的企业;(3)影视制作贷款,支持对象为提供广播、电视、电影的制作与发行、放映等服务的企业;(4)动漫网游贷款,支持具有自主创新知识产权、具有民族性原创性的动漫产品和网络游戏研发和制作,以及其衍生品的开发、制作和销售等;(5)广告会展贷款,支持对象为从事广告业和提供会展服务的企业;(6)设计创意贷款,支持对象为从事工业设计、建筑设计、平面设计、工艺美术设计、服饰设计、软件设计、网络设计等服务的企业;(7)艺术品交易贷款,支持对象为从事艺术品拍卖服务、工艺品制造销售等服务的企业;(8)文化旅游贷款,支持对象为提供旅游服务的企业;(9)文化体育休闲贷款,支持对象为提供文化体育休闲娱乐服务、举办大型体育品牌赛事和体育产业集聚区建设相关的企业;(10)文化创意产业集聚区建设贷款,重点支持市文化创意领导小组认定的文化产业聚集区基础设施和公共服务平台的建设。北京银行将文化创意企业贷款明确列为最优先保证信贷扶持的重点行业,取得了显著的成效。截至2012年9月末,北京银行已累计发放文化产业贷款430亿元、2600余笔,3年增长了300倍,支持了包括万达院线、北京国棉文化创意发展有限公司在内的700多家文化创意企业,在北京文化产业金融服务的市场份额中始终位居第一位。

第二,国家开发银行。2011年,国家开发银行发布消息称,该行将在"十二五"期间向文化产业提供逾2000亿元的融资总量支持,未来将重点加大对文化基础设施,广电网络整合、数字化平移等公共文化设施以及特色文化产业项目的支持力度,优先支持龙头企业,并大力支持国内文化企业开拓国际市场。

第三,中国工商银行。近年来,中国工商银行将文化产业作为推动经济结构转型升级和自身经营结构调整的重要突破口,着力加大金融支持力度,促进了文化产业的健康快速发展。为此,工商银行积极实施三大战略。一是积极实施文化市场主体做大做强战略,配合文化企业转企改制和兼并重组,通过全产品金融服务,帮助文化企业提高现代化管理水平。二是积极实施重点区域发展带动战略,配合政府及文化主管部门的政策规划,探索区域化特色经营模式和特色服务,带动当地文化产业上规模、成气候发展，并将成熟经验和模式向全国推广。三是积极实施中小企业扶持战略，对中小企业密集的产业园区和产业基地，通过创新金融产品和服务，推动文化创意、影视制作、动漫等产业集群发展。"三大战略"的实施是针对文化企业的不同类型实施不同的投资模式。表现在：（1）针对文化创意类企业，工商银行根据这类企业经营运作模式，分析其上下游企业特点，创新设计供应链贸易融资业务产品，解决企业凭借自身资产状况难以符合银行融资条件的瓶颈。工商银行推出了"影视通"电视台项下应收账款保理业务模式，为《借枪》《黑狐》等30余部电视剧的拍摄提供了贷款支持；对于电影产业，工商银行综合运用集合放款、版权质押和实际控制人连带保证等风险控制方式，为华谊兄弟公司拍摄电影《唐山大地震》《狄仁杰之通天帝国》《风声》《追影》等提供了贷款支持。（2）针对自身现金流稳定的文化企业，工商银行采取"固定资产支持融资＋收入账户封闭管理"模式，以门票收入及其他经营活动产生的净现金流作为还款来源，通过签订账户监管协议，将门票收入及其他所有经营收入全部归集到经营专户，确保经营收入封闭管理。工商银行已通过这一方式为常州恐龙园、湖南张家界、大连老虎滩海洋公园和杭州西溪国家湿地公园等项目提供了贷款支持。另外，工商银行还针对国内文化企业"走出去"加大金融支持，同时支持文化旅游业的做大做强。近些年来，工商银行为支持文化产业发展创新金融服务，为文化产业的发展提供了巨大的资金支持。截至2013年末，工商银行对文化产业的融资余额已达1442亿元，当年新增约330亿元，增幅达30%，是全行融资增长最快的市场领域之一。其中，工商银行大力实施中小文化企业扶持战略，对中小企业密集的产业园区和产业基地，通过创新金融产品和服务，推动文化创意产业集群发展；工商银行提供融资支持的中小文化企业达到约4000家，融资余额超过文化产业融资余额的八成。

第四，中国建设银行。中国建设银行各分支机构纷纷针对文化产业有针对性地开发出各具特色的金融服务产品。如建设银行深圳分行推出"互保金贷款"重点支持民营文化企业发展；建设银行陕西省分行退出"文保通"支持影视投资行业、媒体广告行业、新闻出版行业等文化类企业。农业银行利用遍布城乡的银行网点，积极推进农村文化产业发展，给农村传统手工艺品等文化产业发展提供金融支持。

第五，中国银行。自2009年开始，中国银行与文化部积极合作，推出"支持文化产业发展贷款"，支持的文化企业包括：（1）符合中国银行支持条件、涉及商业演出、艺术展览、动漫游戏、网吧、音像、娱乐、工艺品、乐器等文化企业、文化产品和服务项目；（2）有利于弘扬中华民族优秀传统文化、具有国际竞争力和鲜明民族特色的出口文化企业、文化产品和服务项目；（3）有关文化产品进出口交易、文化产权交易的文化企业和服务项目；（4）推进高新技术成果与文化产业结合，提高文化产品生产和文化服务手段的大型项目，包括为提升文化产品生产规模、促进企业技术升级而进行的技术更新改造项目、关键技术与重大设备的进口项目等；（5）开发具有国际先进艺术水平、自主知识产权、原创品牌和民族特色的高科技文化产品的投资项目；（6）开拓国际市场，推动中华文化走向世界的境外投资项目；（7）国际性文化会展项目和国家级文化会展项目，以及这些文化会展的海外拓展项目；（8）文化部重点推荐的，符合中国银行信贷政策的其它文化企业和项目。为此，中国银行积极创新产品服务，先后推出了"影视通宝""西泠通宝""家居银行"等一系列文化产业融资产品。还针对留学生客户群体推出个人外汇留学贷款产品，截至2013年末，个人外汇留学贷款余额1.83亿元，比年初增长809.92%。

第六，中国光大银行。中国光大银行针对文化创意企业融资特点和需求，打通"绿色通道"，创新融资模式，推出"紫薇花"文化金融系列产品，提供版权贷、抵押贷、担保贷等小微企业融资渠道，加强在现金管理、个性理财等方面的服务与支持，为文化创意小微企业提供了全方位快捷的金融服务，有力助推了文化产业的发展。

第七，平安银行。平安银行出台政策，针对文化产业最低可以优惠到国家基准利率的70%；同时，推出"中小企业版权贷"支持创意设计业，广播、影视制作业，动漫游戏业，新闻服务业，出版发行业，现代印刷业，工艺美术业，文化产品数字制作与相关服务和其他细分文化产业的中小企业。

第八，民生银行。民生银行设立文化产业金融事业部，业务范围主要涵盖符合文化产业定义范畴下的影视、艺术品、文化旅游、出版发行、演艺、传统文化和文化创意等行业及相关细分行业。将以"间接融资 + 直接融资""融资 + 融智"的准投行服务模式开展特色经营。

表 2-10 显示的是我国影视产业信贷融资的典型事例,从中我们可以感受到我国文化企业金融信贷融资的火爆情景。

表 2-10 我国影视产业信贷融资的典型事例   单位:万元

时间	融资方	金融机构	融资项目	融资规模	担保及质押情况
2004	华谊兄弟	深圳发展银行	电影:《夜宴》	5000	中国进出口银行保险公司担保;个人无限连带责任
2007	华谊兄弟	招商展银行	电影:《集结号》	5000	个人无限连带责任;票房收入为担保
2008	北京世纪佳映	北京银行	电影:《画皮》	1000	电影版权质押
2009	郑晓龙等23名导演	中国民生银行	用于导演本人或其公司投资制作电视剧	10000	无抵押信用贷款
2009	华谊兄弟	工商银行	电影:《追影》《风声》《狄仁杰》《唐山大地震》	12000	电影版权质押;个人无限连带责任
2009	保利博纳	工商银行	电影:《十月围城》《大兵小传》《一路有你》	5500	电影版权质押;个人无限连带责任
2009	光线传媒	北京银行	近 40 部的电影制作和发行	20000	北京首创投保有限责任公司担保;电影版权质押;个人无限连带责任
2010	乐视娱乐	杭州银行	电影:《决战V》《十二星座离奇事件》《万王之王》《十三星座》	10000	电影版权质押
2010	北京联盟影业	北京银行	电影:《武林外传》及游戏	5000	不详

续表

时间	融资方	金融机构	融资项目	融资规模	担保及质押情况
2010	博纳影业	北京银行	电影：《龙门飞甲》《大话射雕前传》《抓猴》《不再让你孤单》及游戏；电视剧：《十月围城》	10000	电影版权质押；个人无限连带责任
2011	北京新画面影业有限公司	民生银行	电影：《金陵十三钗》	15000	电影版权质押
2012	北京佳桐世纪影视文化传播有限公司	北京银行	电视剧：《枪火》	1200	电视剧版权质押
2012	乐视影业	南京银行	电影：《小时代》	6995	关联公司担保；个人连带责任担保
2012	中博传媒	农行北京分行	电影：《危险关系》	900	应收账款质押

资料来源：根据相关网页整理而成。

综上所述，部行合作为文化企业融资拓展了广阔空间，也使得文化产业发展获得了巨大的资金支持。据《2013年文化发展统计公报》报道，2013年年末，我国文化产业中长期本外币信贷余额1574亿元，比2012年新增419亿元，同比增长36.3%。

（五）资产证券化融资

资产证券化是以特定资产组合或特定现金流为支持，发行可交易证券的一种融资形式。

资产证券化是一种资产收入导向型的融资方式，其信用基础是知识产权，即核心资产而非企业的全部资产。这事实上突出了文化企业核心竞争力的价值，即使是品牌声誉等难以计量的无形资产，通过资产证券化使其获得市场投资机构的青睐。在美国，知识资产证券化已运用于文化产业的各个领域，从电子游戏、音乐、电影、动漫、公园门票收入等与文化产业关联的知识产权都已成为证券化的对象。因此资产证券化融资在许多文化产业的子行业中都适用。①

我国文化产业资产证券化起步较晚，但势头强劲。2005年，中国人民银行和中国银行业监督管理委员会联合发布《信贷资产证券化试点管理办法》，针对文化产业资产证券化的主体（发起机构、特定目的受托机构、贷款服务机构、资金保管机构）、资产证券交易及信息披露等方面做出了规范性要求。

2010年3月，中央宣传部、中国人民银行、财政部、文化部、广电总局、新闻出版总署、银监会、证监会、保监会联合发布《关于金融支持文化产业振兴和发展繁荣的指导意见》（银发〔2010〕94号），强调"积极培育流转市场，充分发挥上海文化产权交易所、深圳文化产权交易所等交易平台的作用，为文化企业的著作权交易、商标权交易和专利技术交易等文化产权交易提供专业化服务"。

2011年12月30日，中宣部、商务部、文化部等五部委共同发布《关于贯彻落实国务院决定加强文化产权交易和艺术品交易管理的意见》（中宣发〔2011〕49号），明确指出"国家重点支持上海和深圳两个资本市场成熟、产权交易基础好的城市设立文化产权交易所作为试点"。

在以上政策的推动下，我国各地纷纷成立文化产权交易所，以推动文化产业资产证券化。所谓文化产权交易所（下称"文交所"），是指文化产权所有者将其拥有的资产所有权、经营权、收益权及相关权利全部或者部分有偿转让的一种经济活动。交易范围包括文化创意、影视制作、出版发行、印刷复制、广告、演艺娱乐、文化会展、数字内容和动漫等领域。文化产权交易所是为文化产权转让提供条件和综合配套服务的专业化市场平台，业务活动主要有政策咨询、信息发布、组织交易、产权鉴证、资金结算交割等，是文化领域多层次市场的重要组成部分。②

截至2013年底，我国已经成立了30多家文交所，这些文交所对于文

---

① 罗潇．知识资产证券化提振文化产业融资［N］．新京报，2010-04-09．
② 中宣部、商务部、文化部、国家广电总局、新闻出版总署．《关于贯彻落实国务院决定加强文化产权交易和艺术品交易管理的意见》（中宣发〔2011〕49号），2011年12月30日．

化产业通过资产证券化起到了有力的促进作用。下文就主要文交所做一简单介绍。

1. 上海文化产权交易所

2009年6月15日,上海文化产权交易所由上海联合产权交易所、解放日报报业集团、上海精文投资公司联合投资创立的上海文化产权交易所在上海外高桥保税区所正式揭牌,成为国内首家成立的文化产权交易所,上海文化产权交易所由上海联合产权交易所、解放日报报业集团、上海精文投资公司联合投资创立。

上海文交所的主要职责是,遵循"公开、公平、公正"原则,依法开展政策咨询、信息发布、项目推介、投资引导、并购策划、项目融资、产权交易组织等活动,运用产权交易方式和规范化的市场运作,推动各类所有制文化企业资产重组、跨国融资并购等工作,通过产权交易、信息披露、投融资服务等方式为各类文化产权主体提供定价、资本进出通道,探索创建文化金融体系的新途径。

上海文交所的业务范围包括新闻出版发行、广播电视电影服务、文化艺术和网络文化服务及休闲娱乐服务、文化艺术经纪和市场服务及文化用品产品服务、各类版权服务、文物及艺术品收藏、数字软件与设计及公关咨询策划、创意产业与品牌时尚、体育卫生旅游等相关文化行业服务、政府文化专用权益、文化系统政府采购等领域中与文化有关的产权交易;文化类企业的股权交易;为文化产业投资、咨询、并购重组等提供服务;国家有关部门和市政府授权或委托的其他有关产权交易。

2. 深圳文化产权交易所

深圳文交所成立于2010年4月,是在中央部委及深圳市委市政府的统一部署下,顺应国家文化大发展大繁荣态势,创设"文化+资本"服务体系而专门成立的国家级文化产权交易及投融资综合服务平台。

深圳文交所的宗旨是贯彻落实中央指示精神,以"文化对接资本、交易创造价值"为经营理念,打造国家级文化产权交易及投融资综合服务平台,促进文化产业要素跨行业、跨地域、跨所有制流动,推动文化产权交易、企业改制、资产重组、融资并购、创意成果转化,促进文化与资本、文化与市场、文化与科技的紧密对接，力争尽快建设成为立足深圳、对接港澳台、服务全国、面向世界的综合性国际化文化产权交易市场，推动中国文化产业繁荣发展和中华文化走向世界。

深圳文交所内设五大交易平台。

第一，文化国有产权进场业务。该业务发挥文交所平台的资源市场化配置、价值发现及信息聚集的功能，促进文化国有产权的顺畅流转和资源整合，为文化国有产权转让、增资、改制、股权质押等提供交易鉴证及投融资配套服务，深度挖掘文化无形资产的市场价值及通过文交所的平台有效地实现价值。

第二，文化企业上市孵化及文化股权融资业务，该业务力争使文交所平台成为文化企业上市的孵化器和助推器，为文化企业并购重组、上市孵化、增资扩股、招商引资等提供配套专业服务，培育龙头骨干文化企业、促进产业的升级和规模化发展。

第三，投融资配套服务。该项服务为优质文化产业项目、优秀文化企业提供优质、高效的投融资一条龙、一站式服务，突出对每届文博会优质文化产业项目、重点项目、创新型项目提供资本对接服务，为各省市招商引资项目提供配套的资本服务，持续不断地为我国优秀文化产业项目提供项目交易平台和有效的投融资专业服务。

第四，版权创新交易业务。该业务通过平台功能，促进文化版权价值的深度发掘，推进版权保护、版权评估及版权市场对价这三者的有效衔接，实现版权价值的资本化过程及规模化交易；为中国优秀影视项目及人才提供性价比最优的投融资及系列增值服务，为影视剧项目及企业提供专业的权益登记、评估、挂牌、信息发布、交易、投融资、资金监管、交易见证等基础服务；采用影视剧私募债、未来收益权、应收账款、版权质押等各类金融创新品种孵化扶持影视产业。

第五，艺术品银行业务，该业务力图建设有公信力的文化物权的价值评估体系及防伪保真体系，净化艺术品交易生态环境，打造一个公正、科学、诚信的交易平台，从而激活文化物权的转让流通及价值实现。

3. 湖北华中文化产权交易所

湖北华中文交所成立于 2010 年年底，是经省人民政府批准，由省委宣传部、武汉光谷联合产权交易所、湖北日报传媒集团、省广播电视总台、长江出版集团、知音传媒集团、今古传奇传媒公司、东方金太阳科技公司等发起设立的综合性文化产权交易机构,是以文化物权、债权、股权、知识产权等各类文化产权为交易对象的专业化市场,是湖北及华中地区文化体制改革的资源配置平台。省委宣传部、省财政厅负责领导和监管。

湖北文交所内设三大交易平台。

第一,国有文化资产处置平台。华中文交所是全省为一处置国有文化资产的定点机构,国有文化资产通过华中文交所公开阳光处置,能充分发现价格和发现投资者,实现国有文化资本资产的保值增值。

第二,文化产业投融资平台。化中文交所以协议转让模式为企业提供股权质押、基金、项目收益权、债券、保值艺术品、影视票证等咨询、融资服务,向投资机构和会员提供咨询、投资服务,搭建文化与资本结合的桥梁。

第三,艺术品展示交易平台。利用化中文枷锁场地和艺术品网络商城,航期、持久、每天开展艺术品展示交易,为艺术家和投资人提供一个发现艺术和市场价值的平台。

4. 山东文化产权交易所

山东文交所成立于 2011 年 5 月 9 日,是由山东产权交易中心与大众报业集团共同出资设立的综合性文化产权交易服务机构。其职能定位是搭建立足山东、服务全国、面向世界的"文化产权交易平台""文化企业投融资平台"与"文化艺术品流转平台",有力促进山东省文化产业的发展,推动山东成为国内最重要的文化产业投融资中心之一。

山东文交所是由大众报业集团与山东产权交易中心共同出资成立的纯国有综合性文化产权交易平台。山东文交所将在省委、省政府的正确领导下,为文化物权、债权、股权、知识产权等各类文化产权提供产权流转平台,充分发挥市场在文化资源配置中的基础作用,建设运作规范、交易活跃、功能完善、特色鲜明的文化产权交易市场,促进文化资源有序流转,推动文化与资本的高效对接。

山东文交所内设产权交易、投融资交易和艺术品交易三大平台,其中产权交易包括物权,债权,股权,知识产权,版权和其他等几方面;艺术品交易文化演出、活动，文化艺术产业项目、文化创意项目和其他等几方面；艺术品交易包括交易产品、艺术品投资和名家真品三个方面。

5. 广东省南方文化产权交易所

广东省南方文化产权交易所股份有限公司（南方国际版权交易所）成立于2009年11月，是广东省委、省政府批准设立的综合性文化产权交易服务机构，由南方报业传媒集团、南方联合产权交易中心、广东新金基投资公司、南方广播影视传媒集团、广东省出版集团、广东中凯文化传媒公司联合投资创立，力争建成全国最大、最具影响力的文化版权产业集聚区和示范基地，旨在打造成为立足南方、连接港澳台、服务全国、面向世界的文化产业权益性资本市场。

广东文交所的业务范围包括新闻、出版、影视、演艺、音乐、口述作品、美术、摄影、动漫、游戏、广告、计算机软件、自然科学和社会科学学术成果的版权交易服务和采购服务；商标、专利、图案、图形作品、工程设计、产品设计、创业设计等无形资产的交易服务和采购服务；图书、影像制品、玩具、工业品、工艺品、艺术品等文化产品的交易服务和采购服务；版权登记、合同备案、权利认证服务；商标、专利、版权投融资服务；文化企业投融资服务；商标、专利、版权维权服务；商标、专利、版权信息服务和数据服务。

广东文交所内设产权项目、版权项目、艺术品项目和资产处置项目。

6. 成都文化产权交易所

成都文化产权交易所（成都版权交易中心）成立于2010年5月，是经政府批准设立的，西部第一、全国第三，集文化产权交易、投融资服务、文化企业孵化、文化产业信息发布于一体的专业化综合性服务平台。

成都文交所采用政府引导，市场化运作方式，遵循"公开、公平、公正、规范"的原则，以文化物权、债权、股权、知识产权等各类文化产权为交易对象，依法开展政策咨询、信息发布、产权交易、项目推介、投资引导、项目融资、权益评估、并购策划等服务，为各类文化产权流转提供交易平台及专业服务，建设集文化产权交易、投融资服务、文化企业孵化、文化产业信息交流和人才培训为一体的综合服务平台，构建中国西部综合性的文化产业要素市场。

成都文交所的业务范围包括新闻出版物、广播影视作品、文化艺术产品及创意设计、网络文化、数字软件、动漫网游产品等各类文化产权及版权的交易服务；企业管理及咨询服务，会展服务，设计、制作、代理、发布各类广告业务，文化产业项目投资及投融资咨询服务；商务服务；政府采购：政府文化专用权益、文化系统政府采购、电台电视台节目采购等服务；文化体制改革：国有文化企（事）业单位的产权交易及资产并购重组等文化产权交易服务；文化产业投融资、咨询、项目评估、并购重组等服务；知识产权及版权的登记、代理、推介、交易等综合服务；政府有关部门授权或委托的其他有关交易。

7. 浙江文化艺术品交易所

浙江文化艺术品交易所股份有限公司，由浙江省人民政府领导批示同意，省政府金融办和省文化厅批准，于2011年8月注册成立，为浙江省首个文化产权和艺术品交易公共服务平台。浙江文交所由省政府出资成立的国有独资文化企业——浙江新远文化产业集团控股，有关民营企业参股组建。

浙江文交所经营范围涵盖书法、绘画、雕塑、珠宝等艺术品交易；文学、绘画、影视、动漫等文化类知识产权转让；文化企业投融资服务等。

浙江文交所将着力搭建文化创意产业和传统制造业互动桥梁，打通社会资本与文化产业对接渠道，促进文化成果与资本、文化创新与市场、文化产品与科技孵化转型，使其成为跨文化、制造、销售、研发、资本、投资等多领域复合型创造平台，并致力于成为我省文化产业发展开拓者、转型升级引领者及交易市场规范者。

浙江文交所内设艺术品交易、文化类知识产权、企业投融资服务和登记托管等四个板块。

8. 江苏省文化产权交易所

江苏省文化产权交易所成立于2012年11月，在江苏省委宣传部的领导下由江苏凤凰出版传媒集团有限公司、江苏爱涛文化产业有限公司、江苏省广播电视集团有限公司、南京市文化投资控股（集团）有限责任公司四大省市国有文化企业共同出资组建，注册资本1亿元。

江苏文交所的交易范围包括文化创意、影视制作、出版发行、印刷复制、广告、演艺娱乐、文化会展、数字内容和动漫等领域。业务活动主要有政策咨询、信息发布、组织交易、产权鉴证、资金结算交割等。

江苏文交所的主要职能包括为文化产权转让提供条件和综合配套服务的专业化市场平台；制定交易所的交易规则；接受产品和服务交易申请，安排上市交易；组织、监督交易；对会员、交易过程进行监管；管理和公布市场信息。

江苏文交所以服务全省文化企业为理念、促进省内文化产业发展为己任，坚持"三公"原则，打造文化与资本对接、与科技融合的综合服务平台，包括：文化产权交易平台、文化企业投融资服务平台、文化企业孵化平台、文化产权登记托管平台；推出三大业务：文化产权交易业务、文化企业投融资业务、文化产品与服务金融创新业务。

值得一提的是，各地文交所自觉加强横向联系，形成产业联盟，以形成更为广泛的区域市场和全国市场。比如，2011年10月，安徽、山东、天津、湖北、广州五省市文化产权交易机构在合肥签署了《文化产权交易机构战略联盟合作协议》，促进信息平台建设；一年后，五省（市）文化产权联盟信息平台上线，方便身处五地的投标人可以在同一时间获取五地文化产权交易信息；2012年10月28日，来自北京、天津、广东、浙江、江苏、山东等18个省、市、自治区的26家文化产权交易平台机构齐聚三亚，共同发起成立第一个全国性文化产权交易行业自律组织"全国文化产权交易共同市场"。

表2-11 我国各地文化产权交易所基本概况

序号	所在地	名称	成立时间	性质
1	北京	北京产权交易所（设文化产权交易中心）	2004.8	国有
2	辽宁	辽宁锦州辽西文化产权交易有限公司	2005.10	股份制
3	广东	深圳文化产权交易所	2009.11	股份制
4	北京	北京九歌艺术品交易所（九歌拍卖公司）	2009.2	股份制
5	上海	上海文化产权交易所	2009.6	股份制

续表

序号	所在地	名称	成立时间	性质
6	湖北	湖北华中文化产权交易所	2010.10	股份制
7	广东	广东南方文化产权交易所	2010.11	股份制
8	四川	成都文化产权交易所	2010.5	股份制
9	辽宁	辽宁沈阳文化知识产权交易苏	2010.6	股份制
10	北京	汉唐艺术品交易所	2010.8	民营
11	安徽	安徽省文化产权交易所	2010.8	国有
12	安徽	安徽版权交易中心	2010.8	国有
13	吉林	通化关东文化产品交易市场	2010.9	国有
14	河南	郑州文化艺术品交易所	2010.11	私营
15	陕西	西安文化产权交易所	2011.1	股份制
16	吉林	吉林省文化产权交易有限公司	2011.11	股份制
17	江苏	江苏省文化产权交易所	2011.11	股份制
18	湖北	宜昌文化艺术品产权交易所	2011.11	股份制
19	天津	天津文化产权交易所	2011.1	股份制
20	广西	广西文化艺术品产权交易所	2011.12	股份制
21	重庆	重庆文化产权交易中心	2011.12	国有
22	湖南	湖南文化艺术品产权交易所	2011.3	股份制
23	山东	潍坊文化产权交易所	2011.4	股份制
24	云南	元盛文交所	2011.4	股份制
25	江苏	苏州长润文化产权交易服务有限公司	2011.5	民营
26	福建	福州寿山石文化艺术品产权交易所	2011.5	股份制
27	山东	山东文化产权交易所	2011.5	国有
28	辽宁	大连鑫汇文化艺术品交易所	2011.7	股份制
29	黑龙江	黑龙江北方文化产权交易所有限公司	2011.7	股份制
30	黑龙江	黑龙江文盛文化投资有限公司	2011.7	股份制
31	福建	海峡文艺艺术品交易所	2011.7	股份制
32	山东	泰山文化艺术品交易所	2011.7	国有
33	湖南	联合利国文化产权交易所	2011.7	股份制
34	内蒙古	鄂尔多斯文化产权交易苏	2011.8	股份制

续表

序号	所在地	名称	成立时间	性质
35	内蒙古	通辽科尔请文化产权交易苏	2011.9	股份制
36	黑龙江	哈尔滨文化艺术品交易所	2012.1	股份制
37	陕西	陕西文化产权交易所	2012.6	股份制

注：(1) 资料来源：各文化产权交易所网站；(2) 以成立时间排序。

（六）外资投资

新世纪以来，我国政府对外资投资文化产业经历了一个由放松管制—加强管制—鼓励和限制并存—"负面清单"管理的过程。外资投资文化产业政策如下。

1. 入市承诺，放松外资管制

2001年，中国加入世界贸易组织。"入市"时，中国政府签署的一系列法律文件中，涉及文化产业。《服务贸易具体承诺减让表》规定，中国政府开放视听服务、电影院服务，开放娱乐、文化和体育服务；在不损害中国审查音像制品内容的权利的情况下，允许外国服务提供者与中国合资伙伴设立合作企业，从事除电影外的音像制品的分销；在不损害与中国关于电影管理的法规的一致性的情况下，中国将允许以分账形式进口电影用于影院放映，此类进口的数量应为每年20部；允许外国服务提供者建设或改造电影院，外资持股比例不得超过49%。

2003年到2004年，为了兑现承诺，政府对入世协定进行了细化。2003年，国家广播电影电视总局、商务部和文化部联合发布《外商投资电影院暂行规定》（第21号令），对入市承诺进行了细化，规定：经中国政府批准，同中国境内的公司、企业（以下简称"合营中方"）设立中外合资、合作企业，新建、改造电影院，从事电影放映业；外商不得设立独资电影院，不得组建电影院线公司；中外合资电影院，合营中方在注册资本中的投资比例不得低于51%；对全国试点城市（北京、上海、广州、成都、西安、武汉、南京市）中外合资电影院，合营外方在注册资本中的投资比例最高不得超过75%；合资、合作期限不超过30年。

2004年，国家广播电影电视总局、商务部发布《电影企业经营资格准入暂行规定》(第43号令),允许境内公司、企业和其他经济组织与境外公司、企业和其他经济组织合资、合作设立电影制片公司、电影技术公司。文化部、商务部联合发布《中外合作音像制品分销企业管理办法》(第28号令),规定分销企业中,中国合作者在合作企业中所拥有的权益不得低于51%;合作期限不超过15年。国家广播电影电视总局发布《中外合作摄制电影片管理规定》(第31号令),规定中外合作摄制电影片包括下列形式:(一)联合摄制,即由中外双方共同投资(含资金、劳务或实物)、共同摄制、共同分享利益及共同承担风险的摄制形式;(二)协作摄制,即外方出资,在中国境内拍摄,中方有偿提供设备、器材、场地、劳务等予以协助的摄制形式;(三)委托摄制,即外方委托中方在中国境内代为摄制的摄制形式。国家广播电影电视总局发布《中外合作制作电视剧管理规定》(第41号令),规定国家对中外合作制作电视剧(含电视动画片)实行许可制度。中外双方共派创作人员、技术人员参与全程摄制。电视剧主创人员(编剧、制片人、导演、主要演员)中,中方人员不得少于三分之一。国家广播电影电视总局、商务部联合发布《中外合资、合作广播电视节目制作经营企业管理暂行规定》(第44号令),规定不得设立外商独资广播电视节目制作经营企业。不得设立外商独资广播电视节目制作经营企业。合营企业可以制作专题、专栏、综艺、动画片等广播电视节目,但不得制作时政新闻和同类的专题、专栏节目。

2. 部分项目加强外资进入管制

2005年,文化部、国家广播电影电视总局、新闻出版署、国家发展和改革委员会和商务部五部委联合发布《关于文化领域引进外资的若干意见》(文办发〔2005〕19号),规定在中方控股51%以上或中方占有主导地位的条件下,允许外商以独资或合资、合作的方式设立包装装潢印刷、书报刊分销、可录类光盘生产、艺术品经营等企业;允许外商以合资、合作的方式设立和经营演出场所、电影院、演出经纪机构、电影技术等企业,参与国有书报刊音像制品发行企业股份制改造;允许香港和澳门的服务提供者在内地设立合资、合作、独资经营的演出场所,设立演艺经纪公司分支机构;禁止外商投资设立和经营新闻机构、广播电台(站)、电视台(站)、广播电视传输覆盖网、广播电视节目制作及播放公司、电影制作公司、互联网文化经营机构和互联网上网服务营业场所（港澳除外）、文艺表演团体、电影进口和发行及录像放映公司。禁止外商投资从事书报刊的出版、总发行和进口业务，音像制品和电子出版物的出版、制作、总发行和进口业务，以及利用信息网络开展视听节目服务、新闻网站和互联网出版等业务。外商不得通过出版物分销、印刷、广告、文化设施改造等经营活动，变相进入频道、频率、版面、编辑和出版等宣传业务领域。

值得注意的是，2004年的"43号文"和"44号文"外资在中国境内从事电影制作业和设立电影制作公司，但是2005年的"19号文"却明确规定禁止外资涉足这两个领域。这一放一收之间，体现了国家对文化安全的高度谨慎。

3. 鼓励和限制并存

2007年，国家发改委和商务部联合发布《外商投资产业指导目录（2007）》（第57号令），规定鼓励外商投资的文化产业项目包括演出场所经营（中方控股）；体育场馆经营、健身、竞赛表演及体育培训和中介服务。

2011年，国家发改委和商务部联合发布《外商投资产业指导目录（2007）》（第12号令），规定固定投资类鼓励投资类同"57号令"。文化、体育和娱乐业限制外商投资产业目录为：（1）广播电视节目、电影的制作业务（限于合作）；（2）电影院的建设、经营（中方控股）；（3）大型主题公园的建设、经营；（4）演出经纪机构（中方控股）；（5）娱乐场所经营（限于合资、合作）。文化、体育和娱乐业禁止外商投资产业目录为：（1）新闻机构；（2）图书、报纸、期刊的出版业务；（3）音像制品和电子出版物的出版、制作业务；（4）各级广播电台（站）、电视台（站）、广播电视频道（率）、广播电视传输覆盖网（发射台、转播台、广播电视卫星、卫星上行站、卫星收转站、微波站、监测台、有线广播电视传输覆盖网）；（5）广播电视节目制作经营公司；（6）电影制作公司、发行公司、院线公司；（7）新闻网站、网络视听节目服务、互联网上网服务营业场所、互联网文化经营（音乐除外）；（8）高尔夫球场、别墅的建设、经营；（9）博彩业（含赌博类跑马场）；（10）色情业。

2013年和2014年，国家发改委和商务部重新对产业目录进行了调整，不过，针对文化产业没有大的调整，基本上维持上述鼓励与限制并存的状态。

4."负面清单"管理

2013年，中共十八届三中全会审议通过《中共中央关于全面深化改革若干重大问题的决定》规定，实行统一的市场准入制度，在制定负面清单基础上，各类市场主体可依法平等进入清单之外领域；探索对外商投资实行准入前国民待遇加负面清单的管理模式。

早在十八届三中全会之前，2013年10月1日，中国（上海）自由贸易试验区公布了首份外商投资"负面清单"，明确禁止外商投资文物拍卖、博彩业和色情业、新闻网站和网络视听节目服务、互联网上网服务营业场所、新闻机构、图书和音像等出版业务等。而对负面清单之外的领域，将外商投资项目核准制改为备案制（国务院规定对国内投资项目保留核准的除外），将外商投资企业合同章程审批改为备案管理。

2014年11月，国家发改委汇通商务部就新的《外商投资产业指导目录》向社会公开征求意见。很显然，此次修订是贯彻"负面清单"对外商投资产业进行的重大调整和修改，其目的在于转变外资管理方式、调整和优化经济结构、进一步增加透明度，大幅缩减限制类条目，放开外资股比限制，重点推进制造业和服务业对外开放，有利于促进国际国内要素有序自由流动，以开放促改革，加快培育参与和引领国际经济合作竞争新优势。

很显然，以上种种举措是中国政府全面深化改革的具体表现，受益于"负面清单"，外资对我国文化产业的投资，无论是投资面，还是投资额，较之以往，都会有较大程度的改善和提高，这会在很大程度上改善我国文化产业投融资境况，促进我国文化产业又好又快发展。

二、文化产业投融资政策

（一）财政政策

自"十一五"以来，为了支持我国文化产业发展，中央政府和地方政府出台了积极的财政政策，比如，注入资本金，财政补贴、财政贴息等，极大地丰富了文化产业的资金来源，降低了企业的资金成本与经营成本。以财政贴息为例，从中央文资办获悉，截至2013年底，中央文资办共安排了92个文化产业项目的贴息资金4.6亿元，撬动银行贷款770亿元，起到了财政资金"四两拨千斤"的杠杆作用。①

我国政府针对文化产业的财政政策在前文结合投资方式已做介绍，在此不再赘述。

（二）税收政策

1. 流转税

（1）增值税

增值税是以商品（含应税劳务）在流转过程中产生的增值额作为计税依据而征收的一种流转税。从计税原理上说，增值税是对商品生产、流通、劳务服务中多个环节的新增价值或商品的附加值征收的一种流转税。

国际上针对增值税按照据对外购固定资产所含税金扣除方式的不同，增值税可以分为三种。第一种，生产型增值税，是指在征收增值税时，只能扣除属于非固定资产项目的那部分生产资料的税款，不允许扣除固定资产价值中所含有的税款。该类型增值税的征税对象大体上相当于国民生产总值，因此称为生产型增值税。第二种，收入型增值税，是指在征收增值税时，只允许扣除固定资产折旧部分所含的税款，未提折旧部分不得计入扣除项目金额。该类型增值税的征税对象大体上相当于国民收入，因此称为收入型增值税。第三种，消费型增值税，是指在征收增值税时，允许将固定资产价值中所含的税款全部一次性扣除。这样，就整个社会而言，生产资料都排除在征税范围之外。该类型增值税的征税对象仅相当于社会消费资料的价值，因此称为消费型增值税。中国从2009年1月1日起，在全国所有地区实施消费型增值税。

（2）营业税

---

① 张玉玲. 资本钟情哪类文化产业项目——从"2014年度文化金融合作项目库"看文化金融合作走向. 光明日报，2014.05.25.

营业税是对在中国境内提供应税劳务、转让无形资产或销售不动产的单位和个人,就其所取得的营业额征收的一种流转税。相对于增值税而言,营业税的应税劳务较为宽泛,几乎涵盖了第三产业,包括建筑安装、交通运输、邮电通信、文化体育、金融保险、服务业、娱乐业、销售不动产和转让无形资产等九种行业。

在我国,增值税和营业税平行征收,某一行业要么缴纳增值税,要么缴纳营业税,但究竟交什么税,不是纳税人自行决定,而是税法依据行业进行划分。两税平行征收可以说是我国税制的一大特色,深究其原因,我们只能说是稳步推进税制改革的结果。"94税改"时,为了把风险降到最低,政府只是将加工和修理修配纳入增值税的征收范围,而将绝大多数的劳务划归营业税征税范围。其后20多年里,增值税大案屡屡出现,证明当初的考虑是对的。近20年来,财税部门持续强化增值税征收管理,比如加强增值税专用发票的管理、实施"金税"工程等。

如果增值税和营业税是姊妹税,税负相同,平行征收无可厚非。但问题恰恰出现在这里。我国现行的增值税按纳税人分有两种计征方式,一是针对一般纳税人,实行抵扣计征制,即按照17%或13%的税率计算销项税额和进项税,以前者抵扣后者的差额作为应纳税额;二是针对小规模纳税人,实行从简计征制,即按照销售额和3%的征收率计算应纳税额。营业税的税率多为3%或5%,但低税率并不意味着低税负。因为营业税的计税依据是纳税人从对方收取的全部价款和价外费用,不允许扣除任何费用。如此制度设计必然引发两种后果,第一种是营业税纳税人购进原材料或劳务时缴纳的税款"裹挟"在营业额中被再次征税,从而导致重复征税;第二种是不允许抵扣造成纳税人税负高居不下,影响了第三产业的做大做强。重复征税是任何一个国家税制改革都力图避免的"硬伤";高税负导致纳税人税负不公平,而这种不公平的原因不是纳税人自身导致的,是行业的选择使然,是制度设计造成的,也是税制改革应当尽量避免的。由此可以看出,营改增是我国健全税制的必然选择。

党和政府不回避问题,而是以问题倒逼改革,稳步推进营改增,计划在"十二五"期间完成改革目标。2012年上海首先进行营改增试点。试点行业范围是交通运输业和部分现代服务业,媒体上常称为"1+6","1"

是指交通运输业（铁路运输除外），"6"是指现代服务业的六个行业，包括研发和技术服务、信息技术服务、文化创意服务、物流辅助服务、有形动产租赁服务、鉴证咨询服务。相对于制造业，这些行业可抵扣的进项税额相对较少，于是增设了11%和6%两档低税率，分别适用于交通运输业和现代服务业；同时将一般纳税人和小规模纳税人的划分标准确定为500万元，此标准相对于制造业50万元和批发零售业80万元，高出了好几倍。半年的试点较为成功，国务院决定自2012年9月起，将北京、天津等八省市纳入第二批试点，试点行业和税率等细节内容几乎是全盘复制上海方案。一年后，国务院再次发布政令，实现"双扩围"，第一，试点行业在原有"1+6"的基础上增加广播、影视作品的制作、播映和发行；第二，试点地区扩展至全国。自2014年1月1日起，在全国范围内开展铁路运输和邮政业营改增试点；自2014年6月1日起，将电信业纳入营改增试点范围，实行差异化税率，基础电信服务和增值电信服务分别适用11%和6%的税率，为境外单位提供电信业服务免征增值税。

令人欣喜的是，文化产业搭上了"营改增"试点政策快车。在"部分现代服务业"中的研发和技术服务、信息技术服务、文化创意服务、鉴证咨询服务和广播影视服务大都与文化产业相关。其中①②：

研发和技术服务包括研发服务、技术转让服务、技术咨询服务等。研发服务，是指就新技术、新产品、新工艺或者新材料及其系统进行研究与试验开发的业务活动；技术转让服务，是指转让专利或者非专利技术的所有权或者使用权的业务活动；技术咨询服务，是指对特定技术项目提供可行性论证、技术预测、专题技术调查、分析评价报告和专业知识咨询等业务活动。

信息技术服务是指利用计算机、通信网络等技术对信息进行生产、收集、处理、加工、存储、运输、检索和利用，并提供信息服务的业务活

---

① 山东省国家税务局. 关于营改增税目注释执行参考［EB/OL］. 山东国税网，2013-06-19. http：//www. sd-n-tax. gov. cn/art/2013/6/19/art_ 54555_ 780396. html
② 货物和劳务税处. 应税服务范围注释. 广东国税网，http：//portal. gd-n-tax. gov. cn. 2012-10-24. http：//portal. gd-n-tax. gov. cn/html/gdsite/nrpage/BAAEDE6F79871D8BB2C360367F099CE3. htm

动。包括软件服务、电路设计及测试服务、信息系统服务和业务流程管理服务。具体是指：（1）软件服务，是指提供软件开发服务、软件咨询服务、软件维护服务、软件测试服务的业务行为。（2）电路设计及测试服务，是指提供集成电路和电子电路产品设计、测试及相关技术支持服务的业务行为。（3）信息系统服务，是指提供信息系统集成、网络管理、桌面管理与维护、信息系统应用、基础信息技术管理平台整合、信息技术基础设施管理、数据中心、托管中心、安全服务的业务行为。包括网站对非自有的网络游戏提供的网络运营服务。

文化创意服务，包括设计服务、商标和著作权转让服务、知识产权服务、广告服务和会议展览服务。具体是指：（1）设计服务，是指把计划、规划、设想通过视觉、文字等形式传递出来的业务活动。包括工业设计、造型设计、服装设计、环境设计、平面设计、包装设计、动漫设计、展示设计、网站设计、机械设计、工程设计、广告设计、创意策划、文印晒图等。（2）商标和著作权转让服务，是指转让商标、商誉和著作权的业务活动，包括转让播映权业务。电影发行单位、电影制片厂、电视剧制作中心等发生转让播映权业务；销售著作权经营许可、转让品牌使用权。（3）知识产权服务，是指处理知识产权事务的业务活动。包括对专利、商标、著作权、软件、集成电路布图设计的代理、登记、鉴定、评估、认证、咨询、检索服务。（4）广告服务，是指利用图书、报纸、杂志、广播、电视、电影、幻灯、路牌、招贴、橱窗、霓虹灯、灯箱、互联网等各种形式为客户的商品、经营服务项目、文体节目或者通告、声明等委托事项进行宣传和提供相关服务的业务活动。包括出租车、公交公司车身广告业务、广告代理服务、会展企业收取的冠名费、电视台广告业务、广告代理业务、广告业务和互联网排名费等。（5）会议展览服务，是指为商品流通、促销、展示、经贸洽谈、民间交流、企业沟通、国际往来等举办或者组织安排的各类展览和会议的业务活动。包括宾馆、酒店等提供的会议服务，庆典礼仪服务和招标行为等。

鉴证咨询服务包括认证服务、鉴证服务和咨询服务。具体是指：（1）认证服务，是指具有专业资质的单位利用检测、检验、计量等技术，证明产品、服务、管理体系符合相关技术规范、相关技术规范的强制性要求或者标准的业务活动。如汽车检测、年检服务，建筑业检测服务等。（2）鉴证服务，是指具有专业资质的单位，为委托方的经济活动及有关资料进行鉴证，发表具有证明力的意见的业务活动。包括会计鉴证、税务鉴证、法律鉴证、工程造价鉴证、资产评估、环境评估、房地产土地评估、建筑图纸审核、医疗事故鉴定等。（3）咨询服务，是指提供和策划财务、税收、法律、内部管理、业务运作和流程管理等信息或者建议的业务活动。代理记账按照"咨询服务"征收增值税。如健康、保健咨询服务，市场调查业务，外国总部为中国子公司提供的会计、税务服务，境内公司为境外总公司提供的市场推广服务，律师行、会计师事务所、银行以及保险公司等在中国设立的代表处以及外国企业代表机构发生的业务，公关公司提供的服务，招标行为，市场调查业务等。

广播影视服务，包括广播影视节目（作品）的制作服务、发行服务和播映（含放映，下同）服务。具体是指：（1）广播影视节目（作品）制作服务，是指进行专题（特别节目）、专栏、综艺、体育、动画片、广播剧、电视剧、电影等广播影视节目和作品制作的服务。具体包括与广播影视节目和作品相关的策划、采编、拍摄、录音、音视频文字图片素材制作、场景布置、后期的剪辑、翻译（编译）、字幕制作、片头、片尾、片花制作、特效制作、影片修复、编目和确权等业务活动。（2）广播影视节目（作品）发行服务，是指以分账、买断、委托、代理等方式，向影院、电台、电视台、网站等单位和个人发行广播影视节目（作品）以及转让体育赛事等活动的报道及播映权的业务活动。（3）广播影视节目（作品）播映服务，是指在影院、剧院、录像厅及其他场所播映广播影视节目（作品），以及通过电台、电视台、卫星通信、互联网、有线电视等无线或有线装置播映广播影视节目（作品）的业务活动。

从以上规定可以看出，文化及其相关产业纳入营改增试点，必然能有效避免重复征税，必将改善文化产业的发展环境，促进文化产业又好又快地发展。

（3）关税

关税是指进出口商品在经过一国关境时，由政府设置的海关向进出口国所征收的税收。2003年11月，国务院根据《海关法》重新修订并发布《中华人民共和国进出口关税条例》，全国人大审议通过了《中华人民共和国海关进出口货物征税管理办法》，决定自2005年3月1日起施行。进口关税的计税依据为进口货物的完税价格，包括进口货物的成交价格以及该货物运抵中华人民共和国境内输入地点起卸前的运输及其相关费用、保险费。为了支持国内某些产业的发展，政府通常制定进口关税的优惠政策。出口关税的计税依据为出口货物的完税价格，包括该货物的成交价格以及该货物运至中华人民共和国境内输出地点装载前的运输及其相关费用、保险费为基础审查确定。

2. 所得税

（1）企业所得税

企业所得税是指对中华人民共和国境内的企业（居民企业及非居民企业）和其他取得收入的组织以其生产经营所得为课税对象所征收的一种所得税。作为企业所得税纳税人，应依照《中华人民共和国企业所得税法》缴纳企业所得税。但个人独资企业及合伙企业除外。

税法规定，企业所得税的纳税人包括居民企业和非居民企业。居民企业是指依法在中国境内成立，或者依照外国（地区）法律成立但实际管理机构在中国境内的企业。应当就其来源于中国境内、境外的所得缴纳企业所得税。非居民企业是指依照外国（地区）法律成立且实际管理机构不在中国境内，但在中国境内设立机构、场所的，或者在中国境内未设立机构、场所，但有来源于中国境内所得的企业。在中国境内设立机构、场所的，应当就其所设机构、场所取得的来源于中国境内的所得以及发生在中国境外但与其所设机构、场所有实际联系的所得，缴纳企业所得税。在中国境内未设立机构、场所的，或者虽设立机构、场所但取得的所得与其所设机构、场所没有实际联系的，应当就其来源于中国境内的所得缴纳企业所得税。

现行企业所得税的标准税率为25%，同时，税法针对高新技术企业及西部大开发区域设置了15%的低税率。

现行税法规定，企业每一纳税年度的收入总额，减除不征税收入、免税收入、各项扣除以及允许弥补的以前年度亏损后的余额，为应纳税所得额。企业以货币形式和非货币形式从各种来源取得的收入，为收入总额。包括：销售货物收入，提供劳务收入，转让财产收入，股息、红利等权益性投资收益，利息收入，租金收入，特许权使用费收入，接受捐赠收入，其他收入。收入总额中的下列收入为不征税收入：财政拨款，依法收取并纳入财政管理的行政事业性收费、政府性基金，国务院规定的其他不征税收入。

企业的应纳税所得额乘以适用税率，减除依照本法关于税收优惠的规定减免和抵免的税额后的余额，为应纳税额。

（2）个人所得税

个人所得税是指在中国境内有住所，或者无住所而在境内居住满一年的个人，从中国境内和境外取得的所得，依照规定缴纳的税赋。在中国境内无住所又不居住或者无住所而在境内居住不满一年的个人，从中国境内取得的所得，也应依照规定缴纳个人所得税。

现行税法规定，下列各项个人所得，应纳个人所得税：工资、薪金所得，个体工商户的生产、经营所得，对企事业单位的承包经营、承租经营所得，劳务报酬所得，稿酬所得，特许权使用费所得，利息、股息、红利所得，财产租赁所得，财产转让所得，偶然所得，经国务院财政部门确定征税的其他所得。

现行税法依据所得的不同类别确定相应的税率。其中，工资、薪金所得，适用3%至45%的超额累进税率；个体工商户的生产、经营所得和对企事业单位的承包经营、承租经营所得，适用5%至35%的超额累进税率；稿酬所得，适用比例税率，税率为20%，并按应纳税额减征30%；劳务报酬所得，适用比例税率，税率为20%。对劳务报酬所得一次收入畸高的，可以实行加成征收，具体办法由国务院规定；特许权使用费所得，利息、股息、红利所得，财产租赁所得，财产转让所得，偶然所得和其他所得，适用比例税率，税率为20%。

3. 其他税种

（1）房产税

房产税，又称房屋税，是国家以房产作为课税对象向产权所有人征收的一种财产税。对房产征税的目的是运用税收杠杆，加强对房产的管理，提高房产使用效率，控制固定资产投资规模和配合国家房产政策的调整，合理调节房产所有人和经营人的收入。

长期以来，中外企业计缴房产税依据不同的法律制度。外商投资业和外国企业依据《城市房地产税》（1958年8月8日发布并于同日执行），内资企业按照《中华人民共和国房产税暂行条例》（1986年9月发布，于同年10月1日起执行）。2008年12月31日，国务院发布第546号国务院令，决定自2009年1月1日起，外商投资企业、外国企业和组织以及外籍个人，依照《房产税暂行条例》缴纳房产税。至此，房产税实现了中外合一。

现行房产税的征税对象是房产。所谓房产，就是指有屋面和围护结构，能够遮风避雨，可供人们在其中生产、学习、工作、娱乐、居住或储藏物资的场所。但独立于房屋的建筑物如围墙、暖房、水塔、烟囱、室外游泳池等不属于房产。但室内游泳池属于房产。

现行房产税按照两种方式确定计税依据。第一种，从价计征，按照房产余值征税的，以房产原值一次减除10%～30%后的余值确定计税依据；第二种，从租计征，按照房产租金收入计征的，以房产租金收入为房产税的计税依据。

现行房产税按照计征方式的不同确定相应的税率。按房产余值计征的年税率为1.2%；按房产出租的租金收入计征的，税率为12%。但①对个人按市场价格出租的居民住房，用于居住的，可暂减按4%的税率征收房产税。

（2）城镇土地使用税

城镇土地使用税，是指在城市、县城、建制镇、工矿区范围内使用土地的单位和个人，以实际占用的土地面积为计税依据，依照规定由土地所在地的税务机关征收的一种税赋。

1988年9月，国务院发布《城镇土地使用税暂行条例》，规定拥有土地使用权的单位或个人是城镇土地使用税的纳税人，但不包括外商投资企业和外国企业。2006年底国务院修改暂行条例，决定自2007年开始，外商投资和外国企业需按照规定缴纳城镇土地使用税，结束了外资企业在华

---

① 财政部、国家税务总局．关于调整住房租赁市场税收政策的通知（财税〔2000〕125号），2000.12.7.

的超国民待遇。

现行税法区别不同区域确定每平方米的年度应纳税额，具体是，大城市1.5元至30元，中等城市1.2元至24元，小城市0.9元至18元；县城、建制镇、工矿区0.6元至12元。

4. 财税优惠政策

为了促进文化产业大繁荣和大发展，我国政府出台了针对文化产业的一系列财政税收优惠政策。下文按照时间维度进行梳理。

（1）财税〔2008〕1号

2008年2月22日，财政部和国家税务总局联合下发《关于企业所得税若干优惠政策的通知》（财税〔2008〕1号），针对软件生产行业实行以下税收优惠政策：

（一）软件生产企业实行增值税即征即退政策所退还的税款，由企业用于研究开发软件产品和扩大再生产，不作为企业所得税应税收入，不予征收企业所得税；

（二）我国境内新办软件生产企业经认定后，自获利年度起，第一年和第二年免征企业所得税，第三年至第五年减半征收企业所得税；

（三）国家规划布局内的重点软件生产企业，如当年未享受免税优惠的，减按10%的税率征收企业所得税；

（四）软件生产企业的职工培训费用，可按实际发生额在计算应纳税所得额时扣除。

需要进一步指出的是，2012年4月20日，财政部和国家税务总局联合下发《关于进一步鼓励软件产业和集成电路产业发展企业所得税政策的通知》（财税〔2012〕27号），规定自2011年1月1日起，软件生产企业享受以下优惠政策：

（一）我国境内新办的集成电路设计企业和符合条件的软件企业，经认定后，在2017年12月31日前自获利年度起计算优惠期，第一年至第二年免征企业所得税，第三年至第五年按照25%的法定税率减半征收企业所得税，并享受至期满为止；

（二）国家规划布局内的重点软件企业和集成电路设计企业，如当年

未享受免税优惠的,可减按10%的税率征收企业所得税;

(三)符合条件的软件企业按照《财政部国家税务总局关于软件产品增值税政策的通知》(财税〔2011〕100号)规定取得的即征即退增值税款,由企业专项用于软件产品研发和扩大再生产并单独进行核算,可以作为不征税收入,在计算应纳税所得额时从收入总额中减除。

(2)财税〔2009〕31号

2009年3月27日,财政部、海关总署和国家税务总局联合发布《关于支持文化企业发展若干税收政策问题的通知》(财税〔2009〕31号),规定自2009年1月1日至2013年12月31日,文化企业享受以下优惠政策:

(一)广播电影电视行政主管部门(包括中央、省、地市及县级)按照各自职能权限批准从事电影制片、发行、放映的电影集团公司(含成员企业)、电影制片厂及其他电影企业取得的销售电影拷贝收入、转让电影版权收入、电影发行收入以及在农村取得的电影放映收入免征增值税和营业税。

(二)2010年底前,广播电视运营服务企业按规定收取的有线数字电视基本收视维护费,经省级人民政府同意并报财政部、国家税务总局批准,免征营业税,期限不超过3年。

(三)出口图书、报纸、期刊、音像制品、电子出版物、电影和电视完成片按规定享受增值税出口退税政策。

(四)文化企业在境外演出从境外取得的收入免征营业税。

(五)在文化产业支撑技术等领域内,依据《关于印发〈高新技术企业认定管理办法〉的通知》(国科发火〔2008〕172号)和《关于印发〈高新技术企业认定管理工作指引〉的通知》(国科发火〔2008〕362号)的规定认定的高新技术企业,减按15%的税率征收企业所得税;文化企业开发新技术、新产品、新工艺发生的研究开发费用,允许按国家税法规定在计算应纳税所得额时加计扣除。文化产业支撑技术等领域的具体范围由科技部、财政部、国家税务总局和中宣部另行发文明确。

(六)出版、发行企业库存呆滞出版物,纸质图书超过五年(包括出版当年，下同）、音像制品、电子出版物和投影片（含缩微制品）超过两年、纸质期刊和挂历年画等超过一年的，可以作为财产损失在税前据实扣除。已作为财产损失税前扣除的呆滞出版物，以后年度处置的，其处置收入应纳入处置当年的应税收入。

（七）为生产重点文化产品而进口国内不能生产的自用设备及配套件、备件等，按现行税收政策有关规定，免征进口关税。

(3) 财税［2009］34号

2009年3月26日，财政部和国家税务总局联合发布《关于文化体制改革中经营性文化事业单位转制为企业的若干税收优惠政策的通知》（财税〔2009〕34号），规定自2009年1月1日至2013年12月31日，就经营性文化事业单位转制为企业出台了以下税收优惠政策：

（一）经营性文化事业单位转制为企业，自转制注册之日起免征企业所得税。

（二）由财政部门拨付事业经费的文化单位转制为企业，自转制注册之日起对其自用房产免征房产税。

（三）党报、党刊将其发行、印刷业务及相应的经营性资产剥离组建的文化企业，自注册之日起所取得的党报、党刊发行收入和印刷收入免征增值税。

（四）对经营性文化事业单位转制中资产评估增值涉及的企业所得税，以及资产划转或转让涉及的增值税、营业税、城建税等实行适当的优惠政策，具体优惠政策由财政部、国家税务总局根据转制方案确定。

(4) 财税［2010］65号

2010年11月5日，财政部、国家税务总局、商务部、科学技术部和国家发展和改革委员会联合发布《关于技术先进型服务企业有关企业所得税政策问题的通知》（财税〔2010〕65号），决定自2010年7月1日起至2013年12月31日止，在北京、天津、上海、重庆、大连、深圳、广州、武汉、哈尔滨、成都、南京、西安、济南、杭州、合肥、南昌、长沙、大庆、苏州、无锡、厦门等21个中国服务外包示范城市实行以下企业所得税优惠政策：（一）对经认定的技术先进型服务企业，减按15%的税率征收企业所得税;(二)经认定的技术先进型服务企业发生的职工教育经费支出,不超过工资薪金总额8%的部分,准予在计算应纳税所得额时扣除;超过部分,准予在以后纳税年度结转扣除。

2014年10月8日,上述发文单位发布文件①,将上述优惠政策的期限延长至于2018年12月31日。

(5) 财税〔2011〕92号

2011年12月7日,财政部与国家税务总局联合发布《关于继续执行宣传文化增值税和营业税优惠政策的通知》(财税〔2011〕92号),针对宣传文化领域出台以下优惠政策:

一、自2011年1月1日起至2012年12月31日,执行下列增值税先征后退政策:

(一)对下列出版物在出版环节执行增值税100%先征后退的政策:

1. 中国共产党和各民主党派的各级组织的机关报纸和机关期刊,各级人大、政协、政府、工会、共青团、妇联、科协的机关报纸和机关期刊,新华社的机关报纸和机关期刊,军事部门的机关报纸和机关期刊。上述各级组织的机关报纸和机关期刊,增值税先征后退范围掌握在一个单位一份报纸和一份期刊以内。

2. 专为少年儿童出版发行的报纸和期刊,中小学的学生课本。

3. 专为老年人出版发行的报纸和期刊。

4. 少数民族文字出版物。

5. 盲文图书和盲文期刊。

6. 经批准在内蒙古、广西、西藏、宁夏、新疆五个自治区内注册的出版单位出版的出版物。

7. 列入本通知附件1的图书、报纸和期刊。

(二)对下列出版物在出版环节执行增值税先征后退50%的政策:

1. 除本通知第一条第(一)项规定执行增值税100%先征后退的图书

---

① 财政部、国家税务总局、商务部、科技部、国家发展改革委.《关于完善技术先进型服务企业有关企业所得税政策问题的通知》(财税〔2014〕59号),2014.10.08.

和期刊以外的其他图书和期刊、音像制品。

2. 列入本通知附件2的报纸。

（三）对下列印刷、制作业务执行增值税100%先征后退的政策：

1. 对少数民族文字出版物的印刷或制作业务。

2. 列入本通知附件3的新疆维吾尔自治区印刷企业的印刷业务。

二、自2011年1月1日起至2012年12月31日，对下列新华书店执行增值税免税或先征后退政策

（一）对全国县（含县级市、区、旗，下同）及县以下新华书店和农村供销社在本地销售的出版物免征增值税。对新华书店组建的发行集团或原新华书店改制而成的连锁经营企业，其县及县以下网点在本地销售的出版物，免征增值税。县（含县级市、区、旗）及县以下新华书店包括地、县（含县级市、区、旗）两级合二为一的新华书店，不包括位于市（含直辖市、地级市）所辖的区中的新华书店。

（二）对新疆维吾尔自治区新华书店、乌鲁木齐市新华书店和克拉玛依市新华书店销售的出版物执行增值税100%先征后退的政策。

三、自2011年1月1日起至2012年12月31日，对科普单位的门票收入，以及县（含县级市、区、旗）及县以上党政部门和科协开展的科普活动的门票收入免征营业税。对境外单位向境内科普单位转让科普影视作品播映权取得的收入免征营业税。

2013年12月25日，财政部与国家税务总局发布文件①，将"财税〔2011〕92号"的第一条和第三条的优惠期限延长至至2017年12月31日；针对第二条出台了更为优惠的税收政策，即自2013年1月1日起至2017年12月31日，免征图书批发、零售环节增值税。

（6）财税〔2011〕100号

2011年10月13日，财政部与国家税务总局联合发布《关于软件产品增值税政策的通知》（财税〔2011〕100号），决定自2011年1月1日起，针对软件产品增值税实行以下优惠政策：

---

① 财政部、国家税务总局.《关于延续宣传文化增值税和营业税优惠政策的通知》（财税〔2013〕87号）.2013.12.25.

(一)增值税一般纳税人销售其自行开发生产的软件产品,按17%税率征收增值税后,对其增值税实际税负超过3%的部分实行即征即退政策。

(二)增值税一般纳税人将进口软件产品进行本地化改造后对外销售,其销售的软件产品可享受本条第一款规定的增值税即征即退政策。本地化改造是指对进口软件产品进行重新设计、改进、转换等,单纯对进口软件产品进行汉字化处理不包括在内。

(三)纳税人受托开发软件产品,著作权属于受托方的征收增值税,著作权属于委托方或属于双方共同拥有的不征收增值税;对经过国家版权局注册登记,纳税人在销售时一并转让著作权、所有权的,不征收增值税。

(7)财税〔2011〕119号

2011年11月27日,财政部与国家税务总局发布《关于扶持动漫产业发展增值税营业税政策的通知》(财税〔2011〕119号),决定自2011年1月1日至2013年12月31日,针对动漫产业实行以下优惠政策。

一、关于增值税

对属于增值税一般纳税人的动漫企业销售其自主开发生产的动漫软件,按17%的税率征收增值税后,对其增值税实际税负超过3%的部分,实行即征即退政策。动漫软件出口免征增值税。上述动漫软件,按照《财政部国家税务总局关于软件产品增值税政策的通知》(财税〔2011〕100号)中软件产品相关规定执行。

二、关于营业税

对动漫企业为开发动漫产品提供的动漫脚本编撰、形象设计、背景设计、动画设计、分镜、动画制作、摄制、描线、上色、画面合成、配音、配乐、音效合成、剪辑、字幕制作、压缩转码(面向网络动漫、手机动漫格式适配)劳务,以及动漫企业在境内转让动漫版权交易收入(包括动漫品牌、形象或内容的授权及再授权),减按3%税率征收营业税。

2013年11月28日,财政部与国家税务总局发布《关于动漫产业增值税和营业税政策的通知》(财税〔2013〕98号),相对财税〔2011〕119号于,做了如下调整。

1. 对"财税〔2011〕119号"第一条,将优惠期延长至2017年12月31日。

2. 对"财税〔2011〕119号"第二条,将政策范围修改为"注册在河北、山西、内蒙古、辽宁(含大连)、吉林、黑龙江、江西、山东(含青岛)、河南、湖南、广西、海南、重庆、四川、贵州、云南、西藏、陕西、甘肃、青海、宁夏、新疆的动漫企业";将优惠期延长至2013年7月31日。

(8)国办发〔2014〕15号

2014年4月,中共中央宣传部会同财政部、国家税务总局、文化部、中国人民银行、国家新闻出版广电总局等有关部门和单位,制定了《文化体制改革中经营性文化事业单位转制为企业的规定》和《进一步支持文化企业发展的规定》,针对转制企业和文化企业出台了相应的财税优惠政策。

《文化体制改革中经营性文化事业单位转制为企业的规定》规定:

自2014年1月1日至2018年12月31日,经营性文化事业单位转制为企业后,免征企业所得税;由财政部门拨付事业经费的经营性文化事业单位转制为企业,对其自用房产免征房产税;对经营性文化事业单位转制中资产评估增值、资产转让或划转涉及的企业所得税、增值税、营业税、城市维护建设税、契税等,符合现行规定的享受相应税收优惠政策;党报、党刊将其发行、印刷业务及相应的经营性资产剥离组建的文化企业,所取得的党报、党刊发行收入和印刷收入免征增值税。

《进一步支持文化企业发展的规定》规定:

(一)中央财政和地方财政应安排文化产业发展专项资金,有条件的应扩大专项资金规模,创新资金投入方式,完善政策扶持体系,采取贴息、补助、奖励等方式,支持文化企业发展。(二)对电影制片企业销售电影拷贝(含数字拷贝)、转让版权取得的收入,电影发行企业取得的电影发行收入,电影放映企业在农村的电影放映收入免征增值税。一般纳税人提供的城市电影放映服务,可以按现行政策规定,选择按照简易计税办法计算缴纳增值税。(三)2014年1月1日至2016年12月31日,对广播电视运营服务企业收取的有线数字电视基本收视维护费和农村有线电视基本收视费,免征增值税。(四)落实和完善有利于文化内容创意生产、非物质文化遗产项目经营的税收优惠政策。(五)对国家重点鼓励的文化产品出口实行增值税零税率。对国家重点鼓励的文化服务出口实行营业税免税。结合营业税改征增值税改革试点,逐步将文化服务行业纳入改革试点范围,对纳入增值税征收范围的上述文化服务出口实行增值税零税率或免税。享受上述税收优惠政策的国家重点鼓励的文化产品和服务的具体范围由财政部、税务总局会同有关部门确定。为承担国家鼓励类文化产业项目而进口国内不能生产的自用设备及配套件、备件,在政策规定范围内,免征进口关税。(六)在国务院批准的中国服务外包示范城市从事服务外包业务的文化企业,符合现行税收优惠政策规定的技术先进型服务企业相关条件的,经认定后,可享受有关税收优惠政策。(七)对从事文化产业支撑技术等领域的文化企业,按规定认定为高新技术企业的,减按15%的税率征收企业所得税;开发新技术、新产品、新工艺发生的研究开发费用,允许按国家税法规定,在计算应纳税所得额时加计扣除。文化产业支撑技术等领域的具体范围和认定工作由科技部、财政部、税务总局商中央宣传部等部门另行明确。(八)经认定并符合软件企业相关条件的动漫企业,可申请享受国家现行鼓励软件产业发展的所得税优惠政策;2017年底前,符合条件的动漫企业,按规定享受增值税优惠政策;经认定的动漫企业自主开发、生产动漫直接产品,确需进口的商品可按现行规定享受免征进口关税和进口环节增值税的优惠政策。(九)加大财政对文化科技创新的支持,将文化科技纳入国家相关科技发展规划和计划,积极鼓励文化与科技深度融合,促进文化企业、文化产业转型升级,发展新型文化业态。(十)通过政府购买、消费补贴等途径,引导和支持文化企业提供更多文化产品和服务,鼓励出版适应群众购买能力的图书报刊,鼓励在商业演出和电影放映中安排低价场次或门票,鼓励网络文化运营商开发更多低收费业务。加大对文化消费基础设施建设、改造投资力度,完善政府投入方式,建立健全社会力量、社会资本参与机制,促进多层次多业态文化消费设施发展。(十一)认真落实支持现代服务业、中小企业特别是小微企业等发展的有关优惠政策,促进中小文化企业发展。

(9)财教〔2014〕56号

2014年5月31日，财政部、国家发展和改革委员会、国家税务总局、国家新闻出版广播电影电视总局、国土资源部、中国人民银行、住房和城乡建设部联合发布《关于支持电影发展若干经济政策的通知》，针对电影产业实行以下优惠政策：

对电影制片企业销售电影拷贝（含数字拷贝）、转让版权取得的收入，电影发行企业取得的电影发行收入，电影放映企业在农村的电影放映收入，自2014年1月1日至2018年12月31日免征增值税；一般纳税人提供的城市电影放映服务，可以按现行政策规定，选择按照简易计税办法计算缴纳增值税。

除了以上几个有特定优惠期限的税收政策以外，现行税法还出台了针对文化产业的永久性的优惠政策，主要包括以下几个方面。

营业税方面：单位和个人技术转让、技术开发、技术咨询和技术服务取得的收入免征营业税①；以无形资产投资入股，与接受投资方利润分配，共同承担投资风险的行为，不征收营业税②。

个人所得税方面：（1）省级人民政府、国务院部委和中国人民解放军军以上单位，以及外国组织、国际组织颁发的科学、教育、技术、文化、卫生、体育、环境保护等方面的奖金免纳个人所得税；（2）稿酬所得，适用比例税率，税率为百分之二十，并按应纳税额减征百分之三十。

5. 文化产业税收政策评价

从上文我们可以看出，针对文化产业，我国政府出台的优惠政策几乎涵盖了所有税种，支持力度不可谓不大，但结合近些年来我国文化产业的发展实践，税收政策的激励效果未能完全显现。虽然，出现这种结果与政策执行力有关，但制度本身存在的缺陷也在极大程度上影响了政策执行的效果。

纵观文化产业税收优惠政策，存在以下弊端或不足。

---

① 国家税务总局．《关于取消"单位和个人从事技术转让、技术开发业务免征营业税审批"后有关税收管理问题的通知》（国税函[2004]825号），2004.6.25.

② 财政部、国家税务总局．《关于股权转让有关营业税问题的通知》（财税[2002]191号），2002.12.10.

（1）税收优惠政策门槛较高，中小文化企业被拒之门外

我国的税收优惠政策有着严格的审批条件，企业获得税收优惠的难度较大，税收政策对企业的扶持效果大打折扣。在企业所得税方面，高新技术企业的认定在"三新"研发经费占比、研发人员占比等方面都有着严格规定，中小文化企业不符合这些条件，自然无法享受相应的优惠政策；创业投资企业的优惠政策被严格限定，创业期早期的企业和非高新技术文化企业无法获得认定；《企业所得税法》不适用个人独资企业与合伙企业，于是在全国文化企业中占很大比重的这两类企业自然无法享受相应的优惠政策。在个人所得税方面，文化企业从业人员只有取得省级以上、国家级和国际组织颁发的奖励资金才能免交个人所得税，对于获得省级以下的政府与企业授予的奖励仍要征收个人所得税，降低了优秀人力资源的积极性。

（2）现行税收政策层次低，系统性和规范性较差

部分税收政策的条款规定过于简单，过大的弹性增加了税收政策的实施的难度，从而影响了其效用的发挥①。我国现行税制中针对文化企业的税收优惠政策主要集中于国务院、财政部、文化部和国家税务总局下发的暂行条例、通知、补充、公函和批复说明中。这些政策不够系统、规范和透明，立法层次低，权威性和指导性差。

（3）政策多属事后优惠，对初创文化企业的支持作用不大

我国政府针对文化企业制定了一系列企业所得税的优惠政策，但享受这些优惠政策的前提条件是企业必须盈利，由于文化企业前期投入大、风险高、时间长、盈利少甚至亏损，因而对于初创期、起步阶段的文化企业扶持力度不够。在我国，数量众多的文化企业处在产品开发期和市场开拓阶段，盈利能力低下，因此，"事后优惠"的制度安排，对于处于初创阶段仍无盈利的文化企业缺乏实际意义。②

（4）税收优惠政策具有时效性，不利于投资者做出长期投资决策

---

① 张爱辉. 论激励自主创新的税收政策［J］. 时代经贸，2008，（12）：73-74.
② 王玺，姜朋. 鼓励自主创新的税收优惠政策探析［J］. 税务研究，2010，（8）：12-15.

我国政府针对文化企业的优惠政策几乎全部都有明确的有效期。"过期作废"的顾虑影响了投资者针对文化产业或企业的长期投资的热情。另外，数量众多的优惠政策各自有效期的不同规定，导致企业经营过程中难以迅速和准确地辨识其法律效力，自然影响了其投资决策和经营决策。

（5）对人才培训的激励作用不强，不利于可持续创新人才队伍的形成

人力资源是企业的第一资源，在文化企业经营过程中，人所起的作用是决定性的。我国文化企业税收优惠政策中对人的激励主要体现在科研机构和高等院校，忽视了作为研发主体的企业中的科研从业人员；现行税制缺失针对文化企业建立创新团队、引进技术人才缺少的激励措施。①

（6）税收优惠政策协调性差，限制了政策的激励作用

现行文化企业税收优惠政策虽然数量较多，但存在相互之间不协调和管理效率低下的问题，实际执行过程中，审批管理环节过多，认定标准不统一，必然造成了效率低下，税收政策的激励作用很难得到有效的发挥。②我国对文化企业的支持政策由多个部门管理，而这些部门之间缺乏有效的统一的管理、协调与沟通，在一定程度上削弱了政策合力。③

（三）金融政策

文化产业的大发展和大繁荣离不开宽松的金融环境。"十一五"以来，我国政府出台针对文化产业的金融扶持政策，起到了很好的促进作用。

1. "28号文"

2010年2月，商务部、中国人民银行等部门出台《关于进一步推进国家文化出口重点企业和项目目录相关工作的指导意见》（商服贸发〔2010〕

---

① 钱霞，庄杨，黄晋. 推进企业自主创新的财税政策研究 [J]. 软科学，2012，(2)：94-97.

② 刘军民. 提升企业自主创新能力的财税政策分析 [J]. 华中师范大学学报，2009，(2)：45-55.

③ 财政部财政科学研究所课题组. 财税支持中小企业自主创新的问题及对策 [J]. 中国财政，2011，(03)：54-57.

28号)①，要求财政部会同有关部门研究制定财政支持文化出口的政策。通过贷款贴息、项目补助、奖励、保费补助等多种方式支持文化出口，支持文化企业在境外参展、宣传推广、培训研讨和境外投标等市场开拓活动，支持重点文化产品的对外翻译制作和出版活动；要求各金融部门积极改进和积极改进和完善金融服务，多方面拓宽文化企业融资渠道，进一步完善出口信用保险体系，为文化产业提供强大的金融支持服务。

2．"94号文"

2010年4月，中国人民银行等九部委联合发布《关于金融支持文化产业振兴和发展繁荣的指导意见》（银发〔2010〕94号）（下称"94号文"）在金融领域的一些创新性的举措对于完善文化产业投融资环境具有重要作用。表现在以下几方面：

（1）创新金融服务产品和贷款模式。"94号文"要求各金融机构根据文化企业的特点，创新金融服务产品，包括应收账款和仓单的质押贷款、融资租赁贷款、知识产权和收益权质押贷款；鼓励多家商业银行组成联盟发放银团贷款以满足的文化企业较大的融资需求，针对抵押品缺失或不足的中小文化企业，鼓励商业银行以联保联贷的方式提供融资支持。要求各金融部门借助互联网科技，积极开发针对文化产业项目或企业的消费信贷产品，完善网络支付和刷卡支付制度环境，加速结算和资金流转，降低资金在流通环节的存留引发的资金成本。

（2）强化重点项目和企业的融资服务。"94号文"要求各金融机构对于国家规划重点支持的文化产业项目或企业强化融资服务，服务方式包括延长贷款期限；优化简化审批流程，提高贷款审批效率。

（3）完善授信模式，加强和改进对文化产业的金融服务。《指导意见》要求，各金融机构根据不同文化企业的实际情况，建立符合监管要求的灵活的差别化定价机制，科学合理确定贷款期限。要充分考虑文化企业的特

---

① 商务部、中共中央宣传部、财政部、文化部、中国人民银行、海关总署、国家税务总局、国家广播电影电视总局、国家新闻出版总署、国家外汇管理局．《关于进一步推进国家文化出口重点企业和项目目录相关工作的指导意见》（商服贸发〔2010〕28号），2010.02.1.

点，建立和完善科学、合理的信用评级和信用评分制度，建立专门针对文化产业金融服务的考评体系。要增强服务意识，设立专家团队和专门的服务部门，主动向文化企业提供优质的金融服务。要积极开发文化消费信贷产品，为文化消费提供便利的支付结算服务。继续完善文化企业外汇管理，提高文化产业贸易投资便利程度。

（4）大力发展多层次资本市场，扩大文化企业的直接融资规模。"94号文"要求探索建立宣传文化部门与证券监管部门的项目信息合作机制，加强适用于创业板市场的中小文化企业项目的筛选和储备，支持其中符合条件的企业上市；要求积极发挥中债信用增进投资股份有限公司等专业机构的作用，为中小文化企业通过发行短期融资券、中期票据、集合票据等方式融资提供便利，同时鼓励保险公司投资文化企业的债权和股权，引导符合条件的保险公司参与文化产业投资基金；鼓励风险投资基金、私募股权基金等风险偏好型投资者积极进入处于初创阶段、市场前景广阔的新兴文化业态。

（5）建立健全有利于金融支持文化产业发展的配套机制。"94号文"提出，要推进文化企业建立现代企业制度，完善公司治理结构，为金融支持文化产业发展奠定良好的制度基础。中央和地方财政可通过文化产业发展专项资金等，对符合条件的文化企业，给予贷款贴息和保费补贴。建立多层次的贷款风险分担和补偿机制，完善支持产权法律体系，切实保障各方权益。

（6）是加强政策协调和实施效果监测评估。"94号文"要求，加强信贷政策和产业政策的协调，制定并定期完善《文化产业投资指导目录》，建立多部门信息沟通机制，搭建文化产业投融资服务平台，加强政策的落实督促评估，探索建立金融支持文化产业发展的政策导向效果评估制度，确保政策落到实处。

3. "109号文"

2010年12月，保监会和文化部联合发布《关于保险业支持文化产业发展有关工作的通知》（保监发〔2010〕109号），（下称"109号文"）。要求保险机构与文化管理机构协同起来，创新金融服务和工作方法，推动文化产业大发展大繁荣。

(1) 创新保险品种。"109号文"要求各保险机构要积极推进文化产业保险的创新发展，努力开发适合文化企业特点和文化产业需要的保险产品，逐步建立文化产业保险市场运行机制和制度。在现有传统财产保险业务的基础上，保监会和文化部将共同组织开发、分批确定文化产业保险险种，并推进有关试点工作，有重点地推动当前文化产业保险市场发展。"109号文"公布了第一批试点险种和试点包边公司。其中，试点险种包括：演艺活动财产保险、演艺活动公众责任保险、演艺活动取消保险、演艺人员意外和健康保险、展览会综合责任保险、艺术品综合保险、动漫游戏企业关键人员意外和健康保险、动漫游戏企业关键人员无法从业保险、文化企业信用保证保险、文化企业知识产权侵权保险、文化活动公共安全综合保险；试点保险公司包括中国人民财产保险股份有限公司、中国太平洋财产保险股份有限公司、中国出口信用保险公司。

(2) 强化重点项目和企业的保险服务。"109号文"要求各保险机构对于文化主管部门重点扶持的文化企业和文化产业项目，要着眼于有效分散风险，加强经营管理工作，提高工作效率和服务质量，建立文化产业保险承保和理赔的便捷通道；建立文化产业保险风险数据库，按照收益覆盖风险的原则合理确定保险费率；对于信誉好、风险低的文化企业和文化产业项目，适当降低费率。

(3) 强化出口信用保险服务。"109号文"要求中国出口信用保险公司对于符合《文化产品和服务出口指导目录》条件、文化主管部门重点扶持的文化出口企业和项目，应给予积极的支持。加快出口信用保险和海外投资保险服务创新，推动文化产业出口和海外投资业务的信用保险承保，防范化解文化产品、服务和文化企业"走出去"中的政治风险和商业风险，促进文化企业海外投融资业务发展。

"109号文"指出，保监会和文化部鼓励保险机构为文化企业制订一揽子保险计划，提供"一站式"服务；支持保险公司深入进行相关行业风险研究，协助文化企业制定风险管理措施，提升风险预防水平，减少事故发生频率和损失程度。

(4) 拓展融资服务。"109号文"还要求各保险机构发挥保险资金的融通功能和保险公司机构投资者作用，在遵循市场原则和风险可控的前提下，鼓励保险公司投资文化企业发行的债券，支持符合条件的保险公司投资符合条件的文化产业投资基金；保险机构可与信贷、债券、信托、基金等多种金融工具相结合，为文化企业提供一揽子金融服务；鼓励保险公司探索开展信用保险业务，弥补现行信用担保体制在支持文化产业融资方面的不足。

三、本章小结

本章的主要内容有两个。

一是介绍我国文化产业投融资方式。投融资方式主要有六种。第一种是政府投资，包括财政拨款和财政专项资金。因为文化具有准公共产品的属性，在很长时期，我国对文化事业和产业一直采用政府投资的形式，随着文化体制改革的深入，政府投资的比重有所下降，但仍居主体地位。第二种是上市融资，文化企业通过国内和国外资本市场发行股票进行直接融资。文化企业上市融资有利于资本结构优化，但我国资本市场过高的门槛制约了文化企业上市融资能力的迅速提升。第三种是债券融资，是指文化企业通过发行企业债、集合债和工资债等方式融资。虽然，近些年我国文化企业债券发行数量和规模都有了较大提升，但在整个债券市场的占比仍然过小，其原因在于我国文化企业的行业性质问题、公司管理不规范问题、市场化运作程度低问题和盈利模式不清晰等问题以及债券融资的门槛相对较高。第四种是信贷融资，是指文化企业通过金融机构和融资公司以借债方式融资。随着部行合作关系的建立，工、农、中、建等银行加大对文化产业的支持力度，纷纷针对文化产业退出了诸如"创意贷"等信贷产品，一大批电影电视剧纷纷以版权和票房抵押的方式获得了银行的资金支持。信贷融资在文化企业融资总额的比重显著提升。第五种是资产证券化融资，是指以特定资产组合或特定现金流为支持，发行可交易证券的一种融资形式。截至目前，我国已经成立了30多家文化产权交易所，虽然有力地推进了文化企业投融资体系建设方面，但在实际运作中存在的一些问题也在一定程度上妨碍了证券化融资的顺利推行。第六种是外资投资。与世界其他国家一样，处于文化安全的考虑，我国在外资进入文化产业这一问题上始终持谨慎态度，但总体上还是呈现逐步放松的态势。新世纪以来，我国政府对外资投资文化产业经历了一个由放松管制—加强管制—鼓励和限制并存—"负面清单"管理的过程。

二是分析了我国文化产业投融资政策环境，包括财政政策、税收政策和金融政策。在财政政策方面，我国政府实施文化强国战略以来，频频出台扶持政策，以注资、补贴和贴息等方式支持文化事业和产业的发展，极大地丰富了文化产业的资金来源。在税收政策方面，我国政府实施结构性减税战略，在流转税、所得税、财产税等主体税种上制定了促进文化事业和产业发展的多项优惠政策，有力地降低了文化企业税收负担和纳税成本。但现行文化企业税收优惠政策门槛较高，中小文化企业被拒之门外；现行税收政策层次低，系统性和规范性较差。税收优惠政策具有时效性，不利于投资者做出长期投资决策；对人才培训的激励作用不强，不利于可持续创新人才队伍的形成；税收优惠政策协调性差，限制了政策的激励作用。正因为存在这些问题，支持文化企业发展的税收政策效力不容乐观。在金融政策方面，中国人民银行会同文化部等部门制定和发布的"商服贸发〔2010〕28号"与"银发〔2010〕94号文"要求各金融机构创新金融服务产品，拓展金融服务领域；证监会与文化部联合发布的"保监发〔2010〕109号"则就强化保险公司服务于文化产业项目与其企业做了制度性规定。三项政策规定对于改善文化产业金融环境必将起到巨大的促进作用。

第三章 天津文化产业发展现状与评价

本章导读

本章首先分析了天津文化产业发展的总体现状。"十一五"以来,随着文化强市战略的实施,文化产业增加值增加迅猛,对国民经济的贡献逐年加大;文化产业发展规划合理,重点产业定位明确;重点工作扎实推进,文化产业发展迅速;文化产业与文化事业协调发展,文化建设不断取得新成就。其次用了较大篇幅梳理了天津16个区县文化产业发展实践,重点分析了这些区县发展文化产业的资源、地方政府出台的扶持政策以及重点文化产业项目。

"十一五"以来,天津实施文化强市战略,政府投资明显增加,密集出台扶持政策,促进了文化事业和文化产业的快速发展。令人欣喜的是,各区县自觉将文化产业发展放诸在重要位置上,希冀通过文化产业的发展培育新的增长点,以此为契机,带动整个区域产业结构升级和发展方式的转变。本章从两个角度分析天津文化产业发展现状,一是从天津市整体角度,一是结合各区县文化产业发展实践,同时对天津文化产业发展现状进行简单评价。

一、天津文化产业发展总体状况

(一)文化产业增加值增加迅猛,对国民经济的贡献逐年加大

"十一五"以来,天津市将文化产业作为经济发展的重点,采取各种

措施，助力文化产业做大做强。

得益于天津市委市政府各项政策，天津市文化产业发展迅速，表3-1反映出其快速发展的态势。

表3-1 2004—2013年天津市文化产业增加值一览表 单位：亿元、%

年份	2004	2005	2006	2007	2008	2009	2010	2011	2012	2013
增加值	67	80	121	116	196	235	320	393	503	1070
GDP占比	2.30	2.17	2.36	2.30	3.10	3.10	3.20	3.60	3.90	7.50

数据来源：根据天津市统计年鉴及网络文献资料整理而成

从表3-1可以看出，文化产业对国民经济的贡献率从2004年的2.30%增长至2013年的7.50%，10年增长了226%。另外，从天津市统计局获悉，截至2013年年底，本市文化企业总数达到22670家，占全市企业总数的9.7%；全市文化类"四上企业"① 达到1229家。

以上这些数据都充分地证明，天津市文化产业在促进经济发展和解决就业等方面的作用日益增强。

（二）文化产业发展规划合理，重点产业定位明确

1. 产业规划

为进一步加快振兴天津市文化产业，充分发挥文化产业在调整结构、扩大内需、增加就业、推动发展中的重要作用，培育新的经济增长点，打好文化大发展大繁荣攻坚战，向文化强市的奋斗目标迈进，2010年1月，天津市人民政府发布《关于印发天津市文化产业振兴规划和第一批文化产业振兴重点工作计划的通知》（津政发〔2010〕1号，下称"1号文"），对全市文化产业布局进行了重新规划，决定全市文化产业在空间布局上按照山、海、城、乡"四带多点"的框架展开，开发建设中心城区都市文化产业带、滨海新区开放型海洋文化产业带、北部山区休闲旅游文化产业带、周边区县民俗文化产业带，逐步形成区域特色鲜明、结构更加合理、

---

① "四上企业"是现阶段我国经济统计系统的专用称谓。"四上企业"是指规模以上工业企业、资质等级建筑业企业、限额以上批零住餐企业、规模以上服务业企业等这四类规模以上企业的统称。

与天津城市发展规划相适应的文化产业发展格局。

"1号文"决定，今后一个时期，在全面推进各种文化产业类型的基础上，发挥天津优势，突出自身特色，重点扶持发展文化创意、广播影视、出版发行、演艺娱乐、文化旅游、数字内容和动漫、文化会展、艺术品交易等八类产业。

第一，文化创意业。重点发展工业和建筑设计、文化科技、时尚设计、咨询策划、艺术创作等行业。以中心城区和滨海新区核心区为节点，打造多个文化创意产业示范园区，形成一区一园、一区一品的发展格局。依托大运河和海河两岸自然及历史文化资源，打造杨柳青、团泊湖、武清、宝坻、津南等文化创意产业组团。加强文化科技的创新和应用，发挥文化创意产业聚集效应，培育具有原创能力的大型创意企业，创作一批富有天津特色的创意产品。积极吸引国内外民间资本和风险投资资金进入文化创意产业，为文化创意产业发展注入活力与动力。

第二，广播影视业。加快广播电视制播分离，提升影片、电视剧和广播电视节目的制作水平和生产能力，扩大跨地区经营范围。基本完成城区有线电视网双向改造，使有线电视网络具有宽带、双向、多功能的承载能力。积极发展电影院线，繁荣电影市场。加快发展以移动多媒体广播、网络广播影视、手机广播电视等新媒体为代表的新兴文化业态。鼓励社会资金建设广播影视创作、拍摄和制作基地。推进有条件的文化企业上市融资，实现快速扩张。

第三，出版发行业。加快传统出版企业技术升级和战略转型，大力发展纸质有声读物、电子书、手机报、网络出版物等新兴出版发行业态，培育具有较强综合实力的大型出版、发行、印刷企业，提升综合竞争力。建设天津印刷工业园、天津出版产业园，适应滨海新区制造业的发展需要，大规模发展包装装潢印刷，推动天津市印刷包装产业结构、产品结构的优化升级。做大做强天津出版传媒集团有限公司、北方报业印务股份有限公司等一批龙头企业。加大招商引资力度，建设大型图书期刊物流配送中心，新建一批图书报刊零售网点，完善出版物分销和配送体系。

第四，演艺娱乐业。加快文艺演出院团转企改制和资源重组，完成国有文艺院团转企改制，组建演艺集团，形成一批具有较强实力、充满活力的综合性演艺团体。完善演艺娱乐基础设施，培育消费市场，创作精品，面向市场推出一批群众喜闻乐见的音乐、歌舞、戏曲、话剧、相声、杂技等演艺娱乐节目，大力推广高雅艺术。加强演出节目的策划、宣传、包装和营销，重点打造天津国际少儿艺术节、全国（天津）相声新作品大赛、中国原创歌曲颁奖典礼等演艺品牌。以中国（天津）演艺交易博览会为重要载体，努力搭建在国内外有广泛影响的演艺产业平台。

第五，文化旅游业。加强文化和旅游的结合，做强"近代中国看天津"的品牌。建立文化旅游项目推介平台，整体包装宣传天津市的文化旅游资源和产品，打造文化旅游精品线路，形成新的文化旅游热点。整合演艺与旅游资源，在重点景区推出有特色的演艺精品。积极开发文化旅游工艺品和传统手工技艺，延伸文化旅游产业链。

第六，数字内容和动漫业。积极扶持数字内容重点企业，重点发展数字出版、数字学习、数字游戏、数字影音、网络服务及移动内容，加强开发、设计、制作、传播和销售，形成较为完善的数字内容产业链。建设动漫产业园区，发挥产业聚集效应和示范带动作用，重点支持原创动漫产品，培育一批动漫龙头企业，推出一批原创优秀动漫产品，做大做强漫画、手机游戏、网络游戏、立体电影等产业项目和优秀品牌，积极培育影视动漫、数字媒体应用技术和动漫衍生品市场。举办动漫展览、动漫大赛等活动，建设民族优秀动漫产品研发中心、动漫人才培训中心和动漫产品交易中心。

第七，文化会展业。重点支持国际性、全国性大型文化会展活动，扩大中国（天津）演艺交易博览会、中国（天津）书法节、中华（天津）民间艺术精品博览会的影响。整合展馆资源，建设多种类型的文化会展中心。发展会展中介组织，支持会展企业向集团化、网络化、专业化、品牌化转型。充分利用互联网和现代信息技术，发展网络营销、网上展览会等新兴业态。

第八，艺术品交易。为了保证落实，市政府出台相关措施，投资建立天津市文化产业项目推介交易平台，以文化产品和文化物权、债权、股权、知识产权等各类文化产权为交易对象，搭建专业化市场交易中介平台和专业性电子商务服务平台，促进文化产业与金融资本的有效对接。

（三）重点工作扎实推进，文化产业发展迅速

为了保证文化产业振兴规划的落实，天津市委市政府决定在"十二五"期间开展以下重点工作。

1. 健全文化产业领导体制

牵头单位为各区县人民政府。具体任务是成立文化产业发展领导小组，强化文化产业发展的组织领导能力。

2. 建设文化创意产业聚集区

牵头单位为滨海新区人民政府等。具体任务是建设国家动漫产业综合示范园、天津滨海高新技术产业开发区文化产业聚集区；建设国家级滨海新区文化产业示范区；各区县在现有基础上建设一批文化产业园区。

3. 做大做强传媒产业

牵头单位为天津日报报业集团、广电集团、今晚传媒集团、市文广局和滨海新区人民政府等。具体任务包括：打造服务滨海、影响区域的财经金融类媒体，建设党报多媒体电子发布平台，增强影响力和传播力；办好天津卫视频道，开通天津卫视高清频道；整合天津市媒体资源，办好天津手机报；建设天津今晚网视全媒体生活服务平台；规划建设环渤海传媒中心、新媒体滨海基地；完成有线电视网双向改造；整合滨海新区内宣传文化资源，与市属媒体优质资源联合，组建天津市滨海广播电视台及控股有限公司；推进泰达有线电视网并入市有线电视网，实现"全市一张网"。

4. 大力发展影视业

牵头单位为广电集团、北方电影集团、今晚传媒集团及相关区县政府牵头。具体任务包括：推出一批具有天津特色的影视作品，积极发展电影院线，建设天堂影院等，繁荣电影市场；开发建设广播影视基地，建成天津电影艺术中心；搭建天津北方影视剧版权交易信息平台。

5. 提升出版印刷发行业

牵头单位为出版传媒集团、市新闻出版局、日报报业集团等。具体任务是：大力发展纸质有声读物、电子书、网络出版物等新兴出版发行业态；建成天津印刷工业园，建设天津出版产业园，北方报业印务股份有限

公司尽快形成规模效益；完善出版物分销和配送体系，建立图书物流配送中心，新建一批图书报刊零售网点，扩大每日新公司报刊亭覆盖面，建设今晚社区文化便利店。

6. 繁荣天津市演艺娱乐业

牵头单位为市文联及相关区县政府等。具体任务包括：打造天津文化艺术品牌，办好天津国际少儿艺术节、全国（天津）相声新作品大赛、"和平杯"中国京剧票友邀请赛、"打开音乐之门"音乐节、今晚听听室内乐、天津体育之窗等演艺品牌活动；培育演出市场，推出一批群众喜闻乐见的演艺娱乐节目，办好"开心麻花"舞台剧等演出；大力推广高雅艺术，办好中国天津海河之春国际音乐艺术节、都市浪漫——中外著名芭蕾舞经典剧目展演等演出；整修开发曹禺故居，建设曹禺纪念馆。规划建设曹禺剧院。

7. 推进文化旅游业

牵头单位为市旅游局、市教育局和相关区县政府等。具体任务包括：建设天津滨海旅游度假区，发展游艇等休闲旅游产业；建设海河故道文化创意产业园、天嘉湖旅游度假区、官港生态游乐园、东丽湖华侨城、南开文化宫古建筑群、五大道旅游区、中心公园法式风情区等文化旅游项目；建设天津市非物质文化遗产馆，开放李叔同故居；建设区县文化旅游区，依托文化资源，规划建设精武文化主题旅游区、七里海湿地文化旅游观光线、葛沽民俗文化产业区、皇仓廒舍文化产业博览区；建设宝坻文化名人园、团泊洼"五七干校"名人纪念园、杨柳青大院文化区、小站练兵园、盘山文化产业园、北方石林园等，发展文化观光、民俗体验、旅游购物、特色餐饮；建立文化旅游项目推介平台，整体包装宣传天津市的文化旅游资源和产品，打造文化旅游精品线路；加强演艺与旅游的结合，在重点景区推出有特色的演艺精品，举办首届天津港湾旅游文化节等；开发文化旅游纪念品，延伸文化旅游产业链；挖掘天津市教育资源，利用历史悠久的知名院校和新建院校发展文化旅游。

8. 积极发展动漫产业

牵头单位为市文广局、今晚传媒集团、广电集团及相关区县人民政府等。具体任务包括：搭建国家动漫产业综合示范园公共技术服务平台，设立滨海数码动漫产业基金，建设滨海文化产权交易中心，建设民族优秀动漫产品研发中心、动漫人才培训中心和动漫产品交易中心；建设国家动画产业基地和国家动画教学研究基地，建成天津北新文化创意产业基地；举办中国原创动漫巡回展览、"河图杯"全国漫画大赛；成立天津动漫产业股份有限公司。

9. 扶持文化会展业的发展

牵头单位为市文管局和相关区县政府等。具体任务包括：举办全国非物质文化遗产产品展销会、"枫叶杯"全国青少年书画大赛；建设天津梅江会展中心。

10. 发展艺术品交易业

牵头单位为市文管局、市文改办（以下简称"市文改办"）及相关区县政府等。具体任务包括：编制《天津传统工艺美术品目录》《天津市文化产品出口目录》；建立北方文物和艺术品交易市场，规范和完善交易规则，发展文物和艺术品收藏、拍卖、交易、鉴赏、展览。发展壮大沈阳道古玩市场、天津古文化街古玩城，打造古玩文化品牌。建设工艺美术品交易市场、地纬路书画一条街。

11. 发展文化用品制造业

牵头单位为市文改办、文广局和相关区县政府等。具体任务是建设静海乐器产业园区和天津音乐街二期工程。

12. 发展民俗文化产业

牵头单位为文广局、市文改办和相关区县政府等。具体任务包括：扶植非物质文化遗产和民间手工艺项目。大力发展杨柳青年画、泥人张、风筝魏、于庆成泥塑、芦台张根雕、版画、皮画、苇画、农民画、麦秸画、剪纸、刻字、面塑、皮影雕刻、彩陶等传统艺术，整合资源，扩大规模，开拓市场；建设杨柳青年画大院；开发保护高跷、竿会、竹马、宝辇、鹤翎会、罗汉会、龙灯会等民间花会。

13. 制定相关扶持政策

牵头单位为市文改办和市文广局。具体任务包括：制定《关于鼓励和支持区县发展文化产业的实施意见》《天津市关于鼓励和扶持动漫产业发展的实施意见》《天津市文化产业示范园区评选命名管理办法》；开展首批市级文化产业示范园区评选命名工作。

14. 提供文化产业发展的资金保障

牵头单位为市金融办、天津银监局等。具体任务包括：设立天津市文化产业发展专项资金，组建天津市文化产业投资（集团）有限公司；鼓励和引导有条件的文化企业面向资本市场融资，与银行等金融机构建立文化产业重点项目授信机制，通过多种渠道筹集文化产业发展基金，尝试以文化企业无形资产质押融资、企业债券发行等方式，解决文化企业资金需求。

15. 建立文化产业项目推介交易平台

牵头单位为市文改办、市发改委等。具体任务包括：以文化产品和文化物权、债权、股权、知识产权等各类文化产权为交易对象，搭建专业化市场交易中介平台和专业性电子商务服务平台，建立文化创意产业交易中心，促进文化产业与金融资本的有效对接。

16. 支持民营文化企业发展

牵头单位为市工商局、市国税局、市地税局、市文改办等。具体任务包括：采用免税、贴息、补助、奖励等方式，加强对民营文化企业产品和项目的宣传推介，支持民营文化企业发展；鼓励社会资本和外资进入文化产业领域，参与国有文化企业的股份制改造；放宽民营资本准入机制，降低民营资本准入门槛，减少审批环节，鼓励民营资本参与文化产业发展与振兴，成为市场主体。

17. 完善文化人才奖励和文化产业统计制度

牵头单位为市文改办、市人力社保局、市统计局、市文管局等。具体任务是进一步完善天津市文化人才评估和奖励制度，建立与国家有关考核体系相衔接、具有天津特点的文化产业统计指标体系

18. 深化文化体制改革

牵头单位为市文改办、市文管局和各区县政府。具体任务是完成国有文艺院团和经营性国有文化事业单位的转企改制，组建天津北方演艺集团

有限公司、天津市文化产业总公司；大力推动行政管理体制改革和政府职能转变，成立区县文化市场行政执法队伍。

19. 加大知识产权保护力度

牵头单位为市文管局、市文化市场行政执法总队、市知识产权局等。具体任务包括：研究制定文化产业知识产权保护和促进办法，鼓励知识产权评价机构发展，建立健全知识产权信用保证机制；严厉打击各种盗版侵权行为，保障文化产业健康发展。

以上重点工作在牵头单位的推动下，扎实推进，取得了明显的工作成效。以下略举几例。

第一，任命一批文化产业示范基地。2011年，市文化局发布文件，任命了第一批天津市文化产业示范基地。具体情况详见表3-2。

表3-2 第一批天津市文化产业示范基地基本情况

序号	名称	坐落地点	成立时间	产业特色
1	天津市猛犸科技有限公司	南开区	2002	以移动设备平台数字娱乐游戏开发、移动领域增值服务运营、移动设备游戏软件销售为主体内容
2	天津神界漫画有限公司	滨海新区	1995	国内成立最早的原创漫画企业，坚持创建具有鲜明中国语言特色的中国原创漫画体系
3	天津孟庄园葡萄酿酒有限公司	滨海新区	1998	葡萄酒文化
4	天津市津宝乐器有限公司	宝坻区	1998	全球最大打击乐器生产基地
5	天津北新文化传媒集团有限公司	河北区	2008	依托电视和网络等媒体优势，开展影视广告制作、动漫制作加工、平面设计、创意人才培训、知识产权转化、创意文案策划、产品交易、品牌管理以及信息发布等服务

续表

序号	名称	坐落地点	成立时间	产业特色
6	天津金文图书城股份有限公司	和平区	2002	天津市最大的集图书、音像、教育、文体、娱乐、休闲于一体的图书卖场
7	天津每日新传媒发展有限公司	河西区	2001	拥有全国最大的区域性传媒产品销售、配送网络
8	今晚传媒集团	南开区	2005	以新闻宣传为主业，在全国报业系统率先进行文化艺术品类的国际化经营
9	天津北方网股份有限公司	和平区	2000	全国十大主流新闻网站之一
10	天津圣迪乐器有限公司	静海县	2002	中美合资公司，乐器制造出口型集团式专业公司
11	天津市慧禾文化传播有限公司	河西区	2003	主营天津演出网和西岸艺术馆，是集综艺演出、艺术品收藏、舞美工程、艺术策展、时尚制作、品牌策划、演艺经纪、艺员培训于一体的文化艺术品公司
12	天津市文物公司	和平区	1961	国内同行领域中资格最老、藏品最多、技术力量最强的单位之一
13	天津市文华旅游发展有限公司	南开区	2002	文化旅游

资料来源：根据相关网站资料加工整理而成

  第二，任命了一批文化产业示范园。2013年，天津市委宣传部、市文化广播影视局命名17个文化产业园区为天津市首批文化产业示范园区。17个示范园区的确立，也让各个园区更加明确地按照各自区别化路线发展，天津文化产业的新格局也将逐步明晰。部分示范园区的情况见表3-3。

表3-3 部分入选天津市首批文化创意产业示范园的项目情况

序号	名称	坐落位置	成立时间	经营特色
1	C92创意聚集区	南开区	2009	以创意办公为主吸引摄影工作室、广告公司、动漫企业等创意设计为核心工作室，突破常规大量引进创意服务业园区内有极具个性的时尚店，小众电影放映场，巧克力俱乐部等品味店
2	凌奥创意产业园	西青区	2008	集创作、展示、交易、训练、娱乐等多功能为一体，融合了商务、休闲、餐饮、旅游等多种商业元素
3	3526创意工场	河北区	2008	工业设计、图像及动漫设计
4	天津辰赫创意产业园	河北区	2008	中国第一家定位为孵化和聚集互联网产业特别是电子商务产业的创意产业园
5	北新文化创意产业园区	河北区	2008	依托电视和网络等媒体优势，开展影视广告制作、动漫制作加工、平面设计、创意人才培训、知识产权转化、创意文案策划、产品交易、品牌管理以及信息发布等服务
6	六号院创意产业园	和平区	2007	集动漫、设计与艺术于一身
7	意库创意产业园	红桥区	2007	城市空间设计
8	绿领慧谷低碳创意产业园	河北区	2010	低碳产品、技术与服务研发基地
9	小站文化产业园区	津南区	2006	包括小站练兵园、小站古街、天山米立方、名洋湖生态园和红山文化博物馆五部分，集合了"吃、住、行、游、购、娱"全部功能分区
10	智慧山	滨海新区	2009	集思想园、文化园、创意园、信息园于一身

续表

序号	名称	坐落位置	成立时间	经营特色
11	天感科技园	河西区	2010	天津市影像材料特色产业基地
12	东丽开发区印刷及包装产业园	东丽区	2015	印刷及包装材料产业基地
13	天津创意街	红桥区	2009	以创意产品展示、展卖、创意休闲、创意消费为主导业态的创意特色街区。
14	天明创意产业园	河北区	2011	以文化传媒产业为主,集3D动漫、影视制作、展览展示、文化交流等功能于一体的高科技型产业园区

资料来源:根据相关网站资料加工整理而成

需要特别指出的是,"十一五"以来天津市文化产业发展迅速,已有一批入选国家文化产业示范基地。自 2004 年开始,文化部先后命名了五批国家级文化产业示范基地,天津市共有 8 个企业获此殊荣,详细情况见表 3-4。

表 3-4 天津市文化产业入选国家级示范基地情况

序号	名称	坐落地点	成立时间	产业特色	入选批次
1	天津市西青区文化旅游发展有限公司	西青区	2001	历史文化旅游、运河文化旅游、民俗文化旅游等	第一批①
2	天津华夏未来文化发展中心	河西区	2002	以少儿艺术培训为主,经营范围涵盖演出、娱乐、图书发行、文体用品销售等多个领域的集体经济企业	第三批②

① 文化部.《关于命名文化产业示范基地的决定》(文产发〔2004〕43 号),2004.11.10.

② 文化部.《关于命名第三批国家文化产业示范基地的决定》(文产发〔2008〕36 号),2008.09.17.

续表

序号	名称	坐落地点	成立时间	产业特色	入选批次
3	天津市爱心手工编织制品有限公司	河东区	2004	以中国传统手工编织研究、培训、生产、销售为主的企业	第三批
4	天津神界漫画有限公司	滨海新区	1995	国内成立最早的原创漫画企业，坚持创建具有鲜明中国语言特色的中国原创漫画体系	第四批①
5	天津市猛犸科技有限公司	南开区	2002	以移动设备平台数字娱乐游戏开发、移动领域增值服务运营、移动设备游戏软件销售为主体内容	第四批
6	天津市津宝乐器有限公司	宝坻区	1998	全球最大打击乐器生产基地	第四批
7	天津兆讯传媒广告股份有限公司	滨海新区	2007	主营铁路客运站的数字媒体广告发布业务，是我国铁路客运站站点覆盖范围最广、视频设备投放安装数量最多的数字媒体广告运营商	第五批②
8	天津福丰达动漫游戏制作有限公司	西青区	2006	动漫游戏2D、3D制作	第五批

资料来源：根据相关网站资料加工整理而成

（四）文化产业与文化事业协调发展，文化建设不断取得新成就

如上所示，天津市在文化产业发展迅速。令人惊喜的是，近些年来，天津市文化产业的活力得到了极大的激发，文化产业的不断繁荣和良性循环带动了文化事业的全面进步，有力推动了天津市文化建设前进步伐。表3-5~表3-8集中反映了在文化产业推动下天津市文化事业发展迅猛的态势。

---

① 文化部.《关于命名第四批国家文化产业示范基地的决定》，2010.11.13.
② 文化部.《关于命名第五批国家文化产业示范基地的决定》（文产发［2012］28号），2010.12.08.

表 3-5 天津广播电视节目制作及播出情况　　　　　　　　单位：小时

项目	种类	年份	新闻资讯类	专题服务类	综艺益智类	广播影视剧类	广告类	其他类
制作情况	广播电台	2008	9307	11539	25248	40	15727	187
		2009	11978	14335	27937	203	17872	3802
		2010	12244	14538	27524	198	17763	3857
		2011	12819	15060	26332	193	17764	3404
		2012	12811	15763	25815	193	17824	3404
	电视台	2008	3782	7857	4986	182	1879	566
		2009	4031	8460	5270	182	1828	499
		2010	4286	9520	5670	160	1764	418
		2011	4410	10069	5459	209	1562	317
		2012	4611	11852	5679	194	1872	393
播出情况	广播电台	2008	20831	27627	51451	2394	24308	14130
		2009	18768	26249	47882	1061	22823	10479
		2010	20495	26300	47481	1801	21886	15320
		2011	21053	25864	47812	1984	21861	19478
		2012	19948	26791	47570	1983	22071	26014
	电视台	2008	12057	34310	10688	60075	29104	13033
		2009	11487	32742	9387	60365	25648	9881
		2010	11362	35874	11058	62339	21496	9607
		2011	20732	50114	10690	71372	19963	9638
		2012	21076	47399	9905	70747	17869	11106

资料来源：天津统计年鉴

表 3-6 天津录像和录音制品出版情况　　　单位：种、万盒、万张

项目	种数					数量				
	2008	2009	2010	2011	2012	2008	2009	2010	2011	2012
数码激光视盘	13	23	12	1	3	4	11	4	2	1
高密度激光视盘	41	163	137	32	18	10	30	27	7	50
录音带	36	19	6	11	2	126	117	5	4	2
激光唱盘	69	120	70	49	31	39	59	18	29	35

资料来源：天津统计年鉴

表3-7 天津图书报纸杂志出版情况　单位：种、万盒、万册

项目	种类					总印数				
	2008	2009	2010	2011	2012	2008	2009	2010	2011	2012
图书	3625	4310	4747	4461	5319	3921	4253	3774	3942	4536
报纸	43	43	43	43	43	94536	95821	94210	92516	90937
杂志	245	247	243	243	243	3603	3342	3713	3768	3802

资料来源：天津统计年鉴

表3-8　2004—2012年天津文化事业机构和人员情况　单位：个、人

年份	艺术事业		电影事业		公共图书馆		群众文化活动事业	
	机构数	人员数	机构数	人员数	机构数	人员数	机构数	人员数
2004	2937	70	1959	239	1082	32	706	19
2005	2663	61	1118	190	1057	32	710	19
2006	2686	61	842	190	1086	32	707	19
2007	2509	61	767	187	1074	32	679	19
2008	2276	46	767	181	1098	32	681	19
2009	2287	43	1257	172	1087	31	682	19
2010	2262	44	1738	243	1077	31	656	19
2011	3547	73	2095	286	1051	31	643	19
2012	2426	51	2275	295	1272	31	626	19

资料来源：天津统计年鉴（2013）

二、天津各区县文化产业发展概况与评价

（一）天津各区县文化产业发展概况

1. 和平区

和平区位于天津市中心，辖区面积9.98平方公里。2012年常住人口34.12万，户籍人口为39.75万。2013年实现地区生产总值690亿元，区级财政收入61.1亿元，完成固定资产投资128亿元，增长11%。2012年

第三产业的占比为91.2%。①

近些年来,和平区委区政府将文化产业作为经济发展的重点,成立文化产业领导小组,建立文化产业发展引导资金,制定和实施了多项扶持政策,推动了文化产业的快速发展。总体看来,和平区文化产业发展呈现以下特点。

一是充分利用域内良好的资源和优势发展旅游产业。五大道地区拥有世界各国小洋楼及历史名人故居,被誉为"万国建筑博览会",被评为中国历史文化名街,成为"近代中国看天津"的最佳游览胜地,和平区很好地利用这一优势,自2004年开始连续举办了十届"五大道旅游节",成为天津民众喜闻乐见的都市旅游重要载体。作为天津商贸金融中心的和平区,高档商业设施林立,金融机构鳞次栉比,和平区充分利用地缘优势,成功打造欧陆风情游、金街购物游、金融名街游、津味民俗游和宗教文化游等旅游精品线路,商贸旅游开展得如火如荼。另外,和平区还很好地利用了域内一流的文化设施和文化环境,以人流带动物流,以物流换取资金流,做大文化消费,努力扩大文化消费群体,提升消费指数,将和平区打造成了天津民众和外地游客文化消费的中心。

二是积极完善文化产业载体建设。和平区重点培育了民园、"六号院"与和平创新大厦三个园区,成功打造了津湾广场、万达国际影城等商业设施,依托域内文化产权交易所,增强了文化产业的聚集效应。跻身国家文化产业基地的福丰达影视科技投资发展有限公司落户和平区即为有力的佐证。

三是传统产业与现代产业交相辉映。和平区文化产业发展过程中很好地处理了传统产业与现代产业的关系。在和平区,人们既可以在名流茶馆欣赏到文化底蕴深厚的茶馆相声,也可以在天津音乐厅观看到现代芭蕾舞等;既可以在金街购置百货,也可以在津湾广场感受现代啤酒节的火爆场景;商户既可以从金融街通过银行信贷融资,也可以通过文化产权交易所的挂牌交易实现证券融资。错位发展,既丰富了文化产业的业态,也提升了经济发展活力。

---

① 此处列举这些经济数据作用有二,一是方便读者了解该地区经济发展状况,二是便于读者从这些数据判断该区域发展文化产业的经济基础。下同。

得益于政府政策支持，和平区文化产业发展迅速。来自和平区统计局的数据显示，2012年和平区从事文化产业的企业有1221家，包括广播影视业7家，星级酒店13家，艺术品交易业59家，旅行社75家，文化娱乐业104家，文化会展业116家，出版传媒业171家，广告业256家，文化用品设备生产销售业260家，其他文化类企业160家。从这些数据可以看出，和平区文化产业的门类相对齐全，可谓全面开花。其中具有典型代表性的文化产业重点项目和企业的基本情况详见表3-9。

表3-9 和平区重点文化产业项目与企业的基本情况

项目名称	建设或营业初始年份	经营项目及特色
天津市文物公司	1961	国内同行领域中资格最老、藏品最多、技术力量最强的单位之一窗体底端
天津名流茶馆	1991	戏曲、相声等曲艺节目
沈阳道古物市场	1992	古物交易场所
天津万达国际影视城	2003	五星级现代化多厅影城
天津五大道旅游节	2004	文化旅游、民俗旅游
天津福丰达影视科技投资发展有限公司	2004	经营菱悦包括数字展示、动漫产品制作、立体影视技术、影视特效制作、电影院线、新媒体产品内容等多个方面
天津6号院创意产业园	2007	动漫、设计、艺术
画国人动漫创意有限公司	2007	依托影视传播、网络互动和公关活动三大平台，完成对品牌的管理服务，包括品牌管理咨询、品牌形象推广、广告营销策划等业务
津湾广场	2008	利用天津海河文化优势推进特色商业发展
天津音乐厅	2009	电影播放、音乐会演出
民园西里	2009	文化创意街区
天津文化产权交易所	2011	综合性文化产权交易服务机构，以文化股权、债权、物权、版权等各类文化产权为交易对象
天津广播电视传媒集团有限公司	2011	资源整合

成绩只能说明过去，在未来发展过程中，和平区文化领导小组形成了如下发展思路，一是增强重点行业项目对文化的拉动作用；二是进一步提高文化产业的创新能力；三是大力发展总部型文化企业，高端的文化产品和知名的文化品牌；四是通过休闲娱乐圈的建设形成具有一定影响和一定实力的文化产业群。

2. 河东区

河东区位于天津市区东部，辖区面积 39 平方公里，2012 年常住人口为 92.90 万，其中户籍人口为 70.96 万。2013 年河东区实现地区生产总值 310 亿元，区级财政收入 38.2 亿元。新增注册企业 866 户，引进注册资金亿元以上的企业 16 家，500 强及优势企业 18 家。实际利用内资到位额 203.8 亿元，外资额 1.2 亿美元，分别同比增长 16.4% 和 14.6%。社会消费品零售总额实现 218 亿元，同比增长 12%。2012 年第三产业占比为 87.1%。

"十一五"以来，河东区制定了《河东区文化旅游休闲产业发展规划》，采取各种强有力的措施，着力助推文化产业建设，努力打造特色文化强区。经过几年的建设，涌现出一些具有明显低于特色的文化产业集群和项目，为推动河东经济和社会又好又快发展做出了巨大贡献。

河东区辖区内文化产业资源丰富，其中，天津音乐学院在推进河东区文化产业发展方面做出了极大贡献。河东区委区政府依托天津音乐学院建设天津音乐街和音乐跳蚤市场。为了打造面向国际的音乐文化产业集群，河东区委区政府加强周边硬件服务设施的改造，改善基础设施，努力建设音乐文化产业核心区、音乐文化产业拓展区和音乐文化创意产业园区。

天津第二工人文化宫坐落在河东区内，其深厚的文化底蕴助推了河东区文化产业的发展。2009 年，河东区从北京成功引进《开心麻花》，成为"二宫"驻场演出的经典舞台剧，收到了天津人民的普遍好评。

2009 年开工建设的河东万达广场是"十一五"以来河东文化产业发展的重头戏。该项目是天津重大服务业项目，由大连万达集团投资，投资额达到 53 亿元。广场内的河东万达国际影城、法国体育超市迪卡侬丰富了河东文化产业业态，满足了市民"一站式"生活需求，也成为河东经济发展新的增长点。

另外，近些年来，河东区委区政府采取各种措施，加快域内文化产业项目和企业的发展，比如桥园创意文化产业园、天津海河之春国际音乐艺术节和天津直沽文化旅游节等，也都取得了较为喜人的成绩。见表3-10。

表3-10 河东区重点文化产业项目与企业的基本情况

项目名称	建设或营业初始年份	经营项目及特色
天津直沽文化旅游节	2006	民俗文化
天津音乐街	2009	依托天津音乐学院主营音乐文化产业；规划建设音乐文化产业核心区、音乐文化拓展区和音乐文化创意产业园
开心麻花	2009	依托天津二宫剧场主营驻场文化演出，带动周边文化、娱乐、餐饮、服务和旅游的发展
桥园创意文化产业园	2009	天津市市内最大人造生态湿地生态公园，拟建设成为集创意、娱乐为一体的休闲、旅游中心
河东万达广场	2009	文化产业是河东万达广场集团四大支柱产业之一

3. 河西区

河西区位于天津市区西南部，辖区面积37平方公里，2012年常住人口为94.47万，其中户籍人口为79.78万。2013年南开区实现地区生产总值665.18亿元，区级财政收入54.15亿元，固定资产投资128亿元，同比增长41.99%；国内招商引资实际到位额115亿元，同比增长15%；吸引外资实际到位额2.2亿美元，同比增长10%。2012年第三产业占比为78.6%。

长期以来，河西区在经济发展过程中重视文化产业的发展，先后被评为文化产业先进单位、全国社区文化示范区、文化市场行政执法先进单位、文化信息资源共享工程示范区等。这些荣誉充分证明河西区在文化产业发展方面做出的种种努力。

河西区发展文化产业有着得天独厚的优势，突出表现在一些市级文化产业院团和场馆坐落在域内,包括天津文化中心、天津日报报业集团、天津市广电集团、天津市出版传媒集团、天津市旅游集团、天津图书大厦和天津博物馆等,这些市级文化产业院团和场馆为河西区文化产业发展带来强大的聚集效应。

"十一五"以来,河西区委区政府采取措施,努力打造西岸文化品牌,相继筹建了西岸艺术馆、西岸金逸国际影城、上海三联书店天津西岸书屋等文化企业,举办了系列西岸文化艺术节,这些载体建设和文化活动的开展,迅速提升了"西岸"这一文化品牌的知名度。其次,着力打造文化产业聚集区:一是人民公园曲艺聚集区,包括中华花戏楼和西岸相声会馆等;二是围绕海河打造民俗和休闲旅游聚集区,将小白楼、德式风情区、挂甲寺、天津湾和柳林风景区等串联起来,形成民俗和观光旅游带;三是工业设计聚集区,以陈塘科技商务区为中心大力发展规划设计产业,打造高科技企业、高智力人才和高端服务业聚集发展的高档次综合发展平台;四是依托文化中心、大剧院,沿友谊路发展演出业和会展业聚集区。

在打造以上文化产业聚集区的过程中,河西区形成了下列文化产业项目和企业。见表3-11。

表3-11 河西区重点文化产业项目与企业的基本情况

项目名称	建设或营业初始年份	经营项目及特色
人民公园	—	上海三联书店天津西岸书屋、中华花戏楼和西岸相声会馆营造了人民公园丰富的文化产业
挂甲寺	—	民俗旅游
天津湾	2006	休闲旅游
西岸艺术馆	2008	以高雅室内乐演出为主营项目,兼有艺术沙龙会所的功能
梅江会展中心	2009	集展览、会议、商务、餐饮、娱乐等多功能于一体的现代智能化展馆
天津德式风情区	2010	建成为海河沿岸环境优美、功能多样、集历史人文价值与商业价值于一体的精品街区

4. 南开区

南开区位于天津市区南部，辖区面积39平方公里，2012年常住人口为110.10万，其中户籍人口为84.68万。2013年南开区实现地区生产总值580亿元，区级财政收入47.65亿元，社会消费品零售额338亿元，同比增长16%；固定资产投资115亿元，同比增长21%。2012年第三产业占比为90.2%。

"十一五"以来，南开区委区政府采取各种措施，大力推进文化产业发展。首先，成立以区长为组长的创意产业领导小组，出台了包括《南开区创意产业集聚区扶持政策》《南开区促进企业发展扶持资金政策》等优惠政策；其次，研究制定《南开区文化产业发展规划（2013—2020年）》对全区文化产业发展进行整体谋划布局。南开区文化资源丰富，坐拥市区内唯一国家5A景区——天津古文化街，每年吸引了国内外游客超过千万，旅游收入达到数十亿元；天后宫是我国三大妈祖庙之一，迄今已成功举办十届妈祖文化节，加强了文化产业的国际交流，提升了天津文化产业国际知名度；南开大学和天津大学等著名高校为文化产业培养了大量人才，而范增、冯骥才等文化名人以其名人效应为文化产业科学发展注入了强大动力；鞍山西道凭借IT产业优势助推了文化与科技的融合，为提升南开乃至天津文化产业发展质量提供了强大的技术保障；C92等文化创意产业园区起步较早，实践中摸索出的市场运作手段有助于文化产业做大做强。从这些方面可以看出，南开区文化产业发展具有天津其他区县难以企及的竞争优势。

得益于政策推动和丰富的资源优势，南开区文化产业发展迅速，已形成了"三区三带"的发展格局，即北部民俗文化旅游聚集区，形成以古文化街、鼓楼商业街地区为核心的民俗文化产业带；中部科技文化创意产业聚集区，形成以鞍山西道为核心的高新科技文化产业服务带；南部都市休闲娱乐文化聚集区，形成以水上公园地区为核心的文化娱乐服务带。"三区三带"发展格局中涌现出一批重点文化产业项目和企业。2013年全区共有文化创意等相关行业企业206家，涉及文化产品生产及销售、发展新闻出版发行、文化休闲娱乐、文化艺术服务、文化创意设计、文化信息传输和广播电视电影七大类行业。详见表3-12。

表3-12 南开区重点文化产业项目与企业的基本情况

项目名称	建设或营业初始年份	经营项目及特色
古文化街	1986	文化用品经营、民俗旅游等
鼓楼商业街	2001	集旅游、购物、文化、休闲于一身的大型商贸旅游步行街
中国天津妈祖文化旅游节	2001	依托天后宫发展民俗旅游
C92创意产业园区	2009	主营摄影、广告及动漫等文化创意产业
鼓楼戏曲大观园	2009	津派相声文化产业
天津庄王府	2010	民俗旅游
体育之窗1068汽车文化传播基地	2013	从事体育场馆策划、运营、投资、管理的专业化公司
农垦博纳国际影城	2013	集影视制作、发行及影院终端放映于一身的电影文化高端产业链

5. 河北区

河北区位于天津市区东北部，辖区面积27.93平方公里。2012年常住人口84.18万，户籍人口为61.88万。2013年实现地区生产总值375亿元。2012年区级财政收入30.11亿元，固定资产投资101.69亿元，社会消费品零售总额173.28亿元，国内招商引资到位额110.25亿元，直接利用外资到位额18469万美元，第三产业占比72%。

近年来，河北区将文化产业作为重要的发展战略，取得了明显的成效。总体说来，河北区文化产业发展呈现如下特点：

一是充分利用域内天津美术学院和工艺美院的地缘优势，以工业设计为核心发展相关产业。截至2013年底，全区已有设计类企业854家，其中工业设计企业186家，位居中心城区第一位，形成了天津市工业设计高地。随着《工业设计产业2014—2016年三年发展规划》的发布，以绿领产业园、辰赫创意产业园等为代表的文化企业已经形成了工业设计产业聚集区，必将推动天津设计产业向更高水平发展。

二是深入挖掘区内文化资源，因势利导发展文化产业。表现在以下几方面，利用废弃的工业厂房发展文化产业发展，华津"3526"创意工场、艺华轮创意工场、C6动漫创意园、巷肆产业园等文化产业基地和企业因此产生，既有效地盘活了资源，也实现了产业的转型升级；利用大悲院发展宗教文化和民俗旅游，催生了集文化、宗教、旅游于一身的大悲院商圈；利用女星社、觉悟社、饮冰室等革命历史遗迹发展红色文化旅游，实现了爱国主义教育与文化产业的完美结合；利用天津市针对意租界进行保护性开发的契机，投资建设意式风情区，推进商贸旅游休闲业发展。

除了工业设计和旅游等业态，河北区还发展了影视、动漫等文化产业，形成了一批档次较高、发展势头强劲的文化产业项目和企业。详见表3-13。

表3-13 河北区重点文化产业项目与企业

项目名称	建设或营业初始年份	经营项目及特色
天津意式风情区	2008	集旅游、商贸、休闲、娱乐和文博为一体的综合性多功能区
华津3526创意产业园	2008	秉承"科技+文化"理念将计算机与医疗行业结合起来，搭建工业设计公共技术服务平台
辰赫创意产业园	2008	以互联网产业带动的新媒体产业为主，从事研发设计和文化创意的专业化园区
天津北新文化传媒集团有限公司	2008	依托电视和网络等媒体优势，开展影视广告制作、动漫制作加工、平面设计、创意人才培训、知识产权转化、创意文案策划、产品交易、品牌管理以及信息发布等服务
C6动漫创意园	2009	以发展电子商务、广告营销、动漫设计等多种业态的创意型企业
绿领慧谷低碳创意产业园	2010	低碳产品、技术与服务研发基地

续表

项目名称	建设或营业初始年份	经营项目及特色
经纬艺术街区	2011	与天津美术学院联手打造,主营书画艺术品创作、展览、交易和拍卖等文化产业项目
天明创意产业园	2011	以文化传媒产业为主,集3D动漫、影视制作、展览展示、文化交流等功能于一体的高科技型产业园区
巷肆创意产业园	2012	集创意设计、建筑设计、咨询服务、总部经济、旅游观光等为一体的综合性产业园区
天津觉悟社纪念馆	—	红色文化旅游

6. 红桥区

红桥区位于天津市区西北部,辖区面积22.31平方公里。2012年常住户口为56.33万,其中户籍人口51.86万。2013年实现地区生产总值160亿元,区级财政收入18.2亿元,完成固定资产投资90亿元,同比增长44.7%。2012年第三产业占比为90.5%。

"十一五"以来,红桥区大力发展文化产业,专门成立文化产业领导小组,制定指导性政策,搭建投融资平台,加大贷款贴息贴保力度。在政府的推动下,红桥区文化产业发展迅速,目前,全区已有文化经营企业1140家。

红桥区文化产业发展呈现以下特点。一是利用工业企业老厂房进行投资改造,加大科技投入,增加产品附加值,形成了意库、天津街等创意产业基地;二是挖掘三岔口等历史文化价值,建设"天津之眼"摩天轮等现代旅游设施,配合海河观光船,发展文化旅游产业;三是充分利用域内吕祖堂和曾公祠等历史遗迹,发展民俗旅游;四是对西沽公园进行生态改造,吸引荣宝斋等知名文化企业入驻,强化文化聚集效应;五是充分利用流行、传统、生态等多重元素,将大胡同、水游城、天津创意街打造成富有区域特色的商贸旅游载体,实现"以商养文,以文促商"的良好局面。

截至目前,红桥区已经形成了一批发展势头良好的文化产业项目和企业。红桥区将依托这些文化产业项目和企业实施"一极、两区、三廊"战略。"一极"是西站地区综合型城市副中心;"两区"即三岔河口商贸经济区和光荣道的科技产业园区;"三廊"是北运河、子牙河、南运河的三条生态经济走廊。

红桥区重点文化产业项目与企业的基本情况详见表3-14。

表3-14 红桥区重点文化产业项目与企业的基本情况

项目名称	建设或营业初始年份	经营项目及特色
意库创意产业园	2007	城市空间设计、文化影视、艺术品生产经营
西沽文化生态园区	2009	秉承"文化+生态"理念发展文化旅游项目,中华老字号"荣宝斋"入驻园区,建成梁琦、龚望书画艺术馆
杨议影视公司	2009	津门首家集影视文化与旅游价值于一身的主题园
天津谦祥益文化传播公司	2009	以天津的相声发展为主线,发掘和整理传统相声的历史脉络,宣传和推广曲艺、相声文化
光荣道科技产业园	2009	以"创新、创意、创造"为主题,全力打造以高科技企业、创意企业、新型产业企业为主体的国际化都市科技园区
"天津之眼"摩天轮	2009	观光旅游
天津创意街	2010	主营创意产品的展示销售、创意休闲和创意消费等文化产业项目
红桥文化产业园	2010	文化企业孵化
天津相声节	2010	迄今已经成功举办五届,以相声为载体,带动演艺及个性化邮票、首日封和纪念邮戳等产业的发展
鹏欣天津水游城	2011	集购物、餐饮、娱乐、文化等为一体的一站式都市休闲购物中心
天津吕祖堂	-	民俗旅游

7. 东丽区

东丽区地处天津市中心市区和滨海新区之间，辖区面积477平方公里。2012年常住人口为66.03万，其中户籍人口为35.26万。2013年实现地区生产人口704亿元，区级财政收入78.3亿元，固定资产投资650亿元，实际利用内资468亿元，实际利用外资7.4亿美元。2012年第三产业占比为41.8%。

东丽湖是东丽区的著名旅游景点，近些年来，东丽区很好地利用这一旅游资源发展文化产业。2009年，东丽区投资50亿建设华侨城项目，致力于打造大型综合文化旅游主题城区；2011年，投资额达50亿的中国北方动漫文化产业园项目落户东丽湖，拟建设成为以动漫游戏产业为龙头，多种文化产业形态为延伸的复合型文化产业园区；2012年，东丽区又投资17亿建设天津欢乐谷，为天津民众营造陆地主题公园和室内外水主题公园。这些项目如同璀璨的珍珠，镶嵌在碧波荡漾的东篱湖畔，成就了中国北方文化旅游新地标，也成为东丽区新的经济增长点。

除了发展文化旅游和动漫产业之外，东丽区还致力于打造本市新闻出版产业新高地。目前，东丽开发区印刷及包装产业园已开工建设，华悦文化科技产业园已签署战略合作协议，前者入选本市首批文化产业示范园区，后者致力于建设"国家级教育出版科技产业园"和"国家级健康出版科技产业园。随着这些项目的建设投产，必将加快市场主体的培育，推动出版产业转型升级，带动东丽区走科技兴区和文化兴区之路。

东丽区重点文化产业项目和企业的基本情况详见表3-15。

表3-15 东丽区重点文化产业项目与企业的基本情况　　　　单位：亿元

项目名称	建设或营业初始年份	投资额	经营项目及特色
华侨城项目	2009	50	以文化创意、生态环保、休闲娱乐、旅游度假等元素为核心，辅以主题房地产开发、主题商业开发、主题文化产业开发的大型综合文化旅游主题城区

续表

项目名称	建设或营业初始年份	投资额	经营项目及特色
中国北方动漫文化产业园	2011	50	打造为以动漫游戏产业为龙头，多种文化产业形态为延伸的复合型文化产业园区
天津欢乐谷	2012	17	包含陆地主题公园和室内外水主题公园
东丽开发区印刷及包装产业园	在建	20	印刷及包装材料产业基地
华悦文化科技产业园	在建	—	创建"国家级教育出版科技产业园"和"国家级健康出版科技产业园"

8. 西青区

西青区地处天津市西南部，辖区面积545平方公里。2012年常住人口为76.12万，其中户籍人口为37.07万。2013年实现地区生产人口755亿元，区级财政收入122.9亿元，固定资产投资700亿元，内资到位额525亿元，外资到位额12.5亿美元。2012年第三产业占比为37.9%。

"十一五"以来，西青区将文化产业作为经济发展的重点之一，出台了《西青区打好文化大发展、大繁荣攻坚战的实施意见》，编制了《西青区的文化旅游产业发展规划》（2010—2020），制定了《西青区促进旅游业发展细则》等一系列扶持政策，为西青区文化产业的发展营造了良好的政策环境。

西青区政府所在地杨柳青镇是一个千年古镇，因杨柳青年画而蜚声海内外，具有发展文化产业的良好基础。西青以杨柳青民俗文化为龙头，以崇文和尚武为两翼，打造民俗文化、尚武文化、农业休闲、红色文化和宗教文化等六大旅游板块的整体构想。

在民俗文化方面，西青区投资4亿元，建设杨柳青民俗文化街，以传统民居四合院为载体，以地方民俗、传统字号、历史遗存为特色，以文化展示、休闲旅游、商贸购物为主要功能，着力保护杨柳青古镇历史风貌建筑，传承大院文化、年画文化，挖掘历史人文资源，推动文化旅游产业发展；

在尚武文化方面，西青区投资22亿元，建设霍元甲·中华武林园，计划将霍元甲故乡所在地精武镇小南河村建成集国内外武术文化交流、旅游、爱国主义教育基地、影视基地于一体的世界精武文化中心；

在农业休闲方面，西青区投资5亿元打造水高庄园，该庄园以农业为主题，农业生态景观为内涵，是一个集休闲观光、科普教育、垂钓采摘、餐饮住宿、商务会议，温泉养生于一体的开放空间；

在红色文化方面，西青区整修石家大院建立天津杨柳青博物馆，以著名的新中国反腐第一案——刘青山、张子善贪污案作为反面教材警示教育后人，该馆已入选全国廉政教育基地；

在宗教文化方面，西青区提升改造了峰山药王古寺和玉佛禅寺等景点，在传承中华医药文化和佛教文化的基础上发展宗教文化旅游和民俗旅游。

除了发展旅游产业以外，西青区还着力发展文化创意产业，目前已经建成了凌奥创意产业园、深福保天津创意产业园区项目和天安数码城三个文化创意产业园。其中凌奥创意产业园是目前全市最大的创意产业园，是国家发改委和天津市发改委的重点扶持项目年产值超过10个亿；深福保天津创意产业园区项目和天安数码城也都被列为本市重大项目，预期年产值分别将达到150亿元和160亿元。

西青区文化产业发展带来了良好的经济效益，以旅游产业为例，2013年西青区共接待国内外游客1536.29万人次，实现旅游收入10.25亿元。随着天津东方环球影城和社会山温泉创意区等文化创意产业建成投产，巨大经济效益必将逐渐显现。

西青区重点文化产业项目和企业的基本情况详见表3-16。

表3-16　西青区重点文化产业项目与企业的基本情况　　单位：亿元

项目名称	建设或营业初始年份	投资额	经营项目及特色
凌奥创意产业园	2006	2	集创作、展示、交易、训练、娱乐等多功能为一体，融合了商务、休闲、餐饮、旅游等多种商业元素

续表

项目名称	建设或营业初始年份	投资额	经营项目及特色
天津影视艺术中心	2008	—	天津市影视产品创作、生产、发行、科研、培训、交流、交易为一体的综合基地
中华武林园	2010	22	集武术文化交流、旅游、爱国主义教育基地、影视基地于一体的世界精武文化中心
深福保天津创意产业园区	2010	20	集创业孵化、高端服务、区域总部为一体的创意产业园
水高庄园	2010	5	集休闲观光、科普教育、垂钓采摘、餐饮住宿、商务会议,温泉养生于一体的开放空间
天安数码城	2011	45	内设动漫游戏以及文化创意产业中心
杨柳青高尔夫度假村	2011	35	拟建成包括国际会议中心、五星级酒店、高级会所及国际锦标赛级别的球场
张家窝社会山温泉文化创意区	2012	25	我国北方首家融主题温泉、国际会议、创意文化三大产业于一体的大型体验式文化事业和商业群落
天津101汽车文化广场	2012	5	华北地区规模最大、天津首家以汽车文化为主题的汽车后市场服务基地
杨柳青古镇风情	—	—	民俗旅游、商贸旅游
天津出版传媒人文科技产业园	在建	18	集创作出版、衍生制作、发行、数字化运营、版权交易和艺术品交易为一体的全产业链、全息出版产业圈
中北天津东方环球影城	在建	40	集主题游乐、商务休闲于一体的大型主题游乐综合体项目

9. 津南区

津南区位于天津市东南部,辖区面积 420.72 平方公里。2012 年常住户口为 66.55 万,其中户籍人口为 42.01 万。2013 年实现地区生产总值 567 亿元,区级财政收入 167.2 亿元,全社会固定资产投资 620 亿元。2012 年第三产业占比为 40.3%。

津南区辖内的小站镇因为当年袁世凯曾在此练兵而名闻天下,2008 年以来,津南区委区政府加大文化产业投资,以小站练兵园为核心发展文化产业,构建了历史文化旅游板块(古街、练兵园、泉圣阁博物馆群、红山文化、兵来茶馆)、现代休闲旅游板块(天山商业街、米立方、钻石公园)、稻耕文化旅游板块(周公祠、马厂减河、名洋湖农业园、东闸老桥)、生态采摘旅游板块(盛军庄园、九州泓农业园、垚兆农业园、鸿成秀天苗木研发基地、自然部落农业园)、传统民俗文化旅游板块(天同孝道馆等)、工业旅游板块(各工业园区)。截至目前,"十个一"工程①建设初具规模,六大旅游板块各具特色、内涵丰富,可以满足游客吃住行游购娱的不同需求。

津南区发展文化旅游产业,注重自身特色,比如,该区发展石文化产业时,注意目标消费群的划分,北方石林园致力于建设中国北方奇石加工中心、钰源玉石文化产业基地注重玉石文化产业的发展,而红山文化博物馆则为研究红山文化和观赏红山文化遗产精品搭建了平台,同是发展石文化产业,却实现错位发展,相互补益,地域特色明显。

津南区发展文化产业注重"借力",表现在以下几方面:一是该区主动与市政府合作开发海河教育园,一方面带动了该区域经济发展,同时也是"智力投资",教育园区必然为区域发展汇聚巨大的智力支持;海河教育园由高职园、高教园、高研园三区组成,天津顶级高校天大、南开将迁址于此,使板块成为高素质人才的聚集地;园区国家级高等职业教育改革

---

① "十个一"工程即"一个园"(建设小站练兵园)、"一本书"(撰写《历史名镇小站》)、"一部剧"(拍摄电视剧《小站风云》)、"一群馆"(兴建泉圣阁博物馆等)、"一条街"(建设小站商业街)、"一粒米"(建设米立方)、"一个庄"(打造名洋湖绿色都市庄园)、"一个寺"(恢复建设新农寺)、"一杯酒"(建设德国啤酒、法国红酒和中国传统白酒的生产基地与工业游开发)、"一条河"(打造马场减河景观河)。

实验区及科技研发创新示范区的定位，使板块将云集更多的高科技人才及产业。二是商务部与天津市政府共同投资 30 亿元建设国家会展中心坐落津南，有望成为全球规模最大的会展中心，必然会带动津南区会展产业的发展；截至目前，国家会展中心落户津南，已经形成了强大的效益力，典型代表是总投资 150 亿元的天津国际设计产业城，该产业城主要打造的是工业产品设计、通信产品设计、高端印刷设计等"新型设计产业链"。三是总投资达 130 亿元的中国数字图书馆天津馆的建设有望在津南区建成总投资额最高、全国范围最大的文化产业基地，势必会促进该区域图书产业的巨大发展。

来自津南区文化管理部门的统计数字显示，2011 年，该区共有各类文化产业 592 个，其中，注册在千万元以上的企业有 14 个，注册在 500 万元以上的有 12 个，百万元以上的有 141 个，百万元以上的有 425 个。

近些年来，津南区各部门高度重视文化产业发展，成立了以区长为组长的推动文化产业发展工作领导小组，财政投入明显增加，扶持政策不断完善，文化产业项目和企业，无论是数量还是质量，都有了明显的增加和提高。

津南区重点文化产业项目和企业的基本情况详见表 3-17。

表 3-17　津南区重点文化产业项目与企业的基本情况　　　单位：亿元

项目名称	建设或营业初始年份	投资额	经营项目及特色
星耀五洲旅游度假村	2007	80	集国际会议会展、度假休闲娱乐、购物、健身、居住于一体的世界级休闲平台
天津小站练兵园	2008	7	以历史展示和情绪体验为互动性的核心功能，兼具教育、休闲、购物、会议功能的故事主题型历史文化旅游区
天津北方石林园	2010	70	集旅游、文化博览、度假、房地产为一体，拥有多元化旅游服务设施的主体性旅游度假区

续表

项目名称	建设或营业初始年份	投资额	经营项目及特色
泉胜阁文化艺术展示中心	2010	—	钱币文化
天山海世界·米立方	2010	10	集休闲健身、旅游度假、特色餐饮于一身的水上欢乐旗舰
天津时代记忆纪念馆	2013	—	红色文化旅游
中国数字图书馆天津馆	在建	25	建成总投资额最高、全国范围最大的文化产业基地
国家会展中心	在建	30	中国长江以北单体展览面积最大的会展中心
海河教育园	在建	190	推进科教兴市和人才强市战略的重大举措

10. 北辰区

北辰区位于天津市中心北部，辖区面积478.5平方公里。2012年常住人口为74.33万，其中户籍人口为37.52万。2013年实现地区生产总值722.4亿元，区级财政收入53.8亿元，固定资产投资661.7亿元，内资到位383.5亿元，外资到位9.2亿美元。2013年第三产业占比为33.7%。

来自北辰区统计局的数据显示，2013年北辰区文化市场经营单位达到343家。文化产业项目和企业，不论是规模还是产业增加值，相对于"十一五"期，都有了较大的进步。综合起来看，北辰区文化产业发展呈现出以下特点：

一是文化产业与事业协调发展。为了让人民群众分享改革发展的成果，丰富精神生活，北辰区于2008年制定并实施了《北辰区关于加强公共文化服务体系建设的实施意见》，设立公益性文化活动专项经费并逐年增长，确保了各项公益性文化活动的开展。另外，北辰区还完成了《文化产业发展规划》的编制工作，加大财政投入。文化事业与文化产业实现了协调发展。

二是印刷产业已成为全市产业高地。北辰区积极做大做强长荣印刷等龙头企业，发挥其行业引领作用，积极与国家新闻出版广电总局合作，成功引进国家级新闻出版装备产业园，这是全国唯一一家以新闻出版装备产业为主的国家产业园区，预计产值将超千亿，必然形成强大的行业聚集效应，形成天津市印刷产业的高地。

三是加强文化产业商标注册工作，挖掘文化创意产业品牌潜力。截至目前，北辰区已成功注册了206项文化产业商标。随着这些品牌价值的逐渐显现，北辰区文化产业发展质量必将提升至一个新的高度。

北辰区重点文化产业项目和企业的基本情况详见表3-18。

表3-18 北辰区重点文化产业项目与企业的基本情况　　　单位：亿元

项目名称	建设或营业初始年份	投资额	经营项目及特色
天士力产业园	2004	—	工业旅游
天津万源龙顺度假庄园	2006	5.8	集旅游住宿、商务会议、棋牌茶艺、垂钓采摘、观光农业等为一体的大型旅游景区
北辰文化活动中心	2007	1.2	集文化、娱乐、科技、教育为一体的文化活动中心
京杭大运河皇仓厫舍文化产业博览区	2010	271	把京杭大运河北辰河段打造成以旅游、商务活动、文化休闲、生态居住为主的多功能河道，促进运河沿线文化保护
长荣印刷产业园	2012	20	建设包括"长荣新型数字智能印刷设备制造基地"及上下游配套加工基地，新型数字智能印刷设备示范基地和长荣国际印刷科技工程技术中心
新闻出版技术装备产业园	规划建设阶段	—	国家级产业园，拟建成集新闻出版装备制造、研发、生产、印刷加工等为一体的综合性新闻出版装备产业基地

11. 武清区

武清区地处天津市西北部，辖区面积 1574 平方公里。2012 年常住人口为 105.33 万，其中户籍人口为 85.77 万。2013 年实现地区生产总值 988 亿元，区级财政收入 240 亿元，固定资产投资 950 亿元。2012 年第三产业占比为 33.8%。

"十一五"以来，武清各级政府将文化产业作为经济发展的重要内容，成立了以区长为组长的文化产业发展领导小组，对相关部门责任的职责进行了明确，实施文化产业重大项目的领导负责制。基于此，武清区文化产业发展迅速，截至 2012 年，武清区共有文化产业个体和企业 859 家，从业人员达 2 万余人，已经形成了三溪塘艺术家俱乐部、天津蓝猫动漫产业园、凯旋王国主题公园及天津市慧翔实业集团有限公司 4 家文化龙头企业；另有 4 个文化产业项目和企业正在规划和建设之中，包括"坝上春秋"天津国际艺术区、高清数字影视文化创意产业园、大运河文化产业带和祥恒（天津）包装有限公司。

武清区文化产业发展一个明显的特点在于引进文化产业大项目。近些年来，武清区改善投融资环境，吸引了一大批文产业项目和企业落户武清。比如，河北卓达公司在武清投资 20 亿元建立中国艺术家聚集区项目，规划建设中华文化会馆、艺术家工作室、私人收藏家博物馆、文化风情街、艺术公园和配套服务区六大板块；湖南蓝猫卡通传媒集团投资 10 亿元在武清建设天津蓝猫动漫科技园项目，规划建设以卡通动漫、网络游戏及动漫衍生产品的研发生产制造为核心的动漫产业基地；美国和意大利两家公司投资 15.4 亿元在武清建设佛罗伦萨小镇项目，项目定位是集休闲、娱乐、餐饮、购物、景观于一体的欧式风情高档购物街区；台湾中华两岸文化创意产业发展协会将在武清投资建设"创意台湾"文化产业区。这些项目的引进，既丰富了武清区文化产业业态，也为武清经济发展增添了强劲的活力。

武清区文化产业发展的一个特点是依托当地优势资源和产业基础。武清区地处京津之间，系环渤海经济圈和京滨发展主轴上的重要结点，佛罗伦萨小镇的建设，很大程度上在吸引北京客源。自从京津城际在武清设立停靠站点后，北京的游客纷至沓来，给武清带来了强大的人流和资金流。

武清区书画艺术源远流长，被文化部命名为"中国民间艺术书画之乡"，因此，中国艺术家聚集区项目的建设就很好地考虑了这一传统产业优势。另外，武清区内的大黄堡是津京之间最大的一块芦苇型湿地，武清区很好地利用了这一优势发展旅游业，投资建设了燕王湖湿地生态园，是一个集度假、休闲、水上娱乐、垂钓和观光于一体的生态公园。文化产业发展离不开旅游，旅游业的发展聚集了人流，自然促进了当地文化产业的发展。

武清区重点文化产业项目和企业的基本情况详见表3-19。

表3-19 武清区重点文化产业项目与企业的基本情况　　单位：亿元

项目名称	建设或营业初始年份	投资额	经营项目及特色
中华自行车产业园	2007	200	拟建设自行车文化中心，包括自行车主题公园和自行车博物馆等
三溪塘艺术家俱乐部	2009	23	搭建融艺术创作、交流、交易、展示、收藏、特色体验商旅、专业培训等功能为一体的文化创意产业公共发展服务平台
凯旋王国主题公园	2010	82	拟分步建成北方规模最大、设备功能最强、服务水平最高的主题游乐园
天津蓝猫动漫产业园	2011	10	由生产制作卡通动漫、网络游戏为核心的动漫基地和以软件开发为主体的IT软件园两大部分组成
天津市慧翔实业集团有限公司	2011	1	从设计到印刷、印后加工、包装、装订及物流的全系列服务
玉圭园主题公园	2011	30	集主题性、文化性、娱乐性、休闲性为一体的多样化游乐基地
天际线赛车场	2011	0.6	本市唯一、华北地区最大的一流赛车场
武清区文化中心	2012	5	博物馆、图书馆和大剧院等

续表

项目名称	建设或营业初始年份	投资额	经营项目及特色
"坝上春秋"天津国际艺术区	在建	50	拟建成以美术馆及国际艺术交流中心为核心,包含艺术家工作室、公共艺术教育研究中心、世界文化创意公司总部基地等元素的文化艺术产业链
高清数字影视文化创意产业园	在建	14	拟建成集数字影视创作摄制、创意文化展示贸易等于一体的文化创意产业集群基地
大运河文化产业带	在建	100	以运河文化、漕运文化为背景打造集观光、购物、滨水、休闲、餐饮、住宿于一体的观光带、文化带和产业带
祥恒包装有限公司	在建	3.8	纸制品包装行业
京津影视文化产业园	规划中	—	吸引影视及上下游企业入驻
"创意台湾"文化产业区	规划中	—	以文化创意、科技创新、生态农业、现代服务业为主要发展方向

12. 宝坻区

宝坻区地处天津市中北部,辖区面积1450平方公里。2012年常住人口为85.13万,其中户籍人口为67.93万。2013年实现地区生产总值475亿元,区级财政收入95.2亿元,固定资产投资528亿元。2012年第三产业占比为45.9%。

近些年来,宝坻区将文化产业作为支柱产业予以重点发展,成立了由区委书记担任组长的文化产业发展领导小组,逐步形成了"以规划为引领、园区为载体、项目为支撑、市场化运作为保障"的文化产业发展格局。为此,宝坻区编制了《宝坻区"十二五"文化产业发展规划》,将会议会展业、演艺娱乐业、文化旅游业、出版印刷发行业、艺术品交易业、文化用品制造业作为重点发展的产业,出台和实施了鼓励与支持文化产业发展的政策,在财税财税、资金、用地、人才等方面为产业发展提供扶持。

在这些政策的共同作用下，宝坻区文化产业发展迅速，2011年，全区各类文化企业达494家，累计吸纳就业人口近万人，全区文化产业总产值已突破10亿元。

宝坻区在发展文化产业过程中，坚持文化事业与文化产业协调发展的路径。繁荣发展文化事业和文化产业如鸟之双翼、车之两轮，二者互相依存，互为补充，具有同等重要的位置。在文化事业方面，宝坻区素有"文宝坻"的称号，域内戏曲、曲艺有着广泛的群众基础，更有马季、赵丽蓉等文艺大家。

近些年来，宝坻区通过举办全国京东大鼓艺术节以及环渤海京剧大赛等活动，形成了陈塘庄村书法、大唐庄村评剧、乔辛庄村京东大鼓等十多个文化特色村，丰富了人民群众的精神文化生活。在文化产业方面，宝坻区斥巨资翻修玉佛宫，重建大觉禅寺，以此为核心，打造"中国北方文化产业交流基地"，以京津新城为载体，筑巢引凤，吸引了包括合生创展、珠江投资等企业集团和以天津财经大学为代表的高校入驻宝坻，提振了当地经济发展速度。

针对津宝乐器等文化产业龙头企业，宝坻区工商部门主动上门提供服务，政府与企业联合打造品牌，衔接有序地做好驰名商标和著名商标的培育工作，提升企业无形资产价值。由此形成了文化事业与文化产业协同发展相得益彰的可喜局面。

宝坻区重点文化产业项目和企业的基本情况详见表3-20。

表3-20　宝坻区重点文化产业项目与企业的基本情况　　单位：亿元

项目名称	建设或营业初始年份	投资额	经营项目及特色
津宝乐器公司	1998	—	全国最大的打击乐、管乐器生产厂家之一
京津新城	2009	500	规划建设"中国北方文化产业交流基地"，打造以古代文化产业区、现代文化产业区、宗教文化产业区、上下五千年文化产业园等为核心的高端文化产业集聚区

续表

项目名称	建设或营业初始年份	投资额	经营项目及特色
玉佛宫博物馆	2010	4	"中国北方文化产业交流基地"子项目，宗教文化产业区
宝坻大觉禅寺	2012	8	"中国北方文化产业交流基地"子项目，将成为北方最大的佛教圣地，积极带动宝坻及天津文化旅游产业发展
今晚名门会所	2012	—	打造集会议、会展、收藏、交易、培训、休闲等功能于一体的天津市民间文化艺术基地和国内知名特色文博会馆
天津宝坻智慧云产业数据中心	2013	—	发展全国性数据服务、电子商务、现代物流等生产性服务业
网通（天津）电子商务产业园	2013	—	华北地区大型电子商务产业综合服务功能体

13. 滨海新区

滨海新区地处天津市东部沿海地区，是天津市下辖的副省级区、国家级新区和国家综合配套改革试验区，国务院批准的第一个国家综合改革创新区。滨海新区辖区面积2270平方公里。2012年常住人口为263.52，其中户籍人口为115.88万。2013年实现地区生产总值8020.4亿元，区级财政收入878亿元。2012年第三产业占比为32.4%。

"十一五"以来，滨海新区通过打造政策服务、展示交易、行业服务、公共技术、投融资和人才交流六大平台，优化文化产业发展环境，全力推进文化产业的发展。在政策服务方面，新区出台了《滨海新区加快文化产业发展的支持意见》《新区文化产业投资指导目录》等政策文件，并每年设置文化产业发展引导资金5亿元，专项支持文化产业大项目、好项目；在展示交易方面，新区成立了天津海泰数字版权交易服务中心和天津文化艺术品交易所，培植了展示交易平台；在行业服务方面，新区成立了滨海新区文化创意产业协会，为全区行业内开展交流、协作活动搭建服务平台,在公共技术方面,新区在国家动漫产业综合示范园建设了目前国内投资规模最大的动漫技术服务平台;在投融资方面,新区成立了注册资本1亿元的滨海新区先锋文化传媒投资有限公司,从事文化产业投融资服务和项目运作;在人才交流方面,新区研究制定人才引进实施办法和创建文化创意产业人才交流中心,搭建了人才交流平台。

在六大平台的强有力的支持下,滨海新区文化产业发展迅速。从滨海新区统计局获悉,截至2013年6月,新区共有文化产业单位共2846家,占全市文化产业单位的34.9%。从行业分布看,滨海新区文化产业单位中,工业为237个,批发零售业为765个,服务业为1844个;从机构类型看,滨海新区文化产业单位中,企业单位为2680个,事业单位为60个。

早在2006年,滨海新区就在高新区成立了动漫产业推动工作领导小组,在全市范围内率先启动了动漫产业基地建设。经过八年的发展,滨海新区涌现出一大批实力强发展势头强劲的文化产业项目与企业(详见表3-21),这些项目和企业必将为国家级文化产业示范园区的建设贡献更大的力量。

表3-21 滨海新区重点文化产业项目与企业　　　　单位:亿元

项目名称	建设或营业初始年份	投资额	经营项目及特色
智慧山	2009	20	集思想园、文化园、创意园、信息园于一身
天津文化艺术品交易所	2009	—	实现文化艺术品市场与资本市场的有机结合
国家动漫产业综合示范园	2009	2.75	建设动漫公共技术服务平台、原创孵化平台、动漫人才培训平台和动漫版权交易平台
天津滨海观赏鱼科技园区	2010	10.6	以观赏鱼为主题的休闲文化旅游园区
国家数字出版基地	2010	1.6	重点发展网络交易、网络出版、服务外包、研发制造,形成新兴数字文化和出版产业的聚集,带动环渤海地区数字出版产业的发展

续表

项目名称	建设或营业初始年份	投资额	经营项目及特色
滨海港湾休闲文化产业园	2010	14	采取文化与旅游资源相结合的方式，通过引入津味文化演绎基地、真人CS影视拍摄基地、帆船俱乐部、龙舟训练基地等文化旅游项目，大力发展文化休闲产业
天津华强文化科技产业基地	2011	30	基地由3D影视项目体验区、酒店业配套区和产业基地等配套项目组成
天津市滨海新区青青树动漫科技有限公司	2012	—	影视、媒体、艺术、文化传播
北塘古镇	2014	20	重点发展文化旅游产业、影视文化产业、广告传媒产业、文化会展产业和文化娱乐产业
滨海科技创意创业产业园	2014	—	以科技事业与创意产业融合为主线，以云端科技、移动互联、数字技术等为重点，以数字出版、新媒体、工业设计、影视科技、网络科技为推手，使创意产业站在科技巨人的肩膀上

14. 宁河县

宁河县地处天津市东北部，辖区面积1414平方公里。2012年常住人口为44.32万，其中户籍人口为38.94万。2013年实现地区生产总值412亿元，县级财政收入90.3亿元，全社会固定资产投资530亿元。2012年第三产业占比为32.6%。

宁河境内的七里海是天津市最大的天然生态湿地，是京津唐地区难得的一块"绿肺"。七里海以其独特的自然风光和竞争优势成为文化产业发展的重点区域。如今，七里海的红旗谱影视城、七里海地质公园、七里海的特色民俗村和河蟹垂钓街都落户七里海，带动了七里海区域的影视和旅游等文化产业的发展。

除了七里海,宁河县还有其他资源,也适合发展文化产业。比如,宁河的木板年画、根雕、芦绣和陶瓷制作工艺等,都是具有明显地方特色和悠久传承历史的技艺,如今,这些产业得到传承与创新,围绕着它们产生了一系列现代公司,产品远销海内外,古老的技艺正在发扬光大。

还比如,作为天津历史上道教三大阁之一的天尊阁,2009年宁河县委、县政府为大力推动文化旅游业发展,打造宁河天尊阁知名文化旅游品牌,弘扬优秀民间民俗文化,营造文化搭台,经济唱戏的良好氛围,推进新农村建设,丰富和满足广大群众精神文化生活,决定投资300余万元,对天尊阁进行全面整体修缮。如今修旧如旧"焕然一新"的天尊阁已成为宁河县旅游观光一大亮点,对全县文化旅游业迅速发展起到引领和助推作用。

还有津门酒业中唯一的一个中华老字号的品牌义聚永酒,也于2007年建成了天津首家白酒类的博物馆——义聚永白酒博物馆,成为市级的爱国主义教育基地。聚永酒文化博物馆总面积1500平方米,与义聚永酒藏、义聚永广场、18亿年前中上远古界化石上刻有经典的义聚永记赋、十大风趣坛子画、传统露酒烧锅等景点,成为天津工业旅游的一大亮点。博物馆主要包括两层楼的主展厅、玫瑰酒吧、产品展示厅和本草画廊、走廊老广告等。其中主展厅集中展示了天津酒文化七百年的悠久历史和义聚永两百多年的出口历史,展示了义聚永艰辛辉煌的发展历程,再现了直沽文化的独特魅力。玫瑰酒吧让介绍希腊玫瑰花神的美丽传说和《玫瑰圣经》里的4幅著名的玫瑰图谱,同时还可以品尝用玫瑰露调制的鸡尾酒。产品展示厅陈列的是公司历年出口和内销的成品酒。本草画廊展示了领导、客户、酿酒业专家的题词和公司职工自己绘画的工笔、水墨作品。走廊两侧的宣传画是60—90年代在国外国内报纸刊登的宣传文章和广告。义聚永酒藏内部有中国酿酒业最独特的酒坛隧道、年份老酒和DIY灌酒区。酒坛隧道陈列的是公司十年、二十年藏酿高粱酒和典藏玫瑰露,此酒为领导游客购买收藏所用。DIY灌酒区是灌装车间工作流程展示,游客可以选择自己喜欢的瓶子和酒种体验灌酒、压塞、盖帽的乐趣,还可以把自己的照片做成个性化酒签贴在自己的酒上。厂区设有义聚永广场、十大风趣坛子画、传统露酒烧锅等景点。义聚永广场内主题雕塑义聚永酒坛将义聚永的历史和文化融入其中，上方的呈露台和下方的古井有古井之水天上来之喻义象征了义聚永酒由名泉所酿、源远流长，酒坛内部是以壁画的形式对公司百年的历史的一个缩影，义聚永酒坛旁边是中上远古时代刻有义聚永记赋的石头它也是对义聚永百年历史的见证。厂院内的十大风趣坛画用漫画、杨柳青年画、武强年画、日本浮世绘、欧洲木刻板画等风格形象的将红楼梦中的玫瑰露、卧虎藏龙玫瑰露、李鸿章与五加皮、庆王府与义聚永、中国神水五加皮、圣雄甘地玫瑰露、肯德基玫瑰露广告、杨乃武和小白菜、济公传与玫瑰露、日本偷学高粱酒等历史典故结合起来，说明酒品历史悠久、历久弥香。传统的义聚永火露烧锅沿袭传统的民间秘传火露酿制。火露是一种古老的露酒方式，火露酒的品质好，但成本很高，工艺复杂，加之工序多为口传身授，代代相传，绝不轻易示人，目前国内只有天津义聚永沿用此项工艺。义聚永露酒烧锅追溯历史挖坑垒灶利用柴煤烧火产生蒸馏效果展示义聚永最传统最古老的酿造工艺。

宁河县重点文化产业项目和企业的基本情况详见表3-22。

表3-22　宁河县重点文化产业项目与企业的基本情况　　　单位：亿元

项目名称	建设或营业初始年份	投资额	经营项目及特色
芦绣艺术品发展有限公司	2005	—	芦绣、手工编织等
天尊阁	2006	—	民俗文化、宗教文化
义聚永酒文化博物馆	2007	—	工业旅游
天津七里海国家湿地公园	2012	10	公园内建设历史民风民俗展示区、湿地生态展示区、拓展训练区、童话城堡、钓蟹池、水上舞台、音乐喷泉、珍禽乐园等文化旅游园区
驭马文化产业城	2012	140	马匹交易、国家国际马术赛事及马术人才培养
东风台木版年画与根雕			非物质文化遗产

15. 静海县

静海县地处天津市西南部，辖区面积1476平方公里。2012年常住人口为71.20万，其中户籍人口为57.59万。2013年实现地区生产总值476亿元，县级财政收入106.6亿元，全社会固定资产投资500亿元。2012年第三产业占比为27.2%。

静海县注重在文化产业发展中突出自身特色，做到重点突出、人无我有、人有我精。目前，该县已在乐器制造行业中显示出了强大的竞争优势。天津圣迪乐器有限公司、静海县盛兴乐器厂、天津鹦鹉乐器有限公司成为静海乐器制造厂家的典型代表，联合打造"中国北方乐器之都"的品牌，"圣迪"等商标被评为"中国驰名商标"和"天津市著名商标"，产品在天津和华北商场占据较大的市场份额，其中圣迪公司是天津市成立较早的中外合资乐器制造商，被命名为天津市首批文化产业示范基地，95%出口到美国、德国、英国、日本等欧美亚国家，乐器产品深受国外客户青睐。

静海县是"中国书法之乡"，在天津市唯一获此殊荣的区县。近年来，静海县注重发挥这一优势，以静海县书画院为依托，成立了静海县书法篆刻实训基地、北方教师书法研究院、静海县少年宫青少年书法教育培训中心等机构，做大做强书画产业，目前已形成了创作委员会，发展委员会，评审委员会及专业委员会一整套培养机制，营造了良好的产业发展环境。

另外，静海县还注重发挥自身资源优势做大文化产业。自2007年开始，静海县投资建设静海团泊文化创意园和团泊湿地影视城，利用团泊湖旖旎的自然风光发展文化创意产业和影视产业；以为天津国际医学城项目为抓手，依托天津泰达足球训练基地、团泊新城健康产业园、松江高尔夫球场、摩托车综合试验场和游艇码头等体育休闲设施，积极培育医药产业、保健品产业和体育健身产业。目前均表现出良好的发展态势。

2011年8月，《天津市近期建设规划（2011—2015年）》发布，本市提出"规划建设团泊健康产业园高校区"。天津医科大学、天津中医药大学、天津体育学院将在此集聚，将成为继西青大学城、津南海河教育园后的又一个大学城。而且，这里不仅有诸多高校，还有多座东亚运动会比赛场馆、NBA主题公园以及国际医学城、天津第三中医附属医院，健康产业园也将成为一座体育城、健康城、文化城。天津健康产业园位于市区南部、静海县城东部，总规划面积10.65平方公里，总投资达到168亿元。园区累计实施项目28个，完成投资35.6亿元。主要有以下几个项目。一是大学城，三所高校入驻团泊。"十二五"期间，天津医科大学、天津中医药大学、天津体育学院组成的高教群将入驻。天津中医药大学新校区项目占地面积约2200亩，总建筑规模66万平方米，总投资33亿元，总办学规模14000人。天津体育学院项目占地面积1080亩，总建筑面积40万平方米，总投资30亿元。规划建设教学科研区、生活区、比赛场馆1个、教学用训练场馆10个；水上运动区规划建设占地102公顷的动水赛区及两公里竞速赛道。二是健康城，投60亿建国际医学城。天津国际医学城是健康产业园的重要组成部分，总占地面积约4127亩，总投资约60亿元。规划建设国际专家诊疗中心、国际肿瘤医院、代谢病医院、五官科医院、药学院、生物医学工程学院、医学人文学院等。建成后的中医药大学将与国际医学城优势互补，形成健康产业园内中、西医学科门类齐全的科教研发诊疗基地。同时，将逐步建立与静海县开发区内医药产业园的上下游联动关系，打造医药研发、培育、制造、销售一条龙式的"天津药谷"。此外，产业园内还将建设天津第三中医附属医院，项目占地面积200亩，总投资8亿元，设计床位1500张。2012年底，完成一期10万平方米建设。"十二五"末全部完成。三是文化城，萨马兰奇纪念馆落户。萨马兰奇纪念馆建筑面积约3万平方米，预计投资3亿元，在2013年4月21日萨马兰奇逝世3周年纪念日正式开馆运营。近期即将建设的湿地影城项目坐落于独流减河与团泊湖交汇处，占地508亩，是以湿地自然景观为特色，以影视拍摄和主题娱乐为定位的影视主题公园项目。此外，香港卫视确定将在园区内建设香港卫视华北总部及影视、动漫制作、发布、交易基地，美国瑞联置业公司则将于近期启动NBA主题公园建设。四是体育城，国际网球中心全国最大。2013年东亚运动会本市建设的14个新体育场馆中，有多座坐落于天津健康产业园，包括团泊体育场、国际网球中心、自行车馆、射击馆、曲棍球场、棒球场等。国际网球中心已于2010年6月开始施工，总建筑面积9.9万平方米，总投资9.8亿元。可容纳2万名观众，建成后将成为全国最大的网球中心。在天津健康产业园中，还将建设天津市体育训练基地。项目建筑面积55万平方米，总投资32亿元。规划将本市各项体育比赛训练项目集中布局，打造集训练、竞赛、教育、科研和产业功能"五位一体"的综合性体育基地。即将于本月底完工并投入使用的团泊体育场是本市首个下沉式专业足球场，场地低于室外地面3.84米，视觉效果非常好。目前，体育场主体已竣工正进行外檐装饰和内部装修。五是宜居城，团泊湖面积堪比11个西湖。天津健康产业园也是一座宜居城。因为这里有市级鸟类自然保护区团泊湖。团泊湖水面面积51.3平方公里，相当于11个西湖的面积。栖息于团泊湖的鸟类多达38科164种，其中有国家一类珍禽白鹳、黑鹳、大鸨3种，二类珍禽海鸬鹚、大天鹅、庞鼻天鹅、鸳鸯、灰鹤等。每年春秋两季还有成千上万的候鸟在此路过停歇。[①]

静海县重点文化产业项目和企业的基本情况详见表3-23。

表3-23　静海县重点文化产业项目与企业的基本情况　　单位：亿元

项目名称	建设或营业初始年份	投资额	经营项目及特色
天津圣迪乐器有限公司	2002	10	中外合资公司，乐器制造出口型集团式专业公司
团泊湖文化创意园	2007	150	建设影视、音乐后期处理，数字多媒体、动漫设计、文化创意产品等相关研发基地。
文化商贸产业园	2008	50	具有天津特色、历史文化的风情文化旅游专区
静海团泊湿地影城	2009	—	影视产业
天津健康产业园	2009	168	集体育城、健康城、文化城于一身的文化产业园
东方国际乐器城	2010	—	华北地区最大的乐器生产基地
天津国际医学城	2010	30	体育文化产业

---

① 金学聪. 天津将建团泊健康产业园高校区 三所高校入驻. 每日新报，2011.08.04

16. 蓟县

蓟县地处天津市最北部，辖区面积1593平方公里。2012年常住人口为88.42万，其中户籍人口为84.18万。2013年实现地区生产总值405亿元，县级财政收入63.86亿元。2012年第三产业占比为57.8%。

蓟县是天津市唯一拥有山地的区县，境内的盘山风景优美，是国家首批5A景区，乾陵曾感慨"早知有盘山，何必下江南"。有着"天津后花园"之称的蓟县，具有发展文化产业的独特优势。近些年来，蓟县充分利用自身资源，以盘山为核心，投资建设了一系列文化产业项目，其中，京津国际文化产业教育园引进法国、英国和北京的先进资源，将教育与文化产业有机结合起来；盘龙谷文化城成功引进成龙特技培训中心等项目，以影视、艺术、传媒、动漫产业为发展重点，而国家画院的落地则实现了文化企业向园区的聚集；加之北少林的修复及盘山体育公园的建设，多管齐下，将古老的盘山打造成了集休闲、娱乐、旅游、文化于一体的全方位旅游休闲胜地。

"十二五"以来，蓟县以深厚自然人文资源为根基，旅游文化产业化为方向，重大旅游文化项目为支撑，多元化旅游、文化产品为特色的综合文化旅游区，目前在天津市乃至全国较有影响的旅游文化项目包括"天下·情山"大型山水实景演出项目、黄崖关国际马拉松等，均取得了良好的经济效益。

作为国家"十二五"规划重点发展的文化产业项目，"天下·情山"由中国山水实景演出创始人梅帅元担任总策划、总导演，斥2亿巨资打造，占地158亩，其中观演区3200平方米，观众席座位1700个，是目前京津地区最大的实景演出项目，也是全球第一部实景魔幻音乐剧。该剧以盘山群峰为背景，以乾隆皇帝32次游历盘山时写下的1700多首诗词为线索，通过对盘山地区众多神话传说的巧妙编排，加上高科技的声、光、电技术和魔术桥段的精心处理，以500多盛装演员同时出场的华丽阵容，再现皇家威仪与乡村野趣，演绎出一场超然脱俗爱情故事，体现了感天动地、大爱无疆的人性之美。

天津黄崖关长城国际马拉松旅游活动是由丹麦王国驻华大使馆、丹麦东方旅行社、福建康辉旅行社1999年在天津市黄崖关长城风景游览区发起的一项特色旅游活动，于每年5月的第三个星期六举办一次。截至2014年底，已经成功举办十五届。吸引了中国、丹麦、美国、加拿大、法国、英国等30余个国家和地区的2万多名体育爱好者参加、万余名游客参与。欧洲体育频道、美国马拉松杂志、丹麦电视台、丹麦BT报纸、中央电视台、中国旅游报、天津电视台等60余家国际、国内新闻单位进行现场报道，并拍摄专题片向世界推出，国际知名度与日俱增，已成为天津市重要国际旅游品牌。天津黄崖关长城国际马拉松旅游活动线路是中外主办方在多次踏察的基础上确定的，并已经通过国际注册。该线路起点为黄崖关长城正关广场，横贯整个黄崖关长城并途经太平寨长城、津围公路、段庄路、马营路、高富庄路等地，全长42.19公里。是一次集刺激性、观赏性、体验性、安全性于一体的高品位体育旅游活动。

蓟县重点文化产业项目和企业的基本情况详见表3-24。

表3-24 蓟县重点文化产业项目与企业的基本情况　　　　单位：亿元

项目名称	建设或营业初始年份	投资额	经营项目及特色
盘龙谷文化城	2008	300	建设国内第一、国际一流的影视内景拍摄基地、世界风情外景拍摄基地、国际影视颁奖中心、影视剧场、美术馆、商务酒店、国际传媒总部、动漫及影视制作基地等文化产业项目。
国家画院创作基地	2009	1.9	拟建成集大型集体创作室、展厅、画家工作室等设施于一身的艺术交流平台
京津国际文化产业教育园	2009	10	拟建成以"音乐、艺术、影视、传媒"为主导的创意文化教育基地，成为坐拥京津冀、辐射整个东亚地区的文化产业集群平台
天津体育学院运动与文化艺术学院	2009	—	拟建成全国规模最大、最具影响力的"产、学、研、创"一体化的文化产业教育基地

续表

项目名称	建设或营业初始年份	投资额	经营项目及特色
盘山文化产业园	2010	100	拟建成集休闲、娱乐、旅游、文化于一体的全方位旅游休闲胜地
荣宝斋文化创作产业园	2012	7	建设中国出版集团公司交流中心、荣宝斋新产品研发中心以及画家村
蓟县大型山水实景演出项目	2012	2	依托长寿园景点将黄崖关长城打造成天津市乃至全国一流的尊老敬老教育基地

（二）天津各区县文化产业发展总体评价

从天津市各区县文化产业发展概况，我们可以看出，在"文化强市"战略的推动下，各区县纷纷实施"文化强区"和"文化强县"战略，将文化产业作为发展的重点，调整产业结构，推动经济又好又快发展。天津市各区县文化产业发展呈现出如下特点：

1. 建立健全领导机构，完善规划设计

文化产业具有较强的正外部性，在一定程度上存在着市场失灵，这就需要政府通过自身的行为矫正市场失灵。为了推动文化产业的发展，不少区县成立了以书记或区（县）长为组长的文化产业领导小组，如南开区、津南区、武清区、宝坻区等，强化了文化产业发展的政府领导作用。

各地发展文化产业的资源禀赋不同，应各有侧重点，为此，不少区县编制了文化产业发展规划或在"十二五"规划中单独设置章节予以明确，如河东区、南开区、河北区、西青区、北辰区、宝坻区等。俗话说"凡事预则立、不预则废"，发展规划的编制对推动同当地文化产业的发展起到了重要作用。

2. 借势而为，做强大作大文化产业

各区县在发展文化产业过程中，善于借力，借助独特的区域优势或资源优势，顺势而为，促进文化产业发展。总体看来，"势"主要体现在以下几方面。

一是借助国家级或市级文化机构或项目促进本区域的发展。各区县都有一些国家级或市级的文化机构或文化产业项目，这些机构和项目本身就具有较强的聚集作用，善于利用这些优势，必然会为当地发展增强动力。

二是当地丰富的旅游资源，如历史遗迹、寺庙、山地、风景区、河流、湖泊、湿地等，各区县利用这些资源发展旅游，以人流带动资金流，推动文化旅游、民俗旅游、红色旅游，进而发展文化产业。

三是当地传统工艺与技术，比如，市内六区的相声曲艺、杨柳青的年画、宁河的芦绣、武清区与静海县的书画等，当地政府将这些工艺与技术发扬光大，自然推动了当地文化产业的发展。

四是依托当地的高校发展文化产业，比如河东区依托天津音乐学院发展音乐文化产业；河北区依托天津美术学院发展工业设计，静海县与蓟县依托天津体育学院发展健康产业等，均取得了不俗的成效。

3. 内引与外联相结合，增强发展动力

不少区县在发展文化产业过程中，除了依靠自身的力量，还重视引进外部力量，为本地文化产业发展注入强劲动力。

从各区县文化产业发展概况我们可以看出，外地资金、境外资金和外国资金对天津文化产业的发展做出了巨大贡献。外地资金主要包括湖南省、北京市、河北省、广东省等省市；境外资金主要来源于香港和台湾；外国资金主要来源于美国、意大利、法国等国家。

4. 注重连续性，提升津门文化产业品牌价值

"十一五"以来，甚至从更早的时期开始，天津市各区县坚持举办文化产业项目，逐渐形成了一批在全国有着较大影响力的文化产业项目，品牌价值得以逐渐显现和提高。

比如，和平区自2004年开始连续举办了十届"五大道旅游节"，挖掘历史风貌建筑的经济价值；南开区自2004年开始连续举办了十届"妈祖文化节"，推动了海峡两岸妈祖文化交流，同时提升了天津文化产业的国际知名度；红桥区自2010年开始连续举办了五届"天津相声节"，推动了

相声这一传统曲艺的繁荣发展。

5. 注重个性，抢占文化产业高地

令人欣喜的是，天津市各区县文化产业发展没有出现业态雷同的局面，至少，同业竞争的局面不是很严重，而是各区县形成了各自的特色，错位发展的局面已经出现。

表3-25 各区县文化产业发展重点一览表

区县	文化产业发展重点
和平区	依托天津文化产权交易所，在动漫产业的基础上侧重于发展文化产权交易
河东区	依托天津音乐学院，重点发展音乐文化产业，成功打造了全国首条以政府主导、区校联手、市场运作模式开发建设的音乐文化特色街区"天津音乐街"
河西区	依托梅江会展中心，借助世界达沃斯论坛，重点发展会展产业
南开区	凭借地处老城厢的区域优势，重点发展曲艺演艺和老城里民俗旅游业，积极将相声这一特色津派文化旅游项目发扬光大
河北区	依托天津美术学院重点发展工业设计产业，努力打造华北地区的工业设计基地
红桥区	侧重于发展动漫产业与书画艺术产业，努力打造以集文化交流与传播、文化技艺的学习培训、艺术藏品的鉴赏展卖、非物质文化遗产的挖掘展示、文化创意产业的开发等产业为发展方向的高品位文化聚焦区。
东丽区	侧重于发展印刷产业，力图打造印刷产业聚集地
西青区	侧重于发展动漫产业和武术民俗旅游，积极打造国家级武术文化产业综合园区
北辰区	打造旅游业、拓展会展业、挖掘运河文化、壮大印刷业、引导文艺演出业、开发工艺旅游品业
津南区	侧重于发展历史文化民俗旅游和石文化产业，积极打造农耕文化、书香文化、军事文化与名人文化四大类文化聚集区
武清区	侧重于发展动漫、影视产业和书画产业，挖掘运河文化、融入地域文化、打造品牌文化，继承发展传统文化，大力推进全民文化，全面活跃群众文化，努力构建产业文化

续表

区县	文化产业发展重点
宝坻区	侧重于发展乐器产业和宗教文化产业,努力建设中国北方文化产业交流基地
滨海新区	集八家国家动漫产业基地于一身而占领动漫产业高地
宁河县	侧重工业旅游和乡村自然风光旅游,以七里海为龙头,打造"点、线、面"结合发展载体
静海县	侧重于发展民族乐器产业,努力打造北方乐器之都
蓟县	借助盘山旅游景区,发展影视产业,积极打造国内第一、国际一流的影视内景拍摄基地

三、本章小结

本章从以下两个层面分析天津市文化产业发展现状。

一是总体现状。得益于天津市委市政府针对文化产业实行的各类扶持政策,天津文化产业有了良好的发展格局,表现在:文化产业增加值增加迅猛,对国民经济的贡献逐年加大;文化产业发展规划合理,重点产业定位明确;重点工作扎实推进,文化产业发展迅速;文化产业与文化事业协调发展,文化建设不断取得新成就。书稿用了大量的数据和图表对以上成绩的取得进行了佐证。

二是各区县发展状况。书稿用了较大篇幅梳理了天津16个区县文化产业发展实践,重点分析了这些区县发展文化产业的资源、地方政府出台的扶持政策以及重点文化产业项目。这是目前国内关于天津各区县文化产业发展现状的最为详尽的分析,也是本书为天津文化产业发展的贡献所在。总体说来,天津各区县文化产业发展呈现如下特点:建立健全领导机构,完善规划设计;借势而为,做强大作大文化产业;内引与外联相结合,增强发展动力;注重连续性,提升津门文化产业品牌价值;注重个性,抢占文化产业高地。

第四章 天津文化产业投融资体系建设现状

> **本章导读**
>
> 本章从五个方面分析了天津文化产业投融资体系建设现状。一是政府居文化产业投资主体地位,投资额呈现逐年增加态势;二是文化产业投资结构优化升级,促进了经济又好又快发展;三是投资环境已有了很大程度的改善,这种结果的取得源于金融与产业的对接平台的构建、各种形式专项资金的设立以及各类扶持政策的出台与实施;四是各种创新的投融方式加速了文化产业与资本市场的对接;五是总结各类交易平台的建设对完善文化产业投融资体系的作用。

天津市实施文化强市以来,投融资体系逐步完善,在推动文化产业发展方面起到了重要作用。另外,天津各级政府也积极改善文化产业发展环境,出台和实施了强有力的扶持政策,对优化天津经济发展整体环境方面做出了积极贡献。本章将从投资主体、投资结构、投资环境、投资方式和投融资交易平台等五个角度梳理天津文化产业投融资体系建设现状。

一、政府投资居主体地位,呈现逐年增加态势

"十一五"以来,天津市各级政府坚持"文化强市"的发展目标,以大项目、好项目为抓手,优化文化产业发展环境,以文化产业投资作为重要推动力量,文化产业建设成效明显,初步形成了由文化创意、出版发

行、广播电视、数字动漫、演艺娱乐、文化旅游等八大门类组成的文化产业体系,为天津文化产业又好又快发展做出了积极贡献。

特别是自 2010 年以来,天津市文化产业固定资产投资规模呈现加速的年投资总量由 2009 年的 100.5 亿元增加到 2012 年的 463.5 亿元年均增量都在百亿元以上。文化产业投资占全社会固定资产投资比重每年跨上一个新台阶,从 2009 年的 2.0% 稳步提升到 2012 年的 5.2%。2012 年文化产业投资施工项目 434 个,比 2009 年增加 167 个,增长 62.5%。

国际文化产业发展的实践表明,文化产业是具有文化创新与科技创新双引擎的战略性形态,具有消耗少、污染低、附加值高的优势,对于改善经济结构、转变经济增长方式、拉动就业、实现可持续增长都有明显的作用。三年来,天津市依托丰厚的历史文化资源,投资近千亿元正在将资源优势转化为产业优势,有力地推动了天津市文化产业的繁荣发展。全市累计完成文化产业固定资产投资 996.8 亿元年均增速达到 73.2%,远远高于同期全社会固定资产投资年均增速(22.6%)50.6 个百分点,有力地支撑了天津市文化产业增加值从 2009 年的 235.5 亿元发展到 2011 年的 388.1 亿元年均增长 28.4%,高于同期全市 GDP 平均增速(16.9%)11.5 个百分点,文化产业增加值在 GDP 的占比从 2009 年的 3.1% 稳步提升至 2011 年的 3.4%。充分凸显了投资的引领作用,有力推动了天津文化产业的大发展大繁荣,提升了天津的城市文化品质和广大市民的文化品位。

三年来,天津市不断加大重点文化项目投资建设力度,用于文化产品的生产累计投资 366.4 亿元年均增长 45.2%,占全部文化产业投资比重 36.8%。其中文化休闲娱乐服务累计实现投资 129.8 亿元年均增速达 56.8%,占全部文化产业投资比重 13.0%。具有标志性的文化中心项目,将博物馆、美术馆、图书馆、大剧院、阳光乐园、市民广场集于一身,使市民集中一地便能享受多重文化大餐;华侨城娱乐岛、东丽湖、蓟县盘山、玉佛寺、极地海洋馆、滨海航母主题公园、凯旋王国主题游乐园、运河文化商业中心等一大批文化休闲娱乐项目建成使用,使天津市文化休闲娱乐服务水平实现了跨越式发展。其次是文化信息传输服务完成投资 97.8 亿元年均增长 49.9%,占全部文化产业投资比重 9.8%。

《天津市文化产业发展"十二五"规划》确定了发展完善山、海、城、乡"四带多点"的文化产业空间布局，其中包括中心城区都市文化产业带、滨海新区开放型海洋文化产业带、北部山区休闲旅游文化产业带、区县民俗文化产业带。三年来，天津市先后与文化部、国家广电总局、新闻出版总署、中国文联、国家工商总局等部委分别签署战略合作框架协议，以创建国家级文化产业发展示范基地为契机，坚持统筹兼顾、三个层面联动发展。按照文化产业总体规划布局，各区县充分发挥自身资源优势，投资建设了一批文化大项目好项目，形成了各具特色优势互补协调发展的区域文化产业聚集区。

（一）滨海新区文化产业投资高速领航

随着滨海新区被纳入国家战略发展规划，经济实现高速增长的同时，新区的文化产业投资建设也进入了新的高潮，成为滨海新区经济社会发展中的一大亮点。以创新求发展，坚持高起步，发挥龙头带动作用，滨海新区在做大做强传统文化用品制造业基础上，做好做精广告会展、演艺场所，大力发展创意设计、影视动漫，加快发展"文化旅游""文化科技""文化创意"等新兴文化业态。三年来，滨海新区文化产业累计完成投资330.9亿元，占全市文化产业投资比重33.2%年均增速达到212.3%，远远高于全市文化产业投资年均增速139.1个百分点。滨海航母主题公园的军事文化、极地海洋馆、滨海欢乐水魔方文化休闲园、游艇俱乐部、国家海洋博物馆等海洋文化、中新生态城国家动漫产业综合示范园、华强3D立体影视基地、海泰创意科技园、智造创意产业园、腾讯天津数据存储研发中心、海泰数码宽带建设等科技文化。一大批文化大项目、好项目的建设，构建了滨海新区以军事文化、海洋文化、科技文化为主导的文化产业体系，"文化滨海"正在崛起，同时为推动全市文化产业发展发挥了重要的龙头带动作用，对全市文化产业投资增长的贡献率达到33.7%。2012年，天津滨海高新区成为全国首批16个国家级文化和科技融合示范基地之一，这必将进一步促进滨海新区文化和科技相互融合、相互推动，增强文化产业科技实力和自主创新能力，凸显龙头带动作用，助推全市文化产业持续健康快速发展。

（二）中心城区新老文化水乳交融交相辉映

中心城区作为天津传统文化的发祥地、市核心区，具有传统文化和现代文化双重特点。近年来，天津市依托丰厚的文化底蕴，投资建设坚持深挖潜力、优化升级，整合传统文化资源，建设新型文化载体，使传统文化焕发生机与时代文化蓬勃发展交相辉映，现代都市文化产业的辐射带动作用日益显现。三年来，中心城区文化产业累计完成投资110.8亿元，占全市文化产业投资比重11.1%，实现了年均7.4%的稳步增长。以近代文化为内涵，以历史建筑和名人故居为载体，进行了南开文化宫古建修缮、重建近代天津博物馆、李叔同故居纪念馆，平津战役纪念馆提升改造等，使老城津韵更添新姿。建设了六号院、桥园创意产业园、陈塘文化产业园、C92文化创意产业园区、天津创意街、3526创意产业园、北新文化创意产业基地等一大批文化创意产业园区，形成多个集产、学、研于一体，融商务、休闲、餐饮、旅游等多功能于一身的文化创意产业集聚区。天津文化中心、网通宽带数据网络扩容、3G网络扩容、广电网络数字电路转换及网络建设、天津数字广播大厦、华夏未来少儿艺术中心等项目，全面提升了天津市文化产业层次和文化服务功能，将文化的软实力变成助推天津市经济社会发展的硬支撑。

（三）其他区县成为文化产业投资重点

天津作为一座有着600多年历史的文化名城，驰名中外的杨柳青年画、精武门、小站练兵等各区县民俗文化丰富深厚独具魅力，极具潜力的文化资源成为天津市文化产业投资发展的重点。三年来，各区县立足自身特色、合理开发利用区域文化资源，文化产业累计完成投资555.1亿元，占全市文化产业投资比重达到55.7%，超过滨海新区和中心城区比重的合计，成为全市文化产业投资的重中之重年均增长速度达到67.0%，对全市文化产业投资增长的贡献率达到60.3%。各区县在投资建设上凸显区域文化内涵，彰显区域文化魅力，将传统民俗文化与创意、科技、旅游有机结合。东丽区依托湖景资源建设了东丽湖旅游景区、东丽湖温泉会议中心、东丽湖天安数码科技园；西青区以文化投资带动商旅经济，凌奥创意产业园已正式被国家旅游局评定为3A级景区；津南区集稻耕文化、生态农业、旅游观光为一体的万亩都市农业园生机盎然；宝坻区积极培育文化产业龙头企业，"宝坻温泉""津宝乐器"品牌效应已经显现；蓟县盘龙谷文化城、盘山北少林寺恢复工程为山区旅游增添了文化色彩；北辰区双街镇农博馆；武清运河文化博览馆；汉沽妈祖文化经贸园等文化产业投资项目的加快建设，使天津市北部山区休闲旅游文化产业带、区县民俗文化产业带已初具规模，各具特色的文化品牌产业集群正在逐步做大做强，有效带动了区域文化产业发展和社会经济发展。

二、文化产业投资结构优化升级，促进了经济又好又快发展

（一）文化产业投资与文化事业发展相映成辉，实现物质精神双丰收

随着天津市文化产业投资建设力度加大，文化产品生产和服务水平显著提升，正在逐步形成文化与消费的互动共鸣，人们在满足精神文化需求的同时，对于拉动消费促进经济发展也发挥了积极作用，带来了物质和精神的双丰收。据国家统计局天津调查总队抽样调查资料显示，2012年天津市城市居民家庭人均消费性支出中用于娱乐教育文化服务的支出2254.22元，比2009年增长29.5%。农村居民用于文教娱乐用品及服务的消费增长更为显著，2012年人均支出达到766元，是2009年的2.8倍，占农村居民人均生活消费支出的比重达到9.2%，比2009年提升了3.7个百分点。

文化产业投资建设在改善人民文化消费环境拉动内需的同时，也使天津市的旅游载体功能明显提升，旅游环境明显改观，城市吸引力明显增强，助推了天津市文化旅游市场的繁荣兴旺，吸引了大批境外游客在津观光消费。2012年，天津市接待入境旅游234.1万人次，比2009年增长66.0%，其中接待外国人入境旅游63.7万人次，增长32.7%，实现入境旅游外汇收入21.5亿美元，比2009年增长81.5%。文化产业投资实现了经济效益和社会效益的双丰收。

表4-1　近些年来天津市文化产业固定资产投资情况一览表

项目及年份		2007	2008	2009	2010	2011	2012
按行业分全社会固定资产投资（亿元）	全市总计	2388.63	3404.10	5006.32	6511.42	7510.67	8871.31
	文化、体育和娱乐业	14.37	16.85	34.17	62.36	105.06	97.07
	占比	0.60%	0.49%	0.68%	0.96%	1.40%	1.09%
按行业分城镇固定资产投资（万元）	全市总计	22276551	31894493	47002844	61143467	70572036	83402588
	文化、体育和娱乐业	134417	168500	337299	514578	1016224	915733
	占比	0.60%	0.53%	0.72%	0.84%	1.44%	1.10%

注：（1）资料来源：天津统计年鉴；（2）表内数据以"文化、体育和娱乐业"代替"文化产业"，虽然不尽相同，但能反映基本趋势。

表4-2　2010—2012年天津文化部门所属机构财政拨款　　单位：万元

年份	文化合计	艺术表演团体	艺术表演场馆	图书馆	群众文化
2010	563484	181253	3195	185004	100262
2011	745947	20196	10060	301193	119055
2012	103282	48926	275	25123	12807

资料来源：天津统计年鉴

（二）产业结构不断升级

近些年来，天津市以高端、高新和高质为目标，着力提升文化相关产品产业的层次。三年来，天津市坚持高端化高质化高新化发展方向，大力推进文化产业结构优化升级。从北方网获悉，2010年至2012年，天津市对文化相关产品的生产累计完成投资630.4亿元年均增速达到99.9%，占到全部文化产业投资的63.2%。其中主要用于对文化用品生产的投资345.1亿元年均增长82.6%，占全部文化产业投资34.6%；其次对文化产品生产的辅助生产完成投资262.3亿元，占26.3%。梅江会展中心、东丽湖温泉会议中心、滨海文化商务中心等落成使用使天津市的会展业实现了跨越式发展，并带动了服务业等相关产业呈现倍增效应，成为天津市文化产业一大亮点。在建的国家会展中心将成为天津市打造全球会展业新高地的重要平台，必将为推进天津市北方经济中心建设发挥强力引擎作用。

（三）投资结构不断优化

"十一五"以来，天津市文化产业投资结构不断优化，突出表现在以下几方面：

1. 自筹资金成为主要资金来源，投资多元化的格局已经形成

自2010年以来，天津市委市政府着力优化文化产业发展环境，加大对文化产业投资建设资金扶持力度，完善文化产业融资服务平台，强化文化产业金融服务。从文化部门获悉，三年多的时间，文化产业投资建设资金累计到位1000亿元，资金到位率为100.3%。其中自筹资金比重超过八成，成为文化产业投资的主要资金来源，三年累计到位772.7亿元，占累计当年到位资金的比重达到82.2%年均增长66.7%；其次是国内贷款累计到位138.1亿元，占14.7%年均增长166.0%；国家预算资金到位8.7亿元年均增长19.3%；利用外资到位6.8亿元年均增长12.9%。

2. 国有投资和民间投资平分春色

随着文化大发展大繁荣攻坚战的打响，国有资本首当其冲加大投入，2010年，国有资本当年实现文化产业投资额111亿元，比2009年增长了两倍，此后的两年也保持了投资额的较快增长的势头，2010—2012年累计实现文化产业投资483.2亿元，年均增速达到93.3%，高于全市文化产业投资年均增速20.1个百分点，占全市文化产业投资比重达到48.5%，充分发挥了国有资本的导向引领作用。

在国有资本的导向带动下，文化产业消耗少、污染低、附加值高的优势日益凸显，较高的资本回报率使之成为社会资本追逐的热点，民间投资文化产业继而提速，投资总量快速攀升，增速逐步加快。在2010年投资额比上年增长36.1%的基础上，2011年，文化产业民间投资同比增长达到90%，2012年同比增幅继续攀升至99.6%，当年投资额达到240.1亿元，已超过当年国有投资34.2亿元。三年来文化产业民间投资累计实现423.7

亿元,占全市文化产业投资比重42.5%,几乎与国有投资平分春色。三年中,民间投资增长对全市文化产业投资增长的贡献率达到53.3%,充分显示了民间投资在文化产业投资中的重要作用和良好的发展态势。

三、投融资环境进一步优化,增强了文化产业发展动力

(一)成功搭建金融与产业的对接平台

近年来,天津市文化产业发展迅猛,文化产业增加值年均增长保持在30%以上,各类文化企业超过两万家,但中小文化企业普遍存在融资难问题。市委宣传部、市金融办积极推动金融机构支持文化企业发展,采取搭建融资平台、举办融资培训等措施,在文化企业和金融机构之间架起桥梁。

2009年12月23日,天津市委宣传部与国家开发银行天津市分行签署了《支持天津市文化产业发展合作备忘录》(以下简称《合作备忘录》)。根据《合作备忘录》,双方将围绕天津市大力发展文化产业的战略部署,将双方的组织优势和融资优势相结合,全力支持天津文化产业大发展和文化事业大繁荣。据悉,双方将建立战略合作关系,通过政策引导和金融工具的结合,培育和打造一批国有和国有控股的骨干文化企业、战略投资者,并通过完善文化产业投融资体制和信用体系,防范和化解金融风险;推动重点文化产业项目建设,通过提供大额中长期贷款、流动资金贷款、组织银团贷款等满足项目建设的融资要求,并在资本金落实、政府贴息等方面给予政策倾斜。《合作备忘录》还包括建立高层联席会议机制、加强规划合作等内容。在签署《合作备忘录》的基础上,双方还表示将就创立滨海文化产业投资基金、组建天津市文化产业投资(集团)有限公司、筹建天津市文化产权交易中心、成立天津市文化产业担保公司和天津市文化产业风险投资公司等展开具体合作。

除了国开行以外,市委宣传部和金融办还积极与其他银行联系,争取金融部门对天津产业发展的支持。2010年10月26日,市委宣传部与中国银行天津分行、中国民生银行天津分行、浦发银行天津分行、北京银行天

津分行、浙商银行天津分行分别签署《支持天津市文化产业发展合作备忘录》。各银行支持天津市文化产业发展的信贷额度总额达160亿元，并在拓展业务范围、改善金融服务等方面进行探索和尝试，扶持优质项目，推动天津文化产业快速发展、做大做强，提升整体实力。国家开发银行天津分行、浦发银行天津分行与天津北方电影集团、天津电影公司、天津福丰达影视科技投资发展有限公司签署了1.19亿元融资协议。

2010年12月，"天津金融资本支持科技及文化产业"授信签约仪式在滨海高新区举行。签约仪式上，天津银行、天津农村商业银行分别与海泰担保公司签署15亿元授信协议；海泰担保公司与科技型企业代表天地伟业公司签署授信协议；作为文化产业的代表，天津全景影业投资有限公司与海泰担保公司和天津银行签署授信协议。此次授信协议的签署，是近年来本市金融创新支持科技及文化产业发展战略的又一重要举措。海泰担保公司负责人表示，将拿出30亿元作为专项资金，对150家科技及文化产业类中小企业进行资金支持。同时将以此为契机，配合政策导向和金融工具的有机结合，发起成立文化产业专项基金，用于长期支持文化产业的发展，解决科技及文化产业类企业融资难题。

为加快推进天津市文化与金融融合发展，破解文化企业融资难题，2013年11月，天津市委宣传部和市金融办和联合出台《关于促进天津市文化与金融融合发展的实施意见》，围绕构建多层次金融产品、多元化金融机构体系、专业化资本及要素市场体系、综合性配套服务环境体系以及组织保障体系等五个方面，推出16项具体措施，促进文化产业与金融业实现深度融合。这是落实市委党的群众路线教育实践活动要求，切实解决文化企业特别是中小企业融资瓶颈的又一重要举措。

据调查，本市多数文化企业的无形资产占总资产的比重达50%以上，针对文化企业"轻资产、融资难"的特点，本市金融机构将提供多种金融产品和融资渠道服务文化产业，推出专利权、商标权、著作权和股权质押贷款等符合文化产业特点的金融产品，进一步扩大用无形资产作为质押贷款的范围；鼓励金融机构对大型文化产业项目提供银团贷款、产业集合信托等支持；鼓励保险机构开发推广适合文化企业的保险产品，为文化企业融资增信并提升抗风险能力。本市还将鼓励银行建立文化产业支行等多种服务机构，为文化企业提供专业化服务，提供政策咨询、财务法律顾问、债权融资、股权融资在内的"一站式"金融服务。同时，建立金融机构、文化企业对接平台，加快构建支持文化产业发展的综合性配套服务环境体系。并加快推进文化企业上市，推动天津市符合条件的文化企业进行股份制改造，充分发挥多层次资本市场作用，支持文化企业通过上市挂牌融资。

近年来，本市在文化与金融融合发展方面进行了积极探索，取得了明显成效。目前，金融机构支持天津文化产业发展的授信额度达到260亿元，已融资40多亿元。在金融支持下，本市文化产业年均增速接近30%。《实施意见》的出台，将进一步加大金融业对文化产业发展的支持力度，为金融文化融合发展提供有力保障，推动本市文化产业持续健康快速发展。

（二）政府设立专项资金支持文化产业发展

1. 文化产业发展专项资金

为了扶持天津文化产业的发展，天津市委宣传部与市财政局制定和发布了《天津市文化产业发展专项资金管理暂行办法》（津财教〔2010〕46号），决定由市财政和有关单位共同筹措文化产业发展专项资金，专项用于支持文化产业发展。

2012年，资金管理办法重新修订①。决定对以下文化产业给予专项资金扶持：对市级经营性文化事业单位改革过程中有关费用予以补助，并对其重点文化产业项目予以支持；对天津市确定组建的大型文化企业集团公司重点发展项目予以支持，对文化企业跨地区、跨行业、跨所有制联合兼并重组和股改等经济活动予以支持；对天津市文化改革发展规划所确定的重点工程和项目、国家级和市级文化产业园区和示范基地建设、文化内容创意生产、人才培养等予以支持，并向天津地方特色文化产业和新兴文化业态倾斜；对文化企业利用银行、非银行金融机构等渠道融资发展予以支

---

① 天津市财政局，中共天津市委宣传部.《关于重新修订印发〈天津市文化产业发展专项资金管理暂行办法〉的通知》（津财教〔2012〕37号），政策有效期自2013年1月1日起施行，至2017年12月31日废止。

持；对文化企业上市融资、发行企业债等活动予以支持；对文化企业开展高新技术研发与应用、技术装备升级改造、数字化建设、传播渠道建设、公共技术服务平台建设等予以支持；对文化企业扩大出口、开拓国际市场、境外投资等予以支持。

专项资金支持方式主要包括项目补助、贷款贴息、配套资助，并积极探索采取股权投资的方式推动文化企业发展。

（1）项目补助

对符合支持条件的文化企业以自有资金为主投资的重点发展项目给予补助，对具有良好市场前景和体现天津市特色的文化产业项目，可予以重点支持。补助的具体形式分为前补助和后补助两种。前补助：先行拨付50%的专项资金，其余资金待项目验收后予以拨付。后补助：项目通过验收后一次性拨付专项资金，由项目承担单位统筹安排使用。

（2）贷款贴息

对符合支持条件的文化企业通过银行贷款实施重点发展项目所实际发生的利息给予补贴，每个项目的贴息年限一般不超过3年年贴息率最高不超过当年国家规定的银行贷款基准利率，补贴额最高不超过实际利息发生额的80%。

（3）配套资助

对获得国家相关资金资助的项目给予配套资助，原则上不超过国家资助金额。

天津市文化产业发展专项资金规模为1亿元。自从专项资金设立以来，天津市各类文化企业纷纷申请，截止目前，已有巷肆产业园等文化企业和项目获得了专项资金的扶持，有利于提升这些项目和企业的自主创新能力和市场竞争力。

2. 实体书店扶持专项资金

为支持天津市新闻出版公共文化服务体系建设和文化产业发展，深入开展全民阅读活动，鼓励和扶持实体书店健康持续发展，繁荣发展出版物发行市场，2013年11月，天津市财政局和天津市新闻出版局联合制定《天津市实体书店扶持专项资金管理暂行办法》（津新出〔2013〕5号（以下简称"5号文件"），决定自从文件发布之日至2017年12月31日由市财政设立专项资金，专项用于扶持实体书店发展。

专项资金对具备以下条件的实体书店给予扶持，第一，以出版物零售为主营业务，经营面积不低于80平方米，年营业额不低于40万元；第二，具有一定的社会影响、品牌价值或专业特色；第三，具有独立法人资格，具备健全的财务管理制度和会计核算体系，经营状况良好，资信等级较高；第四，最近两年内按期接受新闻出版行政部门的年检，未受到各级新闻出版行政部门行政处罚，且无其他违法记录。

同时，专项资金对下列实体书店及项目给予适当倾斜和扶持：第一，与市政建设和文化建设规划配套的重大出版物发行网点建设项目，包括标志性书城、大型书城和综合性书店等；第二，符合本市新闻出版业发展规划，对行业发展具有引导推动作用，能产生良好社会效益和经济效益的出版发行网点建设项目；第三，发展连锁经营的出版物发行企业；第四，具有一定社会影响和文化底蕴，并得到社会广泛认可，为提升区域及城市文化品位做出贡献的出版物发行企业；第五，伴随城市规划建设进程需要提升改造的传统实体书店；第六，引领阅读风尚和潮流，对全民阅读活动具有积极促进作用的文化项目和品牌。

专项资金的扶持方式有两种。一是项目补助，主要适用于对符合扶持条件的出版物发行企业用于现有网点提升改造及硬件设备的更新换代项目，具有良好市场前景和体现天津市特色的项目，以及具有示范性、导向性、影响力的出版物发行产业项项目；二是奖励，主要适用于长期坚守发行业阵地，为读者提供持续服务的书店，或具有"专""精""特""新"特色的书店，以及引领全民阅读、开展新闻出版公共文化服务的活动项目。

3. 滨海新区促进经济发展专项资金

为加快滨海新区经济社会发展，促进经济增长方式转变，2010年，滨海新区政府制定和发布了《滨海新区促进经济发展专项资金管理暂行办法》（津滨政发〔2010〕90号），决定设立专项资金扶持农业和示范小城镇建设、科技发展、工业发展和服务业发展等。

2011年，为确保合理、高效利用滨海新区促进经济发展专项资金，加快新区经济社会发展，促进经济增长方式转变，专项资金管理办法重新修订①。滨海新区促进经济发展专项资金工作领导小组成立，其基本职责包括统筹各专项资金补助、贴息办法的制定和完善；审定各资金负责部门按分工提出的专项资金使用方案；协调解决政策实施过程中出现的重大问题；监督资金使用程序，评估资金使用效果等。服务类发展专项资金的子项目"文化发展专项资金"用于新区文化体制改革、文化产业发展、社会主义精神文明建设等相关支出。该项资金由区委宣传部、区文广电局汇通区发展改革委、区财政局负责管理。

从近些年的实践可以看出，专项资金的年度规模超过10亿元。2013年，文化发展专项资金支持了天津福丰达动漫游戏制作有限公司等29个文化企业和项目，具体情况详见表4-3。

表4-3 2013年度滨海新区文化产业发展引导资金扶持项目及企业

扶持发展对象	扶持内容
天津福丰达动漫游戏制作有限公司	3D立体视像、声音研发及制作
天津广播电视网络有限公司	互动电视商城
天津海泰数字版权交易服务中心	版权服务平台
天津卡乐互动科技有限公司	手机富媒体漫画平台
天津智慧山企业孵化器有限公司	滨海高新数字体验馆
天津象形科技有限公司	分布式游戏开发服务系统
天津文创会展有限公司	第四届中国（天津滨海）国际文化创意展交会
天津北方动漫集团股份有限公司	《葵花帮帮忙》3D立体影像呈现及全产业链开发项目
天津人美文化传播有限公司	中国漫画
优扬（天津）动漫文化传媒有限公司	优扬动漫内容输出服务平台项目
天津极地旅游有限公司海洋文化分公司	白鲸《天使之恋》大型水下表演项目

---

① 滨海新区政府办公室.《关于印发滨海新区促进经济发展专项资金管理暂行办法的通知》（津滨政发〔2011〕49号），政策有效期自2013年9月1日起施行，至2016年8月31日废止。

续表

扶持发展对象	扶持内容
七三文化传媒（天津）有限公司	天津市滨海新区微电影创作基地项目
飞狐信息技术（天津）有限公司	搜狐视频付费会员服务系统项目
天津泰达有线电视网络有限公司	滨海新区中国互联网电视应用系统
天津市滨海新区文化创意产业协会	中国动漫品牌峰会
五八同城信息技术有限公司	五八精准推广系统
天津市滨海新区文化创意产业协会	第44届美国圣地亚哥国际动漫节中国原创动漫精品推介会
天津滨海新区先锋文化传媒投资有限公司	中科院"视觉装置运动平台"科研成果展示
天津滨海新区先锋文化创意有限公司	中国（天津）国际创意产业博览会滨海厅展览项目
天津滨海航母旅游集团有限公司	航母机库表演
天津十彩动画科技有限公司	国家认定动漫企业
天津神界漫画有限公司	国家动漫精品工程获奖奖励申请
天津津源辉煌文化投资有限公司	电视剧《先遣连》
卡通先生（天津）影业有限公司	动画类电影《我爱灰太狼》
天津祺祥文化创意有限公司	动画片《点点狗》
天津市滨海新区青青树动漫科技有限公司	动画电影《魁拔之大战元泱界》
灵然创智（天津）动画科技发展有限公司	动漫企业认定奖励
天津滨海会展限公司	滨海新区会展服务平台
天津北方电影集团有限公司	3D动画电影《梦幻飞琴》

资料来源：天津滨海新区政务网（www.bh.gov.cn）

4. 其他专项资金

2011年，天津市人民政府办公厅发布《关于鼓励和支持天津市文化产业发展的实施意见》（津政办发〔2011〕52号），决定从市经济和信息化委管理的专项资金中安排相应资金，支持软件产业发展；从市发展改革委管理的服务业引导资金中安排相应资金,支持文化创意产业发展;从市商务委管理的专项资金中安排相应资金,支持会展项目发展;从市旅游局管理的专项资金中安排相应资金,扶持旅游特色村建设;加快影院新建和改造步伐,鼓励各类资本投资建设商业影院和社区影院,对新建或改造的多厅影院给予资金扶持。

另外,2011年天津市人民政府办公厅还发布了《关于促进天津市电影产业繁荣发展的实施意见》(津政办发〔2011〕53号),决定进一步培育市场新型主体。包括:

(1)鼓励天津市国有电影企业重组上市。符合条件的企业可依据《天津市支持企业上市专项资金管理办法》(津财企一〔2008〕15号)规定,获得专项资金支持奖励。

(2)鼓励社会资本投资,积极发展多种所有制形式的电影生产企业,工商行政管理部门在法律法规许可范围内,减少审批环节,简化审批手续,优化审批服务。相关部门对非公有制电影企业在投资核准、土地使用、财税政策、融资服务、对外贸易等方面给予国有电影企业同等待遇。充分发挥天津市担保机构的作用,对电影企业提供贷款担保支持。

(3)落实《国务院办公厅关于印发文化体制改革中经营性文化事业单位转制为企业和支持文化企业发展两个规定的通知》(国办发〔2008〕114号)要求,对电影制片企业销售电影拷贝、转让版权取得的收入,电影发行企业取得的电影发行收入,电影放映企业在农村的电影放映收入免征增值税和营业税。执行期限为2009年1月1日至2013年12月31日。

(三)出台扶持政策助力文化产业发展

除了以上专项资金以外,各级政府还适时出台各种扶持政策,为文化产业的发展增强动力。在这方面,中新生态城的扶持政策最为强劲,有力推进了滨海新区成为引领全市经济发展的增长极。

中新天津生态城投资开发有限公司是中国与新加坡两国政府,按照中新双边协议成立的合资公司,注册资本40亿元人民币,中新双方财团各持股50%。合资公司作为中新天津生态城的主要开发方,负责生态城基础设施建设、招商引资、对外推广等。中新天津生态城是中国与新加坡两国政府继苏州工业园之后合作建设的第二个标志性开发项目,也是世界上第一个国家间合作开发建设的生态城市。中新天津生态城位于中国国家发展的重要的战略区域——天津滨海新区范围内,毗邻天津经济技术开发区、天津港、海滨休闲旅游区,地处塘沽区、汉沽区之间,总面积约31.23平方公里,规划居住人口35万。

2011年5月30日,中新天津生态城国家动漫产业综合示范园开园。时任中共中央政治局委员、天津市委书记张高丽说,经过各方面的共同努力,国家动漫产业综合示范园建设取得显著成效,对加快动漫产业发展、促进中新生态城建设具有重大意义。要在国家有关部委的支持下,创造一流的环境和条件,建设高水平、现代化、国家级的动漫产业园区,努力创作更多富有民族特色、体现时代特征、深受群众欢迎的动漫精品,做大做强动漫产业,推动文化大发展大繁荣。文化部部长蔡武说,中新天津生态城国家动漫产业综合示范园是第一个国家级动漫园,是文化部和天津市落实中央精神、推动动漫产业发展的重大举措,是部市合作战略的生动实践。文化部将会同有关部门支持动漫园建设世界一流的动漫产业公共技术服务平台,纳入国家级文化产业示范园区管理支持,专项资金扶持超算技术在动漫制作、渲染领域的应用,为入园企业提供投融资服务,充分发挥对动漫产业发展的引领示范作用。

国家动漫产业综合示范园是文化部与本市共同建设的国家级重大文化产业项目,占地1平方公里,建设面积77万平方米。园区规划建设创意编剧策划区、研发与孵化区、综合服务区、高端设备集成和智能衍生品集成基地、高端办公区、动漫人才培育学校及动漫主题公园七大功能区。目前一期工程30万平方米建设已经完工并投入使用,园区注册企业180家,入驻企业80余家。

"十一五"以来,中新生态城为支持域内文化产业的发展,出台了以下扶持政策。

1. 《中新天津生态城动漫产业发展促进办法》

2009年10月28日,中新天津生态城管理委员会发布《中新天津生态城动漫产业发展促进办法》(中新天津生态城管理委员会令第3号),决定自2009年12月1日起实施,至2014年11月30日针对园区内企业发展文化产业给予以下政策扶持。

——原创扶持

（1）鼓励企业和机构在生态城设立创意专业工作室。管委会为国内顶尖、世界知名的动漫、游戏创意大师免费提供工作室。

（2）管委会对注册资金在1000万元以上的企业和机构开展的重大选题动漫作品创作，在启动后一年内分期给予资金资助，最高不超过100万元。

（3）管委会对具有自主知识产权的动画片、动画电影的播出、公映予以奖励。在中央电视台首播的动画片，每分钟奖励1500元；在天津市或其他省级电视台首播的动画片，每分钟奖励800元。在上述多个电视台首播的，按从高不重复的原则予以奖励。每部的奖励额度不超过200万元。对在全国公映的动画电影，按照制作成本的10%~15%给予奖励，三维动画电影给予20%~30%的奖励，每部不超过200万元。

对原创漫画作品的出版发行予以不超过5万元的资金支持。

对经国家相关主管部门批准、正式上线运营的原创游戏，每款奖励10万元；对经国家相关主管部门认定并推广的益智类游戏，每款奖励20万元。

（4）管委会对具有自主知识产权的影视及新媒体动画、漫画作品，获得重要国际奖项或国家级评奖奖项的，一次性给予不超过100万元的奖励。奖项范围由管委会确定。

——运营支持

（1）管委会对经认定的企业和机构在生态城内租用办公用房的，一般给予20元/平方米·月的租金补贴，补贴面积不超过2000平方米，补贴年限最长为三年。

对在生态城注册的国内外著名动漫、游戏企业总部、地区总部、研发中心和国内外著名出版机构，提供为期一年、一定面积的无偿办公用房。对形成带动效应的龙头企业和示范项目，可以延长房租补贴期限。

（2）管委会对经认定的企业和机构，自营业之日起所缴纳的营业税、增值税生态城留成部分，两年内给予100%的财政扶持，其后三年给予

50%的财政扶持；自获利年度起所缴纳的企业所得税生态城留成部分，两年内给予100%的财政扶持，其后三年给予50%的财政扶持。

上述企业和机构被认定为国家重点动漫企业、高新技术企业、软件企业、技术先进型服务企业的，企业所得税优惠扩大为五年内给予100%的财政扶持，其后五年给予50%的财政扶持。

上述财政扶持应当用于企业和机构在生态城内的继续发展。

(3) 在国家动漫产业综合示范园内建设动漫产品及衍生品展示交易平台、知识产权交易平台，为符合本办法的企业和机构的商业运作提供支撑。

——投融资支持

(1) 设立创意产业风险投资基金，由动漫产业发展专项资金注资，通过支持中小型初创项目、跟投优质项目、引导其他风险投资基金投入等形式，用于支持动漫、游戏项目的发展。基金管理办法另行制定。

(2) 第十三条鼓励在生态城注册的金融机构为生态城动漫、游戏企业提供无形资产质押贷款。单一企业贷款期在一年以上不超过300万元的贷款，经管委会审核后，按照贷款总额1%的比例奖励给贷款机构。

(3) 第十四条管委会对具有带动效应的龙头企业和示范项目，给予贷款贴息的扶持。贴息比例最高为50%，单一企业贷款额度最高为2000万元。

(4) 第十五条管委会对在生态城注册的动漫、游戏企业，其发行上市申请被证监会受理的，一次性资助50万元。

(5) 第十六条管委会对符合本办法的企业和机构，引进国外先进技术或与国外知名动漫游戏企业和机构进行合资、合作的，给予一定的配套资金支持。

——配套服务

(1) 管委会对符合本办法的企业和机构聘用的高端创意人才、经营管理人才、资本运作人才等领军人才在生态城内租用公寓住房的，两年内给予50%的住房租金补贴；在生态城首次购房的，一次性给予10万元的安家费。对聘用的有经验的优秀专业技术人才，符合生态城公屋申请条件的，将优先享受公屋政策。

(2) 以国家动漫产业综合示范园为载体，建设一流的、国际化的专业教育培训机构,为符合本办法的企业和机构提供人才培养支持和产学研一体化服务。

(3) 在国家动漫产业综合示范园内建设国内一流的动漫产业公共技术服务平台,为符合本办法的企业和机构低偿或免费提供高端制作及测试设备、公共软件(工具)、公共数据库等方面的公共技术服务。

(4) 积极引进并支持企业和机构在生态城设立电视卡通频道、动漫视频网站等新媒体传播平台、动漫出版平台、综合性动漫游戏体验中心。

(5) 管委会鼓励自主创新和知识产权保护。符合本办法的企业和机构进行版权申请、商标注册、软件著作权登记,按实际发生费用给予50%的资金补贴。引进专业知识产权法律服务机构为企业和机构提供咨询服务。

(6) 管委会组织开展全国性或国际性动漫、游戏创意大赛,对获奖机构或个人给予一定奖励。积极引进并支持企业和机构在生态城内举办重大赛事、大型交流和会展活动。

(7) 管委会鼓励符合本办法的企业和机构参与全国性或国际性大型展会、技术研讨会、产品交易会和动漫、游戏创意大赛等,对参会费用按一定比例给予资金补助,并对获奖人才予以一定奖励。

2.《中新天津生态城人才引进、培养与奖励的暂行规定》

2012年10月,中新生态城管委会发布《中新天津生态城人才引进、培养与奖励的暂行规定》(中新天津生态城管理委员会令第9号),决定自2012年12月1日起,针对文化创意、节能环保、信息技术、金融服务、绿色建筑、服务外包、总部经济、教育医疗、会展旅游等专业领域的领军人才、高级人才和其他人才专门提供以下各种扶持政策。

——住房保障

(1) 建设人才公寓,同时为下列人才提供各种优惠政策:创业型领军人才在生态城内购买自用住宅的,最高给予150万元购房补助;技术研发型领军人才在生态城内购买自用住宅的,最高给予100万元购房补助;其他领军人才在生态城内购买自用住宅的,最高给予50万元购房补助;高级人才在生态城内购买自用住宅的最高给予20万元购房补助或为其提供免费高级人才公寓(或租房补助);为高级人才提供免费白领公寓(或租房补助);为其他人才提供低租金的白领公寓;高级人才和其他人才享受生态城政府公屋政策。

(2)户籍与子女教育。管委会有关部门为引进的各类人才(含按规定随迁的配偶、子女)优先办理天津市常住户口或蓝印户口,各类人才在办理人才引进手续过程中,其子女入学的,享受生态城户籍人口待遇。

——人才培养与奖励

(1)鼓励和支持生态城企业对专业技术人才开展国际化人才培训。生态城按照择优资助的原则,每年资助一批优秀专业技术人才参加国外技术培训,对其发生的培训费用,最高给予30%的资助,每人每年的最高资助额度为2万元。

(2)励生态城企业开展高技能人才的培养。对企业开展的生态城支柱产业和扶持产业紧缺人才的职业技术和技能培训费用,最高给予50%的资助。

(3)鼓励生态城企业开展专业技术人才培训。对重点领域人才开发项目发生的培训费用,最高给予50%的资助。

(4)鼓励生态城支柱产业和扶持产业的专业技术人才进行学术、技术交流,积极开展专业技术人才学术评价工作,对其发生的费用给予一定的补助。

(5)鼓励和支持生态城各类组织开展职业技能竞赛活动,对其发生的费用给予一定的补助。

(6)由生态城推荐当选的"两院"院士,给予个人一次性奖励50万元;由生态城推荐获得"政府特殊津贴专家""天津市授衔专家""有突出贡献中青年专家""天津市政府特聘专家"、"天津市杰出人才奖"或同级称号的,给予个人一次性奖励2万元;由生态城推荐获得"滨海新区领军人才奖"称号的,给予个人一次性奖励5万元。

(7)对在生态城内从事研发和成果转化的各类人才,获得国家或省部级科技计划项目无偿经费资助的,按照资助经费额度2%的比例,奖励项目主持人,最高不超过10万元。

(8)对于在生态城企业工作期间获得"中华技能大奖""全国技术能手""天津市技术能手""天津市有突出贡献技师""滨海新区技术能手"

等称号的高技能人才,给予一次性奖励,最高不超过2万元。

(9) 设立"生态城突出贡献人才奖",奖励为生态城经济社会发展做出重要贡献的人才,奖励金额不低于10万元,评选奖励办法另行制定。

——其他奖励

(1) 鼓励企业和研发机构建立博士后工作站或博士后创新实践基地。对于建立博士后工作站或博士后创新实践基地的单位,分别给予20万元和10万元的科研经费资助。

(2) 对博士后工作站和博士后创新实践基地的在站博士后,分别给予每人每年经费补助5万元和3万元。对从生态城博士后工作站或博士后创新实践基地出站后留生态城工作的博士后,与在生态城注册的用人单位签订5年以上(含5年)劳动(聘用)合同的,给予一次性购房补助10万元。

(3) 对于博士后科研课题组在站期间研究课题获得国家级和省部级奖励的,分别给予博士后科研课题组10万元和5万元的奖励。

(4) 鼓励和支持生态城企业跨省市、跨地区或面向国际开展人才、智力引进和交流活动,对上述活动的费用给予一定的资助。

3.《中新天津生态城引进紧缺人才的优惠政策意见》

2012年10月,中新生态城管委会发布《中新天津生态城引进紧缺人才的优惠政策意见》(中新天津生态城管理委员会令第9号),决定自2012年12月1日起,对生态城近期引进紧缺人才出台以下优惠政策。

(1) 初进生态城工作的本科以上紧缺专业人才,由所在单位申请,经生态城人才工作领导小组办公室批准,在3年内可租住管委会提供的低租金人才公寓。

(2) 管委会对生态城企业建立的大学生实习基地给予一定资助,资助时间以企业和院校确定的实习期限为准,最长不超过6个月,其中按500元/人/月标准给予生活补贴,按20元/人的标准购买实习期间的意外伤害保险。

(3) 管委会根据生态城每年的薪酬调研结果,对引进的紧缺专业人才年薪在一定水平以上的,5年内按其缴纳的个人所得税生态城留成部分的50%给予财政返还;在生态城内购买自用住宅的,按其缴纳的个人所得税生态城留成部分的100%给予财政返还,以不超过房款为限。

（4）对引进高级人才有突出贡献的企业和机构,由管委会按照每引进一名高级人才1万元的标准给予奖励,以促进生态城引进人才工作的开展。

（5）管委会为完善人才激励机制,优化生态城人才发展环境,特设立以下奖项用于表彰奖励为生态城经济社会发展做出突出贡献的各类优秀人才和团体。

①设立"生态城杰出人才奖",主要奖励在生态城节能环保、文化创意、信息技术、金融服务、绿色建筑、服务外包、总部经济、教育医疗、会展旅游等领域做出突出贡献、创造出显著经济或社会效益的专业人才。每两年评选一次,每次奖励不超过5名,每位获奖者奖励25万元。

②设立"生态城中小企业优秀创业奖",主要奖励在生态城创办高新技术企业,在国内同行业的综合竞争实力处于领先地位或者在科学技术成果转化和高新技术产业化中取得重要成果并创造显著经济或社会效益的创业个人或团队。每两年评选一次,奖励优秀创业个人不超过5名、优秀创业团队不超过5个,获奖个人和团队分别获得奖励3万元和25万元。

③设立"生态城友谊奖",主要奖励在生态城从事节能环保、文化创意、信息技术、金融服务、绿色建筑等工作并在生态城经济社会发展方面做出突出贡献的外国专家。每两年评选一次,每次奖励不超过5名,每位获奖者奖励10万元。

④开展"生态城优秀理论工作者"评选活动,每两年评选一次,每次奖励不超过5名,每位获奖者奖励2万元。

⑤开展"生态城优秀社会工作者"评选活动,每两年评选一次,每次奖励不超过5名,每位获奖者奖励2万元。

在以上扶持政策的推动下,中新生态城文化产业发展迅速。以国家动漫园等为载体的文化创意产业加快聚集,迅速成长为区域的主导产业。截至目前,生态城累计注册企业850多家,累计注册资金652亿元。其中文化创意类企业215家,贡献税收4.5亿元。初步形成了影视动漫、新闻出版、互联网和广告传媒四大特色产业聚集区。

在中新生态城文化产业发展过程中,发生了一系列重大文化产业投融资事件,现摘录部分如下。

2012年6月26日，时任中共中央政治局委员、国务院副总理王岐山主持召开中新天津生态城联合协调理事会中方成员会议，听取住房和城乡建设部副部长仇保兴关于联合协调理事会第五次会议筹备和政策落实情况汇报，并原则同意给予生态城"创建国家绿色发展示范区、投资公司发行企业债券、绿色建筑群建设关键技术集成研究与示范项目出库实施"三项政策支持。

2012年9月7日，世界领先的美国MTI电影公司在天津生态城注册成立MTI（中国）有限公司。公司将专注于电影胶片修复及电影后期制作等，使我国在胶片修复领域达到国际领先水平，并为电影及影像资料进行长久保存。9月10日中国宇航员景海鹏、刘旺、刘洋到国家动漫园考察。

2012年10月21日，美好河山影业公司签约落户津生态城。该公司将投资组建国际一流影视虚拟数字摄影棚和影视特效制作中心，并将获得美国电影协会（MPAA）国际电影制作机构资质认证，与好莱坞国际电影标准实现同一水准。

2013年1月30日，生态城入选由住房和城乡建设部组织的首批国家智慧城市试点。试点城市经过3~5年建设后，由该部组织评定等级。而国家开发银行也将与住建部合作，在"十二五"后三年投资800亿元用于智慧城市建设，并根据已签订的合作协议扎扎实实稳步推进项目遴选、调查、放款等工作。

2013年3月，《步步惊心》续集天津生态城开拍，为文化产业添彩儿。曾创造了收视高峰的穿越剧《步步惊心》的续集《步步惊情》连日来在中新天津生态城取景拍摄。步步惊情》是该公司落户生态城以来启动开拍的首部剧集。热剧开拍只是生态城文化产业快速发展的一个缩影。文化产业在中新天津生态城正呈现出快速聚集、欣欣向荣的发展态势。

2013年4月中旬，国家动漫园原创孵化平台——创意空间签约的新锐漫画家肖新宇，在日本集英社漫画周刊《YOUNGJUMP》举办的漫画新人选拔赛中荣获"新人期待奖"，首次实现了中国漫画家在日本当红杂志获奖的突破。

2013年5月末，由天津生态城注册企业——光线传媒投资发行的《致青春》已达到6.9亿元票房。

四、创新投融资方式,加速文化产业与资本市场的对接

(一)信托融资

信托融资是企业直接融资的一种形式,是通过金融机构的媒介,由最后信托公司向最后贷款人进行的融资活动。天津文化企业通过信托方式融资成交的案例较少,但也在积极尝试。2012年,天津信托·文化产业(滨海高新区文创1号)中小企业集合资金信托成功发行。该集合信托是由天津海泰担保公司牵头,天津信托有限责任公司、天津海泰数字版权交易服务中心联合运作发起设立,总额达1.5亿元,涵盖福丰达动漫游戏制作有限公司、天津酷米网络技术有限公司、天津金灵族文化传播有限公司等7家动漫、影视及文化企业。

本次集合信托的顺利发行,在天津市文化产业扶持方面开创了先河。据悉,本次参与发行的7家企业在得到贷款扶持的同时,还能得到政府的贴息支持补贴,从而实现金融资本和文化企业的创新对接。

2011年,适值紧缩性货币政策的历史环境,文化创意产业整体面临比制造业更为严峻的生存压力,多数企业高新区文化企业遭遇无资产、缺资金、人力多、周期长的发展困境。

面对严峻的金融形势与紧迫的产业需求,滨海高新区提出了全面研发金融创新产品,扶持、保障高新区文化产业第一集群领军企业成长发展的任务指示,海泰数字版权交易服务中心借此临危受命、日夜兼程,历时半年时间,胜利完成了从产品调研、方案设计,到发起组织、融资辅导的系统工程,"滨海高新区文创1号集合信托"文化金融项目取得了历史性突破与成功。

"文创1号"有以下三个方面的创新点:一是贷前组织的创新实践。信托发起工作由数字版权交易服务中心公共服务平台组织操作,目标解决金融对文化创意产业的催化作用,实现小企业,大融资,在平台组织,服务促进,动态监管,预警、预案机制的操作保障下完成项目安全运行。二是贷后管理的创新实践。将贷后监管转化为贷后服务,为企业提供与其发展需求相匹配的智库咨询,凭借动态的介入,实现准确的风险把控。信托

期间，向企业输送提供财、税、法律、资本运营专业复合型的专家技术辅导，帮助企业实现安全、稳健、快速的事业成长。三是产品设计的创新实践。平台组织，集合发行；服务促进，动态监管。

（二）债券融资

2012年9月，天津生态城投资开发有限公司发行12亿元7年期无担保固定利率债券，票面年利率为6.76%。"12生态城债"通过承销团成员设置的发行网点向中国境内机构投资者（国家法律、法规另有规定者除外）公开发行。经上海新世纪资信评估投资服务有限公司综合评定，"12生态城债"信用级别为AA+，发行主体长期信用级别为AA+。

（三）股票融资

1. 主板与二板市场

截至目前，天津文化企业在主板市场上市的只有中体股份（600518）一家，另有主营业务中含文化产业的五家公司在主板和二板市场上市。天津文化产业上市公司基本情况见表：

表4-4 天津文化产业上市公司基本情况（主板市场、二板市场）

单位：亿股

证券简称	股权代码	上市日期	上市地点	主营的文化文化产业	股本数量
天津磁卡	600800	1993.12.06	上海	印刷，纸、纸制品及相关产品的制造、加工和销售	6.11
泰达股份	000652	1996.11.28	深圳	文化、体育和娱乐业等行业的投资	14.8
鑫茂科技	000836	1997.09.29	深圳	文化办公用机械	2.92
中体产业	600158	1998.03.27	上海	体育产业	8.44
长荣股份	300195	2011.03.29	深圳	印刷设备的生产、销售和租赁	1.70
中科曙光	603019	2014.11.06	上海	软件技术开发、咨询、服务、转让与培训	3.00

注：(1) 资料来源：国信证券网（www.guosen.com.cn）；(2) 上表按照各公司上市日期排序。

2. 三板市场

2000年,为解决主板市场退市公司与两个停止交易的法人股市场公司的股份转让问题,由证监会出面,协调部分证券公司设立了代办股份转让系统,被称为"三板"。由于在"三板"中挂牌的股票品种少,且多数质量较低,要转到主板上市难度也很大,因此很难吸引投资者,受到冷落。

为改变资本市场这种柜台交易落后的局面,同时也为更多高科技成长型企业提供股份流动机会,2006年,北京中关村科技园区建立了新的股份转让系统,因为挂牌企业均为高科技企业,不同于原转让系统内的退市企业及原STAQ(全国证券交易自动报价系统)、NET系统(计算机网络系统)挂牌公司,故形象地称为"新三板"。

据报道,"新三板"平台建立以后,企业挂牌数量已开始呈现爆发式增长。仅2013年上半年,共有110家企业在新三板挂牌,其中,中关村园区有84家,上海张江8家,天津滨海8家,武汉东湖10家。2013年上半年新增新三板企业数比2006年至2011年新三板挂牌企业的总和还多。天津各类企业纷纷运用"新三板"平台上市融资。截至目前,已有39家企业登陆"新三板"市场,其中涉及文化产业的达10家,其基本情况见表4-5。

表4-5 天津文化产业上市公司基本情况(三板市场)

单位:万股

股份名称	股权代码	挂牌日期	主营的文化文化产业	股本数量
三泰晟驰	430160	2012.11.07	技术开发、咨询、服务、转让、培训	1280
长虹立川	430218	2013.05.16	技术开发、咨询、服务、转让、培训	1000
天房科技	430228	2013.07.01	文化办公用机械修理	13600
赛诺达	430231	2013.07.09	软件技术开发咨询服务、系统集成、专业领域方案解决、设备销售等	1550
伟力盛世	430312	2013.08.08	工业节能技术开发、咨询、服务;节能工程设计、施工	1677
金硕信息	430297	2013.08.08	教育信息化产品的研发、生产、销售及系统集成服务	3000
中环系统	430331	2013.10.16	信息传输、软件和信息技术服务业	1343

续表

股份名称	股权代码	挂牌日期	主营的文化文化产业	股本数量
益佰广通	430660	2014.03.07	广告业务，平面设计、多媒体设计及制作；影视策划及咨询，展览展示服务等	1200
竹林伟业	831286	2014.11.05	纸制品分切设备技术开发、咨询，纸制品加工、销售，纸张销售	2850
赞普科技	831405	2014.12.03	电子信息、软件的技术开发、咨询、服务、转让	1250

注：（1）资料来源：新三板资本圈（www.xsbcc.com）；（2）上表各公司按照上市的先后排序。

五、建设各类交易平台，服务于文化产业投融资

为了推动文化产业交易，优化文化企业投融资环境，近些年来，天津市加快了各类交易平台的建设，截至目前，已经成功建立了天津股权交易所、天津文化艺术品交易所、天津OTC交易平台和天津文化产权交易所，以下按照建立时间的顺序，对各交易平台的基本情况作一简单介绍。

（一）天津股权交易所

天津股权交易所（以下简称"天交所"）是天津市人民政府批准设立的公司制交易所。2008年9月在天津滨海新区注册营业。

"天交所"作为"在天津滨海新区设立全国性非上市公众公司股权交易市场创造条件"的重要平台，借助成熟资本市场成长经验，通过组织开展非上市公司股权融资、挂牌交易，探索建立中小企业、科技成长型企业直接融资渠道，促进非上市公司熟悉资本市场规则，完善公司治理结构，提升核心竞争能力，实现健康快速成长；通过建立和完善市场化孵化和筛选机制，源源不断地为主板市场、中小板市场、创业板市场和境外资本市场培育和输送优质成熟上市后备资源；努力建设一个具有投资价值、充满活力又高度自我稳定的、集中统一的非上市公司股权市场，成为中国主板、中小板、创业板市场的必要补充和重要基础支撑。

"天交所"的成功建立和发展得益于一系列政策支持：

第一，《国务院关于推进天津滨海新区开发开放有关问题的意见》（国发〔2006〕20号）提出：鼓励天津滨海新区进行金融改革和创新；金融企业、金融业务、金融市场和金融开放等方面的重大改革，原则上可安排在天津滨海新区先行先试；

第二，2009年10月26日，经国务院同意批复的《天津滨海新区综合配套改革试验金融创新专项方案》中明确：支持"天交所"不断完善运作机制，规范交易程序，健全服务网络，拓展业务范围，扩大市场规模。充分发挥市场功能，为中小企业和成长型企业提供高效便捷的股权投融资服务；

第三，2012年3月28日，天津市滨海新区政府正式印发《十二五时期综合配套改革试验规划》，其中在深化金融改革创新方面要求：加强现代金融体系建设，服务和带动经济社会协调发展。完善金融市场体系，支持"天交所"等金融市场发展；

第四，2011年3月，天津滨海新区发布的《关于支持科技型中小企业上市融资加快发展办法》中提出：对已通过审核程序并成功在"天交所"挂牌交易的新区企业给予最高50万元专项补贴；

第五，2012年4月，天津市政府发布的《关于大力支持小型微型企业发展的若干意见》中提出：对在"天交所"挂牌交易的小微企业，市财政给予50万元的一次性专项补助。

截至2014年6月底，"天交所"已有来自全国29个省市、自治区的480家企业成功挂牌上市，市场总市值超过397亿元。为进一步打造多层次资本市场，帮助挂牌企业拓宽融资渠道，2015年以来，"天交所"全力打造中小企业联盟，为各地中小微企业搭建资源整合平台，实现企业间的互相帮助、共同成长。"天交所"中小企业联盟已聚集了来自"天交所"市场内外的1000余家成长型企业。"天交所"还联合政府部门和银行在外部发展环境方面为中小企业创造良好条件。在此次挂牌仪式上，"天交所"与秦皇岛海港区签署了战略合作框架协议。"天交所"已经和25个省、66个市的地方政府签订了合作框架协议。全国50个地方政府出台了相关政策，鼓励企业到"天交所"挂牌上市。目前，在"天交所"挂牌的文化企业有8家,8家挂牌企业中天津文化企业只有一家,而其他几家都是运用这个平台上市的外地文化企业,由此看来,"天交所"在全国的影响日益扩散开来。

表4-6 "天交所"挂牌文化企业基本情况　　　　　　单位:股

股权名称	股权代码	公司名称	挂牌日期	督导/保荐服务机构	所属行业	交易基数
美域高	000042	河北美域文化传播股份有限公司	2012.06.26	河北泛亚股权投资基金股份公司	传播与文化产业	248000
耐斯数码	000048	江苏耐斯数码科技股份有限公司	2012.12.26	西安正茂创业投资有限公司	仪器仪表及文化办公用机械制造业	10000
艾乐米	000052	厦门艾乐米动漫股份有限公司	2013.03.13	雷石(北京)股权投资基金管理有限公司	文化、体育和娱乐业	90000
鑫龙教学	013019	沧州鑫龙教学设备制造股份有限公司	2013.09.27	沧州燕赵股权投资基金中心	仪器仪表及文化办公用机械制造业	10001
胜利体育	900006	宁夏胜利体育股份有限公司	2014.04.29	宁夏建元投资管理有限公司	文化、体育和娱乐业	142000
九宸动漫	212002	天津九宸数字动漫技术股份有限公司	2014.06.27	天津文化产权交易所有限公司	文化、体育和娱乐业	15000
启智数码	944003	广东启智数码股份有限公司	2014.06.27	广东顺德汇晨股权投资中心	仪器仪表及文化办公用机械制造业	10000
卧龙谷	241001	河南卧龙谷旅游股份有限公司	2014.10.31	河南佰汇力量投资有限公司	文化、体育和娱乐业	10000

注:(1)资料来源:天津股权交易所网站(www.tjsoc.com);(2)表4-6各企业按挂牌日期排序。

(二) 天津文化艺术品交易所

为贯彻落实党中央、国务院关于大力发展滨海新区成为中国经济发展新引擎的战略部署，加快现代金融服务业发展，由天津济川投资发展有限公司、天津市泰运天成投资有限公司、天津新金融投资有限责任公司及部分自然人共同出资，经天津市人民政府批准发起设立文化艺术品交易所（以下简称"天津艺交所"），并于 2009 年 9 月 17 日在天津市工商行政管理局注册，注册地为天津滨海新区于家堡金融区，注册资本金为 1.35 亿元人民币。

作为天津市金融体制改革"先行先试"的重要创新内容之一，"天津艺交所"得到了市委市政府的大力支持，被列入天津市 2009 年金融改革创新 20 项重点工作。

"天津艺交所"通过对文化艺术品市场的文化理念、商业模式、交易方式等方面的创新，提出了艺术品份额化的交易模式，并通过制度设计实现了文化艺术品市场与资本市场的有机结合，为促进文化产业和金融产业的共同发展，以投资带动文化，使更广泛的人群关注文化、参与文化，提升文化开辟新途径做出了有益尝试。

艺术品份额化交易模式，为大众能参与高端艺术品投资市场拓宽了渠道，为普及文化艺术品知识，活跃大众文化生活，提升全民文化品位提供了平台。通过互联网的交易模式，改进了传统交易模式受地域限制的局限性，增加了文化艺术品交流的广泛性和便捷性。通过与招商银行的合作，采用支付中介资金管理模式，为广大投资人提供了更加安全的资金管理服务。通过交易规则的设计和评估鉴定程序，体现了文化艺术品交易市场的公开、公平、公正的原则。

"天津艺交所"成立以来，一些文化文化企业通过这个平台上市融资，基本情况见表 4-7。

表 4-7 2011—2013 年天津艺交所流通艺术品融资情况　　　单位：万元

艺术品名称	艺术品代码	流通总量	上市日期	流通总市值		
				2011	2012	2013
黄河咆哮	20001	600	2011.01.26	780	1020	1488

续表

艺术品名称	艺术品代码	流通总量	上市日期	流通总市值		
				2011	2012	2013
燕塞秋	20002	500	2011.01.26	640	715	865
沧海浪涌	21001	400	2011.03.11	400	868	772
太行秋牧	21002	400	2011.03.11	388	400	980
声喧乱石	21003	400	2011.03.11	412	372	348
河汉无极	21004	400	2011.03.11	368	444	312
龙吟老藤	21005	400	2011.03.11	576	300	808
喷薄风雷	21006	500	2011.03.11	485	550	395
浩浩不息	21007	400	2011.03.11	848	628	752
生命百合	21008	1600	2011.07.29	1904	3488	3376
指墨江天	21010	2300	2011.09.28	2484	2116	1633
荷风千秋	21011	3000	2011.07.21	3120	3240	3210
林峦醉雪	21012	4700	2011.10.21	4089	2914	3055
天然粉钻	41001	2400	2011.02.11	2760	2184	1608
翡翠珠链	41002	4000	2011.07.29	3920	3760	2560
翡翠龙壁	41003	2500	2011.07.21	1850	2175	1700
白玉观音	41004	1300	2011.09.28	1521	1508	1261
翡翠佛豆	41005	3000	2011.10.21	1980	1500	1320
苏秀福居	81001	3300	2011.10.17	2046	1584	1848
苏绣白鸽	81002	2600	2011.10.17	1716	1690	1742
合计		34700		32287	31456	30033

注：(1) 资料来源：2011—2013年天津文化艺术品交易所年报；(2) 上表各艺术品按上市日期排序。

（三）天津OTC交易平台

OTC，英文全称是Over-the-Counter Market，中文译为柜台市场。OTC市场最早起源于100多年前的美国。那时美国出现了许多有价证券不通过纽约证券交易所和其他证券交易所进行市场交易，而是通过证券公司或是银行购买这些股票。由于当时的投资者只能够到证券公司和银行开的门市部的柜台上买卖股票,柜台市场和柜台交易也因此而得名。

2008年,国家批准了天津滨海新区综合配套改革方案,其中最重要的金融创新举措之一就是在天津设立OTC市场。这样,在我国除了上海证券市场和深圳证券交易市场之外,又诞生了一个新的资本市场。

天津滨海柜台交易市场(以下简称"天津OTC"),是按照《国务院关于推进天津滨海新区开发开放有关问题的意见》(国发〔2006〕20号)和《国务院关于天津滨海新区综合配套改革试验总体方案的批复》(国函〔2008〕26号),经天津市人民政府批准设立,由天津市金融工作局直属管理的创新型交易市场。天津滨海柜台交易市场股份公司由中国中信集团有限公司、中银集团投资有限公司、中国华融资产管理股份有限公司、中国东方资产管理有限公司和天津市泰达国际控股(集团)有限公司五家实力股东共同发起设立,2011年3月18日正式揭牌运营。2014年6月,经天津市人民政府批准,天津OTC设立天津滨海柜台结构化产品交易中心和天津滨海柜台交易市场登记结算有限公司。

"天津OTC"立足天津,辐射全国,致力于建设以股权业务和债权产品为两翼,以股权、债权和对接三大业务平台为基础,以市场功能和投行服务为依托,以促进产品、机构、资金、信息聚合流动为核心,业务范围涵盖非上市公司股权、企业私募债权、商业保理、融资租赁、私募基金、信贷资产、不良资产、保险产品、信托产品、结构化产品等多元化金融创新产品的综合性柜台交易市场。

"天津OTC"秉承"务实创新、专业高效"的经营理念,以服务企业发展为己任,通过产品化、渠道化和特色化的市场服务,努力打造产品多样、融资便捷、公信高效的市场功能,实现与广大企业、合格投资者、各类会员机构的发展共赢!

"天津OTC"揭牌运营以来,以中小企业特别是科技型中小企业融资服务为重点,不断密切与各类投融资机构的战略合作关系,着力完善企业宣传展示、融资上市培育、融资服务对接等三大功能,加快科技"小巨人"成长步伐。截至目前,帮助企业成功融资近亿元,并促成多个项目达成融资意向。截至2012年,天津OTC挂牌企业成功突破100家,达到106家。

"天津OTC"成立以后，不少文化企业积极利用这一平台进行市场融资，现举几例予以说明。

一是天津新智视讯技术股份有限公司（以下简称"新智公司"）。新智公司专业从事软件开发、提供行业解决方案，是天津市科委认定的软件企业及国家级高新技术企业。新智公司以新一代数字电视及网络电视为技术方向，主要业务是数字电视前端设备的研发及电视台、网络公司专业系统的开发。2013年8月8日，新智公司成功登陆"天津OTC"非上市股份公司股份转让平台。

二是唐城（天津）文化传播股份有限公司（以下简称"唐城公司"）。唐城公司的主营业务为影视制作、影视广告、文艺演出、庆典策划、户外广告、展览展示和会议服务。2014年2月18日，唐城公司成功登陆天津滨海柜台交易市场非上市股份公司股份转让平台，成为首家在"天津OTC"挂牌的文化创意企业。在挂牌仪式上，"天津OTC"公司总经理周华敏表示将积极发挥创新型交易市场服务功能和作用，努力为唐城公司提供培育展示、企业宣传、私募融资、股权转让等专业服务，帮助企业得到更多的优惠政策支持，培育支持企业逐步实现与更高层级资本市场的对接，为唐城公司做大做强和天津市文化产业发展做出应有的贡献。

2012年6月，"天津OTC"融资服务平台成功上线。融资服务平台的参与主体包括企业会员、金融机构会员、投资机构会员、中介机构会员和合作单位。平台有三大功能，一是双向信息流，为企业提供基本信息、融资需求信息和股权转让信息的发布窗口，为金融机构、投资机构和中介机构提供机构宣传展示和产品推荐的发布窗口；二是综合精品超市，通过分级管理和分类筛选，使融资信息、产品信息形成调理清晰的"综合精品超市"，平台参与各方可迅速、快捷查询相关信息，平台提供针对性的融资服务；三是网上融资服务，通过政策信息、融资资讯、培训园地、中介服务、成功案例等栏目，为参与各方通过了解金融市场的平台，通过网上对接、网上路演和网上培训等途径，实现电子化融资服务的功能，降低平台参与者对接成本。

（四）天津文化产权交易所

2011年底，经天津市人民政府批准，天津文化产权交易所（以下简称

"天津文交所")设立,这是一家以国有出资为主,由天津市委宣传部直接领导的综合性文化产权交易机构,是以文化股权、债权、物权、版权等各类文化产权为交易对象的专业化服务平台。下设天津版权登记中心和天津艺术品防伪登记中心。

"天津文交所"依据专业化、规范化、体系化的原则,目前已形成四大平台:文化产业投融资服务平台;文化版权交易平台;文化项目与文化产品交易平台;文化事业向文化产业转化平台。

"天津文交所"下设一家分公司,为中新生态城动漫园版权服务有限公司。该公司全面负责中新生态城"国家动漫园版权交易中心、中新生态城文化产业促进中心"的运营和建设工作,并在此基础上打造国家级新媒体版权交易平台。国家级新媒体版权交易平台旨在为文化企业及项目提供"全资源、全版权、全产业链"的版权服务,帮助电影、电视剧、电视节目、动漫、文字及音乐作品等新媒体项目版权所有者,实现作品的发行权、展览权、公开表演权、播放权、改编权、翻译权、汇编权以及整理权和注释权等在内的著作权相关权益转让;帮助版权作品在产品发行环节中实现首轮上星播放权、二轮上星播放权、全国地面频道播放权、省级地面频道播放权、数字新媒体播放权、音像出版权、海外播放权等各项版权授权;通过产业化方式发展文化产业,规范版权交易市场,搭建文化企业与金融行业、文化产业链上各环节企业之间的桥梁,打造辐射资源范围最广、提供版权服务最专业的国家级新媒体版权交易平台。

需要特别提出的是,在"天津文交所"的支持下,国家动漫园版权交易中心于2014年5月在中新生态城正式投入运营,该中心与建设银行等银行携手推出各类金融产品,为文化产业项目和文化企业提供了宽松的融资环境,详见表4-8。

表4-8 国家动漫园版权交易中心金融产品一览表

名称	适用产品	特点	介绍
民生银行	联保贷款	降低企业现金流压力	通过3个规模相当的同业或上下游客户组成联保体,向银行争取授信,用于流动性需求
	担保公司贷款	零抵押	担保公司为企业担保,企业向银行贷款用于流动性需求活动

续表

名称	适用产品	特点	介绍
民生银行	"两圈两链"信用贷款①	不需要抵押	商会或系会推荐或认同的优质客户提供的用于经营活动的信用方式人民币授信
	商贷通	期限最长可达10年	向经营商户提供的快速融通资金,安全管理资金,提供资金效率等全方位的金融服务
	小微企业互助担保贷	帮助小微企业抱团发展	组成互助合作组织,并交纳一定数额的资金,委托专门的管理机构为组织内各成员单位在我行贷款提供担保而设立的担保资金集合
	微贷	无担保、无抵押	无担保、无抵押的纯信用类贷款
	应收账款抵押贷款	适用优质核心企业的供应链客户	应收账款债权人确认函、贸易合同及发票在银行登记后,以一定比例向企业发放贷款,最高不超过70%
建设银行	诚贷通	无抵押、可循环、随借随还	由企业主或企业实际控制人提供个人连带责任保证,无需抵(质)押物,用于小企业客户生产经营资金周转的人民币循环额度贷款
	小企业法人账户透支	随取随用,轻松透支	小企业客户在约定的账户、额度和期限内进行透支已满足临时性融资变的授信业务
	资贷通	帮助企业上市	向具有上市潜力的中小企业客户发放贷款并提供选择权投资等综合性金融服务业务
	影视贷	降低企业现金流压力	用《电视剧播放许可合同》所产生的应收账款作为质押向企业提供贷款
	税务贷	零抵押	银行根据企业近两年纳税数据向企业提供贷款
	商盟贷	授信额度高	生态城内借款人通过相互承担连带担保责任形成联盟体

---

① "两圈两链"类客户信用贷款是指我行在已审批额度的商户集群项目中,对能得到我行认可的市场管理方、核心企业、商会或协会推荐或认同的优质客户提供的用于经营活动的信用方式人民币授信产品。"两圈"是指以批发零售市场、农贸商圈等为主的"有形商圈"和以行业协会、地域商会为主的"无形商圈","两链"指商超供应链、销售链。

续表

名称	适用产品	特点	介绍
建设银行	助保贷	政府增信，降低融资成本	建设银行与政府合作，在企业提供一定担保的基础上，由企业缴纳一定比例的助保金和政府提供的风险补偿资金共同作为增信手段的信贷
	供应贷	以到期的应收账款作为还款来源	建设银行为特定优质客户的上游供应商—小微企业办理的，并以两者之间具有真实交易且无争议的应收账款作为质押的贷款业务
	保贷通	由保险公司为企业保证保险	建设银行向投保"小企业贷款履约保证保险"的小企业办理的信贷业务
	小企业额度抵押贷	一次抵押，循环使用	采取质押方式，可在贷款额度有效期间内一次抵押，循环使用的贷款
中国银行	流动资金贷款	应收账款作为还款来源	满足客户在生产经营过程中短期资金需求，保证生产经营活动争产进行而发放的贷款
	委托贷款	实现企业之间的资金拆借合法	由政府部门、企事业单位作为委托人提供资金，由总过银行根据委托人确定的贷款对象、用途、金额、期限、利率等代为发放并协助收回的贷款
	法人账户透支	一次抵押，循环使用	允许客户在账户存款不足以支付款项时，在核定的透支额度内向中行透支

六、本章小结

本章从以下五个方面分析了天津文化产业投融资体系建设现状。

一是政府居文化产业投资主体地位，投资额呈现逐年增加态势。表现在三个方面，第一，滨海新区文化产业投资高速领航；第二，中心城区新老文化水乳交融交相辉映；第三，其他区县成为文化产业投资重点。

二是文化产业投资结构优化升级，促进了经济又好又快发展。也表现在以下三个方面，第一，文化产业投资与文化事业发展良性互动，相映成辉。第二，从产业结构来看，天津文化产业在发展实践中实现产结构不断升级。第三,从投资结构来看,自筹资金成为主要资金来源,投资多元化的格局已经形成;国有投资和民间投资平分春色;天津市文化产业投资结构呈现不断优化的态势。

三是投资环境已有了很大程度的改善,这种结果的取得源于金融与产业的对接平台的构建、各种形式专项资金的设立及各类扶持政策的出台与实施。资金的供给增强了发展动力,扶持政策改善了发展的外部环境,内部动力强劲,外部环境改良,自然有力地促进了天津市文化产业的发展。

四是各种创新的投融方式加速了文化产业与资本市场的对接。"十一五"以来,信托融资、债券融资和股票融资纷纷用于文化产业的投融资实践,改变了以往文化产业单纯依赖政府投资和信贷融资的局面,壮大了直接融资,改良了文化企业的资本结构,必将极大促进文化事业和产业的大繁荣大发展。

五是总结各类交易平台的建设对完善文化产业投融资体系的作用。四种类型交易平台(股权交易所、文化产权交易所、OTC 交易平台和文化艺术品交易所)彼此独立,但都致力于为特定的文化企业提供投融资服务。实践证明,交易平台的建设,有利于资本供给者与文化产业项目的对接,促进了资本与项目的"联姻",实现资方和文化企业的双赢。

第五章 国内外健全文化产业投融资体系的先进经验及启示

> **本章导读**
>
> 本章总结国内外文化产业投融资体系的先进经验及对天津的启示。国外方面,介绍美国、英国、法国、日本和韩国的先进经验;国内方面,介绍北京、上海和福建三个省市以及杭州、南京两个城市的先进经验。在此基础上总结了这些这些经验对天津完善文化产业投融资体系的启示。

文化产业是资源消耗低、环境污染少、附加值高、发展潜力大的绿色产业,相对于传统产业具有较强的拉动性和"溢出效应",是当今世界公认的朝阳产业。发展文化产业,不仅有利于满足人民群众日益增长的多样化、多层次精神文化需求,增强我国软实力,而且有利于调整产业结构,转变粗放型的经济增长方式。一些发达国家和地区,在文化产业融资方面积累了丰富经验,对发展和完善我国及天津的文化产业融资体系,破解融资难问题具有重要借鉴意义。

一、国外先进经验

纵观世界,经过长期的探索、发展与整合,一些发达国家的文化产业已经形成了较为完善的市场化投融资体系。在这些文化产业比较发达的国家中,以美国、英国、法国、日本、韩国等国家具有典型的代表性,虽然它们的发展路径、产业优势各有不同,但在其发展过程中却可以找到或总结出一般性的规律经验。

(一) 美国

据统计,在美国400多家最富有的公司中,有72家是文化企业。如美国的传媒娱乐业无疑是当今最发达的产业之一,也是美国经济的主导性产业之一。20世纪30年代,美国的影视文化产业在经济萧条的阴霾下逆势而上,出现了一批包括百老汇、好莱坞、迪斯尼、时代华纳等电影产业巨头,带动了影视业的快速发展。1985年,美国影视和音像产品的产出价值在国民经济排行榜中占第十一位,1994年跃居到第六位,2000年以后,美国电影票房总收入始终在70亿美元以上。据相关数据统计显示,目前美国电影产业已占据全球85%以上的市场份额,传媒娱乐业已开始成为第一大产业。美国的这些文化企业已成为世界文化产业市场中的龙头老大,而这些相关企业成功的关键因素在于美国文化产业多层次的投资体制。一是联邦政府资金投入。美国联邦政府主要采取博物馆学会、国家人文基金会、国家艺术基金会和对文化艺术团体进行资助,地方镇政府及联邦政府的具体部门也提供一定资助。这种投入面向所有符合政策导向的企业或团体。二是吸纳非文化部门和外来投资,包括各大公司、基金会和个人捐助等,这些外来投资的金额远远高于各级政府的资助。私人捐赠者的捐献额大约是政府资助资金来源的2～3倍。从20世纪60年代以来,公司捐赠的艺术基金基本保持稳定,大约是占36%。但是,它们捐献的绝对金额一直是大幅度上升的。三是形成了较为完善的投融资体制。一些实力雄厚的文化产业集团如哥伦比亚公司、美国广播公司等,背后都有大金融财团的支持。以传媒业为例,现在美国的主流媒体基本上由各大财团控股,这些媒体也无法摆脱其强大的财力和其他资源的支持。以美国国家广播公司(NBC)为例,就是美国通用电气公司旗下的一家子公司。NBC作为美国首家广播电视网,拥有和运营着13家电视台,在美国收视率一直位居首位,而通用电气公司又是由美国大牌财团摩根财团控股的。通过财团的支持与合作,美国文化产业获得了大量的发展需要资金。此外,美国政府对于进入美国文化产业经营的外资限制不多,文化产业也依靠其自身的强大实力吸引了众多外资进入,如加拿大、英国、日本等国都有大笔资金通过文化产业跨国公司进入美国。

目前美国多种投融资渠道和多种投融资模式并存的多元投融资模式是美国文化产业投融资体系的具体体现。以美国影视业为例，雄厚的资本是保证美国文化产业屹立于世界霸主地位的主要因素之一，而健全的投融资体系和多层次的投资体制则为产业资本的输入提供了重要保障。

1. 直接投资方式

直接投资是指由制片方自己出资拍摄影视剧作品，独立电影制片公司一般会寻求这种投资方式。由于电影制作是一个高风险的产业，其固定资产少，很难通过上市进行大规模的融资，而且制作成本高，包括导演、演员、著作版权、场地、拍摄机器等系列费用，投资金额比较大，动辄数百上千万元甚至上亿的成本投入，因此很难由某单一的制片方独立完成。若想独立完成电影项目也需要比较长的时间才能筹措到足够的资金，因此，很多影视作品都是由多家制片方共同投资、合作拍摄的，这在很大程度上也降低和规避了投资者的风险。

2. 金融机构融资方式

从2004年开始美国华尔街金融机构大量涌入影视投资行业，开启了美国影视业快速发展的新一轮浪潮。今天美国影视制作公司、导演、制片人与金融机构形成了一套很成熟和完善的金融信贷体系，可以较为容易地在金融机构获得贷款授信，这给影视制作资金来源提供了强有力的保证。金融机构贷款主要有两种方式：一种是抵押贷款，制片公司通过抵押公司的公司资产，从而获得资金投入生产；另一种是质押贷款，质押贷款是将影片的版权作为抵押品，金融机构在评估抵押价值后，再贷款给制片公司。但值得说明的是，这种融资模式的实现需要"制片人中心制"和完整的保险机制作保证。以好莱坞为电影的为例，电影在拍摄过程中，首先就是要有保险公司担保，否则很难找到投资人。保险公司对影响整个过程因子都要进行保险，包括人员、器材甚至天气等各种因素。因此保险公司的权力比较大，它可以更换导演、摄影、制作、制片主任等。制片公司贷款要向对方提供"完工保证"。正是通过这种完善的保险体制和"制片人中心制"，在很大程度上规避了投资人和金融机构的风险，保障了投资者的利益,加强了投资者的信心。

3. 政府拨款方式

1965年美国国会通过了《国家艺术及人文事业基金法》,并依据该法创建了致力于艺术与人文事业发展的机构——国家人文基金会与国家艺术基金会。这类基金会很好地促进了美国文化事业的发展。同时借助该法联邦政府能确保地方政府、企业集团及全社会每年都能拿出相当比例的资金用于文化产业投入,比如华盛顿州政府用现金补偿的扶持形式对电影产业进行资助,资助的力度比较大,它包括制片商在内的本地区开支、工资、物资和服务的30%。其他各州也有不同的扶持基金或项目以吸引制片商。

4. 税收优惠政策

在经济全球化条件下,美国倡导文化产业自由主义政策,让文化产业在市场经济条件下自由发展。但是这并不意味着美国政府任由文化产业自生自灭,与其相反,美国在财政扶持上虽然只提供不超过所需经费50%的资金,但它通过多渠道制定了优惠的财税政策,鼓励各州、各企业集团以及社会各界对文化艺术产业进行支持。联邦政府及各州政府通过税收杠杆的一系列优惠政策吸引了大批外来资金投入文化产业,为文化产业成长与发展提供了一个良好的资金环境和社会环境。1917年美国联邦税法就明确规定了对非营利性文化机构和团体免征所得税,并减免资助者相应的税额。近几年来美国有28个州政府都为电影制版提供了不同的税收激励政策,如2001年,不列颠哥伦比亚州资助影视产业的方式是"联邦与省政府联合提供44%的省内雇工工资"的税收抵免激励政策,密苏里州为影视制片商提供了35%的当地制片开支的税收资助等。美国以实现文化产业市场自由化为目标的财税政策,激励了私人的、企业的投资主体的积极性,鼓励了各种社会资本广泛为其融资。通过这一政策,美国电影制片商在加拿大的制作总额从1998年的4.3亿上升到了2005年的12亿美元。

5. 版权预售方式

版权预售是指制片方与发行商签订预售协议来获取资金的方法。在美国大型的广播电视网、有线电视网和辛迪加组织是影视节目融资的主要来源,他们通过支付节目制作费用而拿走节目多种形式的版权。但是这种融资方法通常具有一定的不稳定性,制片人需要依靠出售片花的期票到银行去兑换现金。

6. 广告植入性融资及捐款方式

植入广告是指通过产品植入广告而预先收取费用作为影视制作的资金来源。产品植入通常是从剧本策划阶段就开始了,制片方通过前期招商,将影视作品作为广告植入的载体,如一部007的电影,就有20多个品牌广告植入。影视制作融资的另一个重要渠道就是来自社会各界的捐款,这些捐款或赠款,可能来自政府机构、私人、教育基金会、公共电视台以及各类公益基金,由捐、赠款资助的大部分影片,在制作主题和内容上有一定限制的要求,它们要体现一定的公益性,这些款项通常是对独立的电影项目进行支持。

(二) 英国

英国不仅是文化创意产业发源地也是仅次于美国的世界第二大文化创意产品生产国。它拥有世界上最完善的文化创意产业体系和架构最完整的文化创意产业政策。英国也是最先提出"创意产业"定义的国家,其创意产业发展历程和模式具有典型的特征和代表性。英国政府除了在组织架构上设立国家文化委员会以外,1997年5月,布莱尔首相提议成立了创意产业工作小组,用以解决和调整英国文化创意产业结构和解决就业问题。工作小组成员包括文化委员会、外交部、贸易工业部、财政部、北爱尔兰事物部、教育和就业部、唐宁街10号政策研究室、妇女部、科学和技术部的高级官员以及文化企业公司的负责人和社会相关知名人士。这个工作小组就英国创意产业的现状做出了分析并提出发展战略,提出把创意产业作为振兴本国经济的重要手段。1998年,英国又成立了文化创意产业出口推广咨询小组,对国际文化贸易产业的发展起到推动和参谋作用。

1998年英国政府颁布了《英国创意产业路径文件》,明确地提出了"创意产业"的概念,并积极采取相关措施推动创意产业的发展,这些措施主要包括:在组织管理、人才培养、资金支持等有关方面加强机制建设;对文化产品的研发、制作、经销、出口等实施系统性扶持政策;逐步建立完善的创意产业财务支持系统,其中包括以奖励投资、提供贷款、成立风险基金及开展区域财务论坛等作为对创意产业的财务支持。到2000年英国创意产业就获得了较好的发展,据英国跨部门商业注册机构统计显示,英国创意产业企业已达122000家,约占企业总数的7.6%,其中3/4集中于视觉和表演艺术、软件与计算机服务业、音乐方面。2001年英国文化、媒体与体育部共同发表了《英国创意产业专题报告》,该报告显示,2001年英国创意产业总产值为1125亿英镑,占英国当年GDP的5%,已超过其他制造业GDP的贡献率。2002年,英国创意产业增加值达809亿英镑,成为英国第二大产业,仅次于金融服务业,从业总人数达190万,成为英国雇佣就业人口的第一大产业。此外,英国创意产业实现出口额115亿英镑,大约占英国外贸出口总额的4.2%。2003年英国首相战略小组指出,伦敦创意产业以就业和产出来衡量,对英国经济发展的重要性已经超过了金融业,仅仅伦敦的境内外游客在艺术文化方面的花费就超过了60亿英镑。从1997年至2005年,英国培育了12万多家创意企业,创意产业相关的从业人员数量占英国就业人口的一半。从2005年开始发展创意产业已成为英国推动经济增长与降低失业率的有效策略。此外,以伦敦为代表的几大城市逐渐发展成为全球"创意城市"的典型。创意产业有力地推动了城市和周边地区经济的发展。

在英国,文化产业投资的渠道是灵活多样的,其中有一种非常规的投资方法,就是用博彩业筹集文化基金,鼓励全体公民自愿支持文化事业。1994年英国发行第一期国家彩票,到2001年上半年,国家彩票累计发行总额已高达314亿英镑,其中25%用于资助文化艺术、体育和慈善事业,总额超过了108亿英镑。英国从1995年到1999年5年间,超过1000个艺术项目从"彩票基金"中获得10亿英镑以上的资助。这种方式虽具有某种负面效应,但通过调控和合理分配,就如同"点石成金",释放出巨大的投资能量,极大地弥补了政府文化产业投资的不足。同时,政府出于保护文化多样性的考虑,通过各类非政府公共文化中介机构向不能充分市场化的文化事业进行赞助,但政府对文化事业的财政资助是具有一定条件的,一是比例一般也只能占其收入的30%左右,其余部分仍需自筹解决。二是实行"政府陪同资助"的方式,即如果企业决定进行文化事业投资,政府将陪同企业资助同一项活动。在英国有政府资助的艺术团,却没有政府承办的艺术团；有国家级的艺术团，却没有国家所有的艺术团。政府对艺术团的资助额度是不固定的，是以艺术团的绩效与下一年度规划来确定的。

英国政府政策性扶持进一步成功推动了创意产业出口与发展，其中税收优惠政策有效抵补了货物贸易逆差，拓展了文化创意产业的融资渠道。在文化产业方面英国主要实施以发展多元文化产业为目标的财税政策，英国的财税政策几乎覆盖了整个文化产业领域。如英国政府对图书、报纸、期刊不征收增值税，如果英国公司向其他征收增值税的国家进口图书，所支付的税金可向有关部门索回，书报刊还享有免征进口税的优惠，从而使图书与其他出版物始终处于零税状态。英国政府还对一些大学出版社如牛津大学出版社和剑桥大学出版社的经营全部免税，以资助学术出版。这种税收激励政策使英国跻身于世界出版大国之列。从1950年开始，英国政府开始对电影门票根据其价格向影院征收伊迪税。政府将其税款用来资助国家电影投资公司，资助本国电影、电视艺术学院以及英国电影学院制片委员会。20世纪50年代以后，伊迪税成为英国电影制作的主要资金来源，它促使美国公司在英国组建子公司生产英国影片以符合取得伊迪税基金资助的资格，极大地引起了美资的进一步涌入。英国政府在游戏产业方面实施出口退税，支持游戏产业的海外发展。英国政府对于能够充分市场化的文化产业部分，则主要通过财税政策引导社会投资。

（三）法国

法国政府在文化意识形态上对文化产业的管理和重视程度是最慎重的，第二次世界大战后法国在文化产业发展方面开始抵制美国文化霸权和外国文化对本国的渗透和侵蚀。因此法国政府最早成立了文化部，对本国文化产业和事业进行管理和保护，形成了法国保守的文化产业发展模式。法国文化产业资金实施政府管理模式，资金主要来源是国家、地方、欧盟的经济扶植，以及电视台对视听领域的资助，私人和公司的资助。法国文化发展资金预算自1959年起比重逐年增加，从1960年的0.38%发展到2006年的1%，2009年文化预算已达28.21亿欧元。法国所有的地方政府必须参与文化建设，这些地方通过拨款（补助、赞助奖金等）、订货及直接组织活动来扶植地方文化。档案和图书馆属于省级单位的管辖范围，其他各级市政府可以自由选择文化发展侧重点。1999年生效的"阿姆斯特丹公约"中第151条明确指出："欧洲有权做出对文化领域资金运转的决定。"欧盟因此设立了多种多国文化发展项目，给项目拨款并且监督项目的发展进程。由于政府主导的原因，在法国私人对文化和艺术事业的资助相对较差，2002年私人捐款1.95亿欧元，只占美国文化艺术事业私人捐款的1/3。

法国政府非常重视文化基础设施的建设，每年政府都要拨出几十亿法郎用于兴建图书馆、博物馆、剧场等文化设施，这些资金由政府拨给文化部，再由文化部分配给各施工项目。法国管理图书出版事业的政府机构是文化部图书阅览司，图书的出版、发行和销售均由私人企业经营，文化部通过国家图书中心对图书出版业给予扶持和资助，每年国家图书中心都将为出版业提供1亿多法郎的资助。同时，法国政府通过国家电影中心对电影业的生产、发行和放映等各个环节给予扶持性资助。另外，法国政府还鼓励企业赞助文化产业的发展，并对赞助的企业实行税收减免政策。

法国把文化领域分为两部分，把广播、电视、电影、图书馆、档案、文化展、博物馆及其相关领域等归为不可妥协的部分。法国对文化产业不可妥协部分则主要采取政府支持方式。其方式包括直接提供赞助、补助和奖金等。法国文化部每年对文化产业的预算占国家总预算的1%以上，地方政府还要配套投入两倍以上的预算资金来支持。如法国西部拉罗歇尔电影节的组织者每年从中央政府、大区、省、市政府分别得到17%、13%、9%和22%的补助，再加上欧盟5%的赞助，举办电影节的这样一般活动绰绰有余。法国对本国文化产业的财政支持可谓世界第一。另外一部分包括出版、戏剧、新闻、建筑业等可以参与全球化市场，可以由个人、企业和中介等以市场化方式运作。法国作为大陆法系市场经济国家的代表，市场融资体系也非常健全。法国开放的市场和健全的法律以及科技水平，成为吸引外商直接投资好的外部环境，法国每年吸引外商投资500亿美元左右，在欧洲成为仅次于英国吸引外资最多的国家。

法国在国际贸易中对文化产业始终强调"文化例外"。法国拥有目前国际上产业架构最为完整的文化产业税收扶持政策。政府对法国文化产业的企业只征收7%的增值税率,而对于其他行业都是18.6%的增值税,变相地为文化企业提供了大量的资金。另外法国非常注重对其知识产权的保护,为了保护法语文化体系,法国对本国市场化企业建立了一套较为完善的保护和资助体系,以培育强大的国内文化企业。同时,法国政府独有的金融支持模式使得法国的文化消费高雅而不高价,从而促进了法国人民的文化消费并促进了法国文化产业的繁荣发展。

(四)日本

日本政府对文化产业发展的重视程度不亚于欧美发达国家。日本在1995年确立了21世纪文化立国战略。2003年日本又制定了观光立国战略。一方面,政府把文化产业作为新兴产业,享有"研究投资和科学技术投资"的经费。日本人在进行文化信息产业的投资中,主要是采取"产学研"的协作体制。这种将有限的技术人员和研究经费集中起来,统一指导开发研究计划,形成了为共同的目标重拳出击的"官民合作研究"机制,是促进科技创新、加速科研成果转换和实现产业化的有效途径,并且对节约有限的研究经费和宝贵的时间具有十分重要的意义,有力地推动了日本高新技术的迅速发展,促进了日本的有关产业参与国际竞争。此外,日本政府早在1986年就制定实施了《研究交流促进法》,鼓励国家机构的研究人员到民间企业参加共同研究,为各类文化产业项目开发提供智力保障和人力支持。另一方面,作为对国民投资,文化产业又享有"文化投资"的经费。正是由于有了民间企业的大力投入和融资以及日本政府在文化产业上的投资政策的扶持,日本的文化产业才得以普及和发展。

在日本企业是文化产业发展、壮大的主要融投资来源,而且所占比例越来越大。日本大型文化活动的举办多数是依赖于企业的投资和资金赞助,几乎所有的日本一流大型企业都以各种不同形式支持、参与文化活动,他们将此视为改善企业形象的重要举措。例如,NEC公司举办的中日围棋擂台赛,富士通公司举办的世界围棋超霸赛,丰田公司举办的一年一度的"丰田杯"足球赛等都是世界闻名的文体活动。多年来日本在演出界、电影界、出版界、广告界等形成并拥有一支成熟的知名文化企业队伍。日本多达800余家民间企业拥有自己的博物馆和美术馆,三得利公司在东京建造的音乐厅、创价协会在东京都八王子市郊建造的富士美术馆等都堪称世界一流。

为了实现文化立国和观光立国战略,近年来日本政府审时度势,在文化产业技术开发的"行政指导"方面,对"创新企业"实行很好的政策倾斜和财政扶持,即政府通过信贷、财政补贴、税收优惠等经济手段,促进"创新企业"的建立和发展。如企业开发高新技术可获低息贷款。若开发成功,按低息还本付息;若开发失败,则免除利息。政府还规定对电子信息等高科技产业实行优惠税制与折旧制,对企业的高新技术研究开发给予财政补助,这给日本的信息文化产业创造了良好的发展空间。但不同的是,日本财税政策施政目标取向和定位介于美国与韩国之间。一方面日本主要依靠市场机制发展文化产业,但另一方面政府主导的特点也很明显。比如,政府对具有地方特色的文化艺术产业提供包括动用财政资金在内的综合援助,中央政府与地方政府联手举办全国规模的文化节等。

(五) 韩国

韩国在1998年提出文化立国战略后,迅速摆脱了金融危机的消极影响,其文化产品不断涌入世界各地,一跃成为世界五大文化产业强国之一。韩国政府为促进和保障文化产业健康、快速发展,制定了很多文化产业政策。这些政策的实施奠定了韩国文化产业发展的基础,规范和明确了文化产业发展的轨迹与方向,为产业发展提供了政治、经济和文化环境。

1. 政策法规的制定

韩国政府政府出台了《文化产业振兴基本法》《国民政府的新文化政策》《文化产业促进法》等十几部法律法规。其中《文化产业振兴基本法》是韩国政府首部有关文化产业的综合性法规,其中有很多条文与动漫产业相关,比如,它第一次正式把漫画列入文化产业范畴,为政府对漫画产业的支持提供了法律依据。此外,韩国还修订了《电影振兴法》《广播法》《著作权法》《影像振兴基本法》等相关法律条文,其中被废止或修改的内容达70%左右。这些法律条文既明确了文化产业的产业性质,对其产业运行中的某些容易出现的问题进行了规范约束,也为其健康发展提供了有力的法律保障。同时,韩国政府有效搭建了有力的政策支撑平台。一方面，倾全国之力，以财政资金为主，按照"集中与选择"的原则，有重点地扶持、提升文化产业竞争力，优化国内文化产业结构。如1993年文化产业预算只占文化部全部预算的1.8%，到2005年已发展到12.1%，增长近7倍；另一方面，政府加速推进产业税制改革，以演艺产业为例，1996年至2004年8年间曾11次修改税法，其中重点明确对剧场、演员、专门艺术法人和团体、演出事业者等予以优惠待遇。同时政府还进一步完善了相关文化经济政策，通过制定文化产业税收政策，对文化产业实行税收优惠，以税收优惠政策为导向，利用税收、信贷等经济杠杆实行的多种产业优惠、奖励政策和措施，加大投入和鼓励社会各界向文化产业投融资。如为重点发展游戏、动画等风险企业，对进驻文化产业园区的单位提供长期低息贷款，减少甚至免除税务负担。在文化产业园区建设中，免除山林、农田、草场转让费和再造费以及交通设施补偿费等。

二是设立专项基金。韩国以国家财政资金为主设立文化产业基金，建立多层次、全方位的资金扶持体系。韩国目前设立了文化产业振兴基金、文艺振兴基金、信息化促进基金、出版基金、电影振兴基金、广播发展基金等若干促进相关文化产业发展的专项基金。此外，从2000年开始投入大量资金建立各类文化产业园区（在我国俗称"文化产业发展基地"，韩国称之为"文化产业支援中心"）。

三是"文化产业投资组合"运作。这是以社会资金为主、官民共同投融资的运作方式，按照"集中与选择"的原则，有目的、有重点地实施多渠道筹措文化产业发展资金，在经费上确保文化产业的发展。韩国文化产业振兴院在2000年至2001年两年期间，就成功运作"投资组合"17项，共融资2073亿韩元（政府350亿，民间1723亿）。2002年通过国家预算拨款、投资组合、专项基金共融资文化产业事业费5000亿韩元，为文化创作和基础设施建设、营销和出口、人才培养，各投入1700亿、1870亿、1430亿韩元。

通过对上述各国对本国文化产业投融资方式的比较，可以概括为三个方面。一是直接动用财政资金。主要通过对文化基础设施的投入、对文艺团体的扶持、对民族文化保护的政府拨款来实现对文化事业的帮扶。二是运用税收杠杆进行调节。对于不同种类的文化企业、文化产品或文化服务实行区别对待。对盈利性非公益文化企业、产品、服务实行累进税制征收，赢利越多税率越高。对于非营利性公益文化单位、活动、服务，则实行减免税或低税率。三是综合运用各种经济政策。在文化产业政策支持的基础上，综合运用各种经济政策和手段，扶持文化产业发展。综上所述，我们可以看出发展文化创意产业，一方面政府要为市场经济规律发挥作用创造条件，从政府直接"办文化"的模式中解放出来，以财政资金为引导、以税收政策为杠杆，着重解决那些文化产业中市场决定不了、解决不好的问题，确保文化市场充满生机和活力。另一方面，学习借鉴国际先进的文化产业投融资的政策模式，逐步改善文化产业财政投入的支出结构和投入方式，一则要给予公益性文化事业以财政保障，其次又要引导经营性文化产业有重点地进行项目发展；同时制定政策要因地制宜、符合实际，从本国经济社会发展和文化产业的实际情况出发，推动文化产业与其他产业的融合，增强文化产业的创造力和竞争力。

二、国内先进经验

（一）北京

北京是文化创意产业的先行城市之一。较早出现的大山子艺术区依托于北京朝阳区酒仙桥路798工厂的老厂房，利用现有建筑创造了创意产业发展的平台，又保护了历史文化财产，是文化产业与工业历史建筑保护、文化旅游相结合，历史价值、建筑价值、艺术价值和经济价值相结合的良好典范。"十一五"规划期间，国家大力倡导发展文化创意产业。早在2005年，时任北京市委书记刘淇在市委九届十一次全会上的讲话中就提出："着力抓好文化创意产业的发展，以发展文化创意产业为新的引擎，推动产业升级，重点扶持影视业、出版业、演出业、艺术品经营业、动漫和网络游戏业等六个行业中心。"为此，北京成立了北京市文化创意产业领导小组、北京市文化创意产业促进中心。"十一五"期间北京市出版业增加值年均增长保持在10%左右年出版图书、期刊、报纸、音像制品、电子出版物的品种均居全国首位。"十一五"期间，北京市各类文物艺术品拍卖总成交额达394亿元，居全国首位。

  2006年至2009年，北京市文化创意产业增加值年均增长21.9%。2009年北京市文化创意产业实现增加值1489.9亿元，占全市地区生产总值的12.3%，从业人员114.9万人。2010年前三个季度，北京市文化创意产业实现增加值1245.9亿元，占全市GDP比重提高到12.8%。2010年北京地区电影票房达11.8亿元，连续4年获全国票房冠军。2012年，在国内外经济形势复杂多变、北京市经济下行压力增加的情况下，北京文化创意产业实现增加值2189.2亿元，同比增长10%，占GDP比重提升到12.3%，成为仅次于金融业的第二大支柱产业。2013年，北京市文化创意产业实现增加值2406.7亿元，增速为9.1%，高于GDP将近1.5个百分点；全市规模以上文化创意产业实现收入10022亿元，同比增长7.6%，呈现出高速增长的态势。2014年发展势头强劲，当年全市化创意产业实现增加值2794.3亿元，占全市GDP的比重提高到13.1%，创历史新高。截至2014年底，北京市文化及相关产业企业已达17.1万户，注册资本4338.5亿元，规模以上法人单位实现收入11029亿元，文化创意从业人员109.7万人，同比增幅分别为15.8%、39.4%、9.5%和2.2%。

  文化创意产业是北京经济增长的新亮点，城市形象的新符号，如何使"新亮点、新符号"更健康更强大，增强应对国际金融危机和抵御风险的能力，北京市采取系列重大举措，推动政府引导资金、金融资本与文化创意产业有效对接，促进了文化产业又好又快发展。北京市在全国较早设立文化创意产业发展专项资金，采取项目补贴、贷款和奖励等方式，累计安排资金支持重点产业项目，带动社会资金投资文化产业。另外，北京市还设立文化创意产业投资引导基金。基金初始规模3亿元，引导资金主要以参股方式运作，以1∶10的规模带动社会资金共同对文化创意产业项目进行股权投资，帮助企业扩大规模，壮大实力，增强抗风险能力。

  为探索解决文化创意产业投融资领域存在的投资方与项目方信息不对称问题，北京依托产权交易所构筑面向文化创意企业的投融资服务平台，汇聚文化创意企业资源和金融资源，为社会资本参与投资提供专业化服务。平台的构架以文化创意企业为核心，通过组织专业服务机构，为文化创意企业在债权融资、私募融资、上市融资、增资扩股、并购重组等方面提供服务，通过组织研讨会、洽谈会、推荐会、博览会等多种形式，发布有关文化创意企业资金需求信息。

为切实解决近年来众多中小文化创意企业融资难的问题，北京市选择合适的担保公司对文化创意企业申请银行贷款提供担保。北京出台《北京市文化创意产业担保资金管理办法》，建立文化创意产业担保专项资金和工作机制，重点支持文化创意企业的创作、生产和营销环节。《担保办法》将担保与再担保机制结合起来，采取对合作担保机构的再担保费进行补贴、对担保业务进行补贴的方式，鼓励担保机构为文化创意企业提供担保服务。此外，北京市在文化创意产业专项资金支持方式中增加借款贴息，从北京文化创意产业专项资金中安排专款，对已形成一定规模、获得项目贷款、符合支持方向的文化创意企业按照项目贷款利息总额的50%至100%给予贴息支持。

北京有着3000多年建城史、850多年建都史，在悠久漫长的历史进程中，积淀了丰富璀璨的文化遗产；加上首都的优势和文化氛围，使北京汇集了大批文化人才，成为产业建设和发展的重要资源。丰厚的文化资源不仅让北京彰显古都魅力，也使文化创意产业成为首都经济新的增长极。近年来，北京立足全国文化中心、国际交往中心的城市功能定位，坚持政府主导、企业主体、市场运作、社会参与，大力实施文化"走出去"工程。文化贸易额从2006年的12.65亿美元，提高到2013年的35.33亿美元，国家文化出口重点企业和项目数位居全国之首，形成了一批具有国际影响力的外向型文化企业。由北京市委宣传部、北京市金融工作局共同起草的《关于金融促进首都文化创意产业发展的意见》于2012年8月正式对外公布。北京市连续4年（2012 - 2015年），每年统筹安排资金100亿元，用于支持首都文化创意产业发展。未来几年，北京市将加快文创产业信贷体系、直接融资体系和文化股权体系等方面的完善和创新发展。

（二）上海

上海是我国文化创意产业发展较早的地区，上海的影视业、出版业、广告业、时尚设计等行业曾一直处于全国领先地位。2004年10月，上海市首家文化科技创意产业基地正式在浦东张江高科技园区揭牌成立。2005

年上海政府工作报告及《上海2004－2010年文化发展规划纲要》已经明确提出发展创意产业。从总量规模来看，2012年，上海文化创意产业平均从业人员129.16万人；2013年上海文化产业实现增加值1387.99亿元，同比增长8.1%，增幅高出同期地区生产总值0.4个百分点；占地区生产总值的比重达6.43%。从这些统计数据来看，上海文化创意产业发展势头良好，表现在产业增加值的增幅明显高于同期地区生产总值（GDP）的增幅，在本市国民经济中的比重进一步提高，对上海经济增长以及产业结构调整转型的贡献作用越来越显著，文化产业已经成为上海的支柱性产业之一，成为"创新驱动发展、经济转型升级"的重要力量。

上海市文化创意产业的快速发展，与其投融资体系的配套发展是分不开的。从统计数据看上海文化领域银行贷款、投资基金、上市融资以及政府投入等近年来取得了快速增长和一定突破。

1. 银行贷款

目前，银行贷款是我国和上海文化类企业融资的主要渠道。2014年上半年，上海文化产业贷款余额241.68亿元，比年初增加29.99亿元，增长14.16%，增速快于同期各项贷款8.49个百分点。其中，广播、电视、电影和影视录音制作业增幅最大。

2. 产业基金

产业基金是推动上海文化创意产业发展的重要力量。2012年上半年，我国共新设立13只文化产业基金，其中12只基金公布了基金募资规模，共募集资金超过360亿元，单只平均募资规模为24.76亿元。上海创设的全国第一家私募股权基金"华人文化产业投资基金"首期募集资金20亿元人民币。2012年3月，海通证券公司设立上海文化产业股权投资基金。但对比上海和北京情况的可以看出，北京依托于全国经济和政治中心的地位，不仅文化创意产业投资基金的规模更大，发起方、出资方和管理机构的能级都比上海要高出很多，特别是北京发起的产业基金强调聚焦特定的产业领域（如影视），更容易形成清晰的投资导向发挥出实际效应。

3. 上市融资

文化创意企业上市成为业界关注焦点，也是文化企业直接融资的核心渠道之一。上海文化创意企业积极从资本市场借力，迄今为止上海文化产业全行业的上市企业超过二十多家。东方财富、新文化传媒 IPO 成功登陆了创业板，盛大网络、第九城市、分众传媒、携程网、前程无忧、巨人网络等企业则先后在美国纳斯达克上市。

4. 风险投资/私募股权投资

十一届六中全会召开之后，大量嗅觉灵敏的 VC/PE 纷纷进入文化领域，2011 年文化创意领域创下历年 VC/PE 投资的新高，投资案例共 62 起，投资金额达到 8.4 亿美元，同比增长 94%，呈现出快速发展态势。

5. 政府财政投资（包括各类专项资金、引导基金）

政府投资以及相关政策扶持是我国鼓励扶持文化创意产业发展的重要模式。目前政府投入主要针对公益性较强的公共产品和准公共产品，并主要用于投入大、风险高、回收期长、收益低的文化基础设施投资。从力度上看，上海与北京差距更大。上海市为贯彻落实《上海市文化创意产业发展"十二五"规划》，支持文化创意产业发展，2012 年市政府批准制定了《上海市促进文化创意产业发展财政扶持资金实施办法》，财政扶持资金主要用于支持文化创意产业公共服务平台建设、运营和发展。

（三）福建

近年来，福建省文化产业发展势头良好，为文化创意产业的发展奠定了良好的基础。2013 年福建文化产业增加值 1180 亿元，增速达到 17.7%，高于同期 GDP 增速 7.3 个百分点，占地区生产总值比重为 5.4%。整体上来看，福建省文化产业的发展状况良好，为文化创意的大面积扩展提供了良好的文化产业基础。

1. 坚持可持续、多元化的资金支持政策

（1）福建针对文化创意的可挖掘点，加大财政投入力度，把文化创意的建设与推广纳入省区域经济和社会发展的总体规划中，充分发挥公共财政对文化创意的推动作用，建立财政对文化创意投入的持续、稳定机制。

第一，支持重点文化创意产业园区的建设与发展，将文化创意产业园区作为文化创意推广的重要基地。一是在产业园区的前期建设中，做好资金支持工作，因地制宜，引导文化创意产业园区与海洋旅游资源、山林生态资源、特色文化资源有机结合，有效把握各种资源的创意点。二是在产业园区的招商引资过程中，做好税收优惠工作，挖掘创意点，鼓励富有文化创意潜力的企业和个体进驻园区，形成规模效应。

第二，加快传统文化企业的股份制改造、改革与创新步伐。一方面，要在原有的传统文化产业基础上，推动内部改革，融入创意元素，促使大型文化产业向纵深发展。另一方面，要利用海峡两岸文化交流的平台，学习、借鉴台湾的文化创意产业经验，借助外部条件，积极引进台湾先进的创意产业运作模式，做好福建省文化创意产业链条式发展。

第三，做好文化领域新产品、新创意、新技术研发的财政支持工作，对有文化含量、创意含量、科技含量的知识产权给予补贴、奖励和支持，引导整个文化创意产业向集约型、低碳型经济发展。

（2）结合实际创新财政支持方式

为解决文化创意产业发展资金需求旺盛与供给缺乏之间的突出问题，福建转变财政投入方式，采取投资合作、资金引导等多元化资金支持方式，充分发挥了财政政策的调节作用，吸引了各种资金进入文化创意领域。

第一，以财政为中介，鼓励商业银行扶持文化产业龙头企业、重点文化创意产业园区等具有示范性、导向型的文化产业项目，搭建商业银行与文化创意产业的合作平台，促使商业银行通过传统信贷、投资银行、融资租赁等多元化业务满足创意产业的间接融资需求和直接融资需求，为文化创意产业提供全面的金融解决方案，与文化创意产业建立可持续的战略合作关系。

第二，以财政为杠杆，合理利用创业投资基金、私募股权投资基金等风险偏好型资金，支持发展初期文化创意企业的资金需求，逐步建立起以财政资金为引导、以民间资本为主体的创投型创意产业资本筹集模式。同时，合理控制风险，将大量的闲余民间资本引导到文化创意产业中，最终形成市场化的创意产业资本运作机制。

第三，以财政为推手，鼓励各类投资主体以多种形式投资、兴办文化创意型企业，实现文化产业投资主体和投资渠道的多元化，逐步完善文化创意产业的竞争机制，促使整个产业在竞争中不断融入新元素、涌现新创意。

2. 在财税上强调结构合理化的产业引导政策

当前，文化创意产业涉及的行业十分广泛，分布在文化音乐艺术、网络及计算机服务、现代传媒、文化会展、文化休闲旅游、设计服务、信息服务、时尚消费等各种行业之中。福建省以产业结构为关注点，发挥财政政策在产业结构引导上的作用，对不同行业类别的文化创意产业，实施不同的支持政策，优化文化创意产业的分布结构；同时，合理规划创意产业门类，使各种业态形成合理比例，培育壮大文化创意产业链条。

第一，加快报刊服务、广播影视和演艺娱乐、出版发行等现代传媒行业的改革与创新，利用财政政策的指向和税收结构的调整，积极引导传媒单位向综合化、多元化方向发展，将图书、杂志、音像、广播、报纸、广告以及影视娱乐等不同方面的业务有机整合，深度挖掘各项业务的文化创意元素，形成多元化的产业链条。同时，鼓励传媒产业创新业务发展平台，与时俱进，充分利用实体门店、门户网站、手机网络、社交网络等各种平台，拓宽业务经营的渠道。

第二，以海西经济构建现代产业体系为契机，加强文化创意与高技术产业、战略性新兴产业的结合，鼓励文化创意进入高科技产业园区，提高文化创意在网络及计算机服务行业、信息服务业中的含量，避免文化创意仅停留于动漫游戏业中，取而代之地挖掘文化创意与各项高新技术的可接合点，在网络及计算机服务行业中形成重文化、有创意、高科技的良好态势。

第三，抓住海西区域经济大力发展的机遇，增强财政政策在设计服务、文化会展、时尚消费业等服务行业的引导作用。一方面提升产品设计、建筑景观设计在文化创意产业中的比重，另一方面提高文化会展的展示创意与时尚消费的消费创意，从根本上提高文化创意产业在该领域的"质"和"量"。

第四，发挥台湾与大陆两岸文化交流的前沿优势，整合两岸文化、闽都文化、闽南文化、妈祖文化、客家文化和祖地文化等相关文化资源，发挥现有工艺美术业的优势资源，秉承文化经济的理念，从财政的高度改变文化音乐艺术、文化休闲旅游等行业的盈利模式,深度开发创意价值,使之成为文化音乐艺术业、文化休闲旅游业的重要盈利增长点。

3. 在财税上强化连续性、专业化的人才培养政策

首先,从提高民众对文化创意产业重要性的认识入手。文化产业是市场经济条件下繁荣社会文化、满足人民精神需求的重要载体和途径。因此,从公共财政的高度出发,宣传文化创意的内涵与作用,将有助于进一步改良文化创意产业的生存土壤,催生文化创意的新一轮增长。其次,设立专项财政资金,实施文化创意人才培养的连续性工程,支持文化创意人才培养。一是在中小学生中开展各种类型的"创意设计"活动,从小激发青少年的创意热情,培养创新意识。二是在职业技术学院、社会培训机构开展创意类课程,储备专业性、实践性、操作性强的专门人才。三是在高校设立创意人才培训项目,建立实训基地,开展高层次、多类型、有针对性的文化创意专业教育。四是选送优秀创意人才到台湾进行学习交流,通过两岸开放式的经验交流与知识碰撞,提升人才的创意视野和专业水准。

(四)杭州

杭州提出"创意产业"要成为"杭州文化的支柱产业",以产业园区为依托,促进杭州文化创意产业的发展,文化创意产业综合实力排名全国第五位。杭州以西湖创意谷,西湖数字娱乐产业园,之江文化创意园,杭州创新创业新天地,运河天地文化创意园,创意良渚基地,西溪创意产业园,下沙大学科技园,湘湖文化创意产业园,白马湖生态创意城等十大园区作为主平台,推动杭州市文化创意产业实现集群发展。杭州十大文化创意产业园区建设与发展,将有力推动杭州成为全国文化创意产业中心。

杭州市统计局发布的数据显示,2012年,杭州文创产业呈现出规模扩大、效益提升、结构优化的良好态势。2012年,杭州文创产业增加值超过千亿元,达1060.70亿元,增长15.6%(按可比价),占全市增加值比重的13.59%,比上年提高1.56个百分点。杭州文创产业限额以上企事业单位资产总计达4622.07亿元,增长15.0%;从业人员达53.19万人,增长5.9%。2013年,杭州市文化创意产业保持平稳较快增长,实现增加值1359.51亿元,同比增长18%;文化创意产业增加值占全市GDP的比重达

16.3%，比上年提高2.7个百分点。2013年，全市文化创意产业规模以上企业呈现出收入与效益同步增长的良好发展态势，实现主营业务收入2505.82亿元，同比增长22.1%；实现利润总额433.4亿元，同比增长57.2%。2014年第一季度，杭州市限额以上文创企业完成主营业务收入582.09亿元，增长20.0%；实现利润总额94.8亿元，增长38.1%。其中，文创产业实现增加值292.23亿元，增长16.3%。

近年来，杭州市紧紧围绕构建"3+1"现代产业体系和打造全国文化创意产业中心目标，加快推动文创产业发展，"全国文化创意中心"品牌日趋打响。杭州市先后创新出台多项举措，搭建了多个工作平台，采取"四两拨千斤"的办法，雄厚的民间资本投资参与文创产业热情不断高涨，推动了全市文创产业投融资领域良性发展。杭州市将文化创意产业视为第四产业，视为城市经济发展的新形式、新载体、新动力，视为21世纪的新兴朝阳产业而大力推进。在全国重视文化产业发展的大背景下，杭州市委定下了打造文化创意产业中心的目标，发展文化创意产业是杭州市的"蓝海"战略。杭州市政府目前大力扶持包括动漫游戏、艺术品、文化会展等在内的八大重点门类，并采取了一系列政策扶持文化创意产业的发展。

1. 确立文化产权市场中心

杭州市大力发展文化创意产业投融资平台，如杭州文化产权交易所。其产业定位明确，着眼于创新融资模式，拓宽融资渠道，已经形成"立足杭州、辐射浙江，面向全国及海外"的文化产权市场"信息、金融、交易"三大中心。文化产权市场"信息中心"重在收集、代理、发布全市各类文化产权信息，开办各类文化产权交易讲座培训，搭建各类资本的投融资项目意向桥梁，举办各类供求双方对接洽谈活动，加强文化产权信息宣传推广等。"金融中心"旨在联合在杭金融机构，引导鼓励全市文创产业合作金融机构开展金融创新，实现金融产品与产权交易市场对接，引导和鼓励在杭创投机构、民间融资机构采取设立基金等方式扩大公众投资文创产业的参与面。"交易中心"主要包括文化类物权、债权、股权、知识产权（版权）等交易、租赁、采购、登记、托管、认证、代理、经纪及合同备案等综合服务。同时还将为文化创意产业项目与企业提供策划、咨询、评估、法律、审计、会计等方面服务。"三大中心"形成了杭州市文化产权交易的多层次、多主体、多模式的市场格局。

2. 政策引导、资金助攉

杭州市相继出台了《关于统筹财税政策扶持文化创意产业发展的意见》、《关于鼓励为文化创意企业提供融资服务的若干意见（试行）》、《杭州市非公有资本投资文化创意产业指导目录》、《关于鼓励为文化创意企业提供融资担保的实施办法（试行）》等政策文件。充分发挥了政府对市场的引导作用，成立文化创意产业发展专项资金，扶持文化创意产业发展。专项资金推行"立项管理"的办法，面向社会公开申报，专家小组组织评审，多种所有制形式企业公平享受。同时，为降低金融机构的风险，杭州市通过贷款贴息、风险补偿、担保费补助、担保代偿损失补助等政策，鼓励在杭的银行等金融服务机构为杭州的文创产业融资，尤其是鼓励金融机构以无形资产为主的组合贷款或以无形资产质押方式提供融资服务，同时以培育上市对象资金奖励的方式，鼓励和培育文化创意企业改制和上市融资，支持企业做大做强。杭州先后与中国银行浙江省分行等多家金融机构签订融资战略合作协议，签约的金融机构要为中小型文化创意企业提供融资服务。

3. 推出信托债权产品

杭州市借助推出多样的文创产业融资产品拓宽文化创意企业融资渠道，文化创意产业集合信托债权基金是杭州市文化创意产业融资领域的一次创新，它充分发挥了财政资金"四两拨千斤"的杠杆作用，改善了杭州市中小型文化创意企业融资产品缺乏的局面，拓宽了企业的融资渠道。杭州市相关部门协助杭州银行、中投信托公司、浙江中新力和担保公司等金融服务机构联合推出首期杭州市文化创意产业集合信托债权基金——"宝石流霞"集合信托债权基金。同时，为解决杭州市文化创意产业资金供需双方的信息不对称的问题，杭州市多部门协同搭建金融机构与文化创意企业对接平台，对外集中发布有关文化创意企业的融资需求信息，鼓励双方通过开展"银企洽谈会"、"融资洽谈会"等活动，降低金融机构融资门槛。在此基础上杭州市不断加大金融创新力度。其中，北京银行杭州分行在分行层面上设立了单独的"创意贷"文化产业指标，并制定《"创意贷"文化创意中小企业客户营销与管理指引》指导支行开展业务,并将其根据文创企业类别细分为10类信贷子产品;杭州银行将"连锁贷"、"订单贷"等产品引入文创领域,并重点推出了动漫版权质押贷款;浙江银行西湖支行将融资性保函运用于文创领域,创新了文创企业信贷抵押方式;市文创办、杭报集团、市文广集团共同出资成立杭州文投创业投资有限公司,作为杭州国有文创产业投融资平台,为文创企业提供多方位的投融资服务。

(五) 南京

南京文化产业迅速发展。到2013年,南京文化产业增加值占GDP比重就达到了5.1%,2014年预计将实现5.7%,稳居全省第一,也是唯一超过5%的城市;2015年南京市提出文化产业增加值在GDP的比重"超6冲8"的目标。近年来,南京市提出文化创意产业要成为全市文化产业增量的主体部分,构建中国东部地区"文化智慧创意中心"的发展目标,明确了广播影视、建筑设计、工艺美术、动漫游戏、计算机软件设计、时尚设计、广告设计、表演艺术、出版发行和工业设计等十大文化创意产业门类。南京市按照"互通融资信息、完善服务链条、搭建综合平台、打通实际路径"的建设思路,力争到2015年实现产业政策支持覆盖10000家文化企业,支持1000家中小型文化企业,培育100家重点文化企业,打造10家具有较强核心竞争力的骨干文化企业的目标。培养一批高层次的文化创业人才,打造一批在国内外有影响的文化品牌,建成一批特色鲜明、功能完备的文化园区。

近几年来南京市深入贯彻落实《南京文化科技融合发展规划纲要》,加大金融支持文化产业发展力度,加大金融支持文化科技企业发展力度,加大金融支持文化小微企业发展力度,进一步做大产业规模,增强产业活力,提升产业质量,扶持企业成长,南京市制定了文化产业投融资体系建设计划。南京在加快推进文化产业投融资体系建设中,遵循政府引导、市场驱动、资源整合、平台搭建、多方共赢五项原则。致力于强化政府在产业推动、政策扶持、平台建设上的引导功能;充分发挥市场在配置文化产业金融资源中的基础性作用;建立健全集股权融资和债权融资、直接融资和间接融资、融资担保和风险保障于一体的文化金融服务体系；搭建支持文化创新创业的投融资综合服务平台，确保各项金融政策真正惠及文化企业；让金融机构和文化企业能够风险共担、利益共享、共同发展。其主要内容涵盖以加快文化建设，提升文化实力，打造独具魅力的人文都市和世界历史文化名城为目标，借鉴国内外金融支持文化产业发展以及南京市金融支持科技创业的成功经验，加强文化创新、科技创业和金融资本要素之间的融通和互动，满足不同发展阶段和发展规模，特别是文化科技创业企业和小微企业成长需要，建立和完善覆盖文化产业各相关行业，多元化、多级次的投融资服务体系，形成具有南京特色的文化产业发展投融资机制，加快推动南京文化大发展大繁荣。具体措施体现在以下几个方面。

1. 以构建文化产业金融服务链为目标，遴选"文化银行"，引导金融机构加大文化信贷力度

通过文化银行针对文化企业，特别是小微企业和科技创业企业进行流程再造，建立专门的营销机构、营销团队，创新抵押、担保方式，积极开发适应不同行业、不同发展阶段文化企业的信贷产品，优先满足文化企业资金需求。

2. 设立文化产业发展基金，鼓励多元资金支持

产业基金主要通过股权投资、产业并购等方式，重点支持彰显南京文化特色、打造文化品牌的重大文化项目以及符合全市《文化科技融合发展规划纲要》明确的数字影音娱乐、现代创意设计、游戏动漫、新兴网络传媒等重点领域。鼓励各类风险投资基金、股权投资基金等投资新兴文化业态和中小文化企业，拓宽处于创业期和成长期的文化企业融资渠道。支持外资和社会资本在政策许可范围内投资文化产业。

3. 积极推进文化保险业务和融资性担保业务

鼓励保险公司积极开展文化保险业务，创新保险产品，积极探索开发适合文化企业特点和需要的保障类险种，分散文化企业在研发、市场开拓等活动中的风险。鼓励保险公司与商业银行合作，共同开发小额贷款保证保险等有助于文化企业融资的保险产品。鼓励融资性担保公司创新业务模式，开展文化产权等无形资产抵押担保业务。政府加大对文化担保的补贴

力度,对为推荐的文化企业进行担保的,在市担保专项扶持资金中按照每笔担保业务的累计担保额给予不高于2.5%的补助。

4. 逐步建立无形资产登记评估和文化企业征信体系

鼓励依托文化产权交易所等机构开展无形资产评估,探索建立知识产权和文化创意版权等无形资产的价值评估体系。鼓励各类金融机构对于具有优质商标权、专利权、著作权等知识产权的文化企业,通过权利质押贷款等方式,逐步扩大收益权质押贷款范围。依托市文化产业名录库、人民银行中小企业信用信息辅助管理系统和文化企业资源库,根据文化企业的特点,对企业诚信状况进行搜集整理,引进外部评审机制,设计评级指标体系和服务考评体系,逐步发挥文化企业信用评级在文化企业融资中的重要作用。

5. 续加大财政资金对文化产业扶持力度,发挥国有文化投融资服务主体作用,拓展多元化直接融资渠道

按照南京市委市政府关于文化建设"1+5+1"文件精神,加大财政投入力度,逐步扩大南京市文化产业发展专项资金规模,创新财政资金支持文化发展的投入机制,建立由文化产业项目资金、信用保证资金和投资引导资金等组成的扶持体系,发挥杠杆作用,形成滚动机制,提高财政资金使用绩效。通过政府注资、吸引金融资本参与等方式,进一步发挥文化集团等国有文化投融资平台实力,整合各类文化金融资源,提高其对文化产业核心领域和新兴文化业态的投资能力。充分发挥复合金融优势,以现有的江苏省文化产权交易所、金陵文化科技小贷公司、南京文创基金、南京文化产业交易所为载体,对接银行、创投、小贷、担保、保险等金融机构和准金融机构,打造集新兴业态投资、融资担保、小额贷款、版权交易、基金投资等业务于一体的综合性文化金融服务主体。对于符合发债条件的企业,鼓励通过多种债权融资工具融资。建立南京市拟上市挂牌文化企业库,加大对文化企业挂牌上市的全过程服务力度,鼓励文化企业通过新三板等多层次资本市场挂牌上市。

6. 建立文化信贷风险补偿、利息和保险补贴机制

在文化产业发展专项资金中安排文化产业信用保证专项资金,主要用

于文化企业贷款风险补偿,各区文化产业发展专项资金予以相应配套。对推荐的文化企业,其抵质押不足部分或信用贷款所产生的实际损失,按一定比例由文化产业信用保证专项资金、文化银行等指定金融机构对本息进行分担。按照"谁出资、谁受益"的原则,对列入扶持的本辖区文化类企业贷款所发生的损失,由市本级和各区分别负担50%,逐笔结算。政府指定金融机构对推荐的文化企业贷款实行优惠价格的,在文化产业信用保证专项资金中安排给予一定利息补贴。支持保险机构探索开展适合文化创意企业特点和需要的新型险种和各种保险业务。对在文化部和保监会认定的试点保险公司投保试点险种并已支付保险费的重点文化企业,在文化产业信用保证专项资金中给予一定保险费补贴。

近五年来,中央与地方政府主导的持续性文化产业政策创新带动了国有文化企业的改革发展,加快了我国文化体制改革进程,同时极大地激发了社会投资文化产业的积极性。在中央财政进一步加大文化产业发展专项资金投入的同时,各级地方政府也相继建立文化产业发展专项资金,财政支持文化产业发展的力度不断加大。各地的文化产业的财政金融政策实施效果也初步显现,具体表现在文化产业发展专项资金规模持续增长、财政投入机制的杠杆效应日益明显、文化产业税收优惠政策形成环境激励效应、多元化文化产业投融资体系的宏观架构逐步形成。

三、国内外先进经验对天津发展文化产业的几点启示

通过对国内外文化产业投融方式对比分析,经验告诉我们,发展文化产业必须创建一套完善、符合实际的投融资体系和环境。其主要内容涵盖明确政府角色定位;制定适合本国、本地区文化产业发展的相关政策;多渠道拓宽文化产业投融资资金来源;建立灵活的文化产业投融资机制,实现文化产业资金来源的多元化;消除资本进入文化产业领域的壁垒等。具体我们可以总结为三个方面。第一是政府角色定位和政策支持。文化产业本身具有很强的意识形态性,政府必须根据实际主导、参与对文化产业进行意识形态的控制和调节是必然的事情,即使是市场程度高度发达的美国也不例外。不同在于不同的国家因国情不同,政府对文化产业介入的性质

和程度不同,即政府扮演的角色及所采用的政策是有差别的。美国是世界上公认的文化产业大国,其文化产业十分发达,产值占 GDP 的 20% 左右,其总体竞争力位居世界首位。美国文化产业的投融资坚持以市场化为导向,以形成文化产业的快速发展为内生动力。实行商业运作、政府调节控制、市场规律经营是美国文化产业长盛不衰的重要保证。第二是投融资的资金来源。发达国家文化产业的资金来源总的来说不外乎政府资助、社会资助、通过金融资本市场融资和吸引外资四大类。政府资助和社会资助资金主要投入非盈利性文化艺术领域或用于对传统文化的保护,对于能够充分市场化的部分则主要通过资本市场和吸引外资获得发展所需的资金。但这种区分是十分粗略的,由于各国市场环境不同、文化产业发展战略不同,况且盈利性与非盈利性、充分市场化与非市场化的界限也很难截然分开,因此不同的国家各类资金在文化产业按国内"文化事业"与"文化产业"的区分。第三是资金运作方式(以风险投资为例)。发达国家文化产业发展的资金来源不同,具体的运作方式也不同,即使是同类资本运作方式也因不同的国内市场环境而差别很大。就投资的价值取向来区分,对文化产业的投资一般有两大形式:一是产业投资,二是风险投资。所谓产业投资,就是指对有市场前景的文化经营项目进行投资,在文化产品和服务通过市场出售之后,获得投资回报,它看重的是迅速扩大市场占有率和销售后产生的利润,是一种基于价值理念的投资,具有长期性。而风险投资与产业投资不同,是对文化企业的盈利和管理能力进行投资,通过证券市场和产权交易市场出售股权,或者自行转让股权之后,实现投资的盈利,它看重的是资本的快速扩张和市值的提升。

20 世纪 90 年代以来,文化创意产业在一些国家和地区得到了迅速发展,投融资体制在文化创意产业发展进程中发挥了主导作用,积累了宝贵经验,具体表现在以下几个方面。

1. 政府设立专项基金,与社会资金相配套发放

日本成立了振兴文化艺术基金和企业艺术文化后援协议会,用来支援各种艺术文化活动;韩国政府设立了文艺振兴基金、文化产业振兴基金、广播发展基金等若干促进文化产业发展的专项基金;香港设立了电影发展基金。这些基金通常以一定比例与银行信贷、社会资金相匹配,充分发挥

基金对各方资金的带动作用。

2. 成立专门担保机构为银行信贷提供担保

英国政府成立了小型公司贷款保证计划，专门为有发展潜力的小型创意公司从银行或其他金融机构获得贷款提供担保，该计划的期限为2～10年，贷款金额为5000～250000英镑，担保额最高可达贷款的85%。美国成立了具有担保功能的中小企业管理局担保资金由联邦政府投入，担保额可达融资额的90%。

3. 成立针对文化创意产业的金融机构

英国为支持西北部文化创意产业发展，成立了西北文化金融机构，对个人或机构提供3000英镑左右的小额贷款，或对企业发放5000英镑或以上的中小额度信贷资金。在提供贷款的基础上，该机构还根据企业的不同特色，引导企业向其他贷款机构进行个性化融资，并对贷款提供方在资产评估等方面提供帮助。

4. 大力发展证券化金融产品

花旗银行先后以《千禧年》《银河》等5部影片的未来收入为基础资产提供了近42亿美元的证券化交易，摩根大通银行对《百万美元宝贝》《美丽心灵》等影片发行过类似的证券化产品。日本的动漫行业经常由银行将无形资产在资本市场上进行证券化来筹集资金，分散金融风险。

5. 开展银团贷款，建立统贷平台

银团贷款是当前美国职业体育联盟经常运用的主要融资方式，可以在较短的时间内筹集到数额巨大的长期资金。一般由职业体育联盟代表其成员与银团协商贷款事宜。在联盟获得银团贷款后，再转贷给各俱乐部。这种贷款方式，既有利于各俱乐部迅速筹集巨额资金，也能降低单个金融机构的风险。

6. 发展风险投资基金，建立完善的多层次资本市场体系

近年来，各种风险投资基金逐渐成为一些国家文化创意产业融资的主要渠道。以电影业为例，美国好莱坞大概50%的电影是由私募股权基金拍摄的，韩国风险投资公司在亚洲金融危机后也迅速占据了大企业撤资后的空缺。此外，发达国家多层次的资本市场为注册资本低、经营规模小的文

化企业直接融资提供了条件。

7. 加强政策指导，完善相关服务体系

英国文化、媒体和体育部出版了融资指导手册，指导企业和个人如何从政府或金融机构获得金融支持。一些国家还十分重视知识产权保护，致力于健全知识产权、版权等无形资产的评价、交易等相关制度，为知识产权、版权贷款提供支撑。美国、韩国等发达国家均已形成无形资产评价制度和体系。美国的知识产权及相关服务业比较发达，建立了相对完善的知识产权管理和技术托管服务体系。韩国有专门提供技术评价、无形资产产权交易服务以及知识产权管理的机构。

四、本章小结

本章总结国内外健全文化产业投融资体系的先进经验，分析这些这些经验对天津的启示。

国外方面，书中介绍了美国、英国、法国、日本和韩国的先进经验；国内方面，介绍了北京、上海和福建三个省市以及杭州、南京两个城市的先进经验。俗话说，"他山之石，可以攻玉"，天津在发展文化产业，尤其是在建立健全文化产业投融资体系方面应积极吸取国内外的宝贵经验，政府应设立专项基金，与社会资金相配套发放；应成立专门担保机构为银行信贷提供担保；应成立针对文化创意产业的金融机构；应发放投资组合贷款，降低银行信贷风险；应大力发展证券化金融产品；应开展银团贷款，建立统贷平台；应发展风险投资基金，建立完善的多层次资本市场体系；同时加强政策指导，完善相关服务体系。这些方面的工作，有的天津已经正在进行，有的尚未涉及，但结合天津文化产业投融资状况整体不强的现状，应对已有的政策加强评估，提升政策效率，同时创新制度设计，适时出台和实施新的制度和政策。

第六章 完善天津文化产业投融资体系的对策建议

本章导读

本章首先从政策支持、融资市场和社会资本融资三个方面总结天津文化产业投融资体系存在的问题。接下来从文化产业、政府投入和融资市场方面分析了问题的成因。最后在较为深入分析存在的问题及其成因的基础上，提出应从三个层面完善天津文化产业投融资体系：一是国家层面，应加快立法，严格执法；应完善文化产业税收政策；应健全资产评估体系，为文化产业拓宽融资渠道提供技术服务支持。二是天津市层面，应借助开发性金融的资本优势，支持天津文化产业发展；鼓励文化企业上市，利用资本市场进行直接融资；积极创造条件，推进知识产权证券化；拓展政策性支持空间，优化文化产业发展环境；调动社会力量，支持文化产业投融资发展；拓展新型融资方式，努力为文化产业发展提供资金支持。三是文化企业层面，文化企业应加强财务管理，提高资金使用效率；应做好上市准备，借助资本市场做大文化产业。

在现代投融资市场中，投资和融资是同一个资本活动的两个方面，对于出资方来说是投资，相对而言受资方就成为融资。投资是指财政支出，即政府通过一系列的财政预算对文化、教育、卫生等领域的投入；融资是指资金的持有者和需求者之间，直接或间接进行的有偿融资活动。文化产业投融资是指与文化产业相关的政府、企业、其他社会组织以及个人进行的各类投融资经济活动的总和。

投融资作为现代经济的核心，为产业发展提供着不竭的动力和源泉，文化产业的发展和成长也如此。就文化产业而言，尽管国家已将文化产业提升到国家战略层面，但与之配套的政策、机制还很不完善，公共投融资平台、知识产权评估体系等基础性建设仍处于起步阶段。多方面因素叠加，使得文化产业尚处在"投资少、融资难"的投融资市场初级阶段。

另一层面，文化企业本身也存在着融资缺陷，如企业规模偏小、抗风险能力差、信用体系缺失、管理不规范、轻资产融资担保能力弱、持续盈利能力差等。在投融资市场供给方面问题主要为，现有金融体系不完善，不能适应文化企业的资金需求，主要表现在融资渠道不畅、间接融资管理过严、直接融资门槛过高、担保体系不够建全等。

一、天津市文化产业投融资存在的问题

（一）政策支持方面存在的问题

基于文化产业公益性、收益性双重属性，加之又属于新型产业形态，因此文化产业投融资市场发展主要靠政府投资的引导。近年来，天津市虽然加大了文化产业发展的投入力度，但与全市文化产业发展的资金需求相比，政府投入仍明显不足。天津市财政对文化产业的投入主要采用专项资金形式年度总额度仅为5000万元，而且使用方向也有限制，主要以项目补贴、项目奖励、贴息支持等方面构成。其数额和内容与天津市"文化产业年度固定资产投资500亿元，文化企业总数23000余家，文化产业增加值年均增长接近30%"的规模与趋势相比如九牛一毛。因此无法满足日趋巨大且多元化的文化产业发展需求。

（二）融资市场方面存在的问题

前文所述，文化产业所具有的双重属性和新兴产业的现况，加之文化产业尚处在轻资产、低收益、信誉平台尚未成熟等原因，由此造成融资市场诸多问题并存的现况。

1. 产业环境方面的问题

（1）天津文化产业尚处于发展的初期阶段，文化体制改革尚未完全到位，中小文化企业居多

《中国文化产业发展指数（CCIDI）研究成果报告》指出，"十一五"时期我国文化产业安装发展指数、表征指数和内涵指数进行的聚类分析，可分为三个梯队，第一梯队为上海与北京；第二梯队包括广东、山东、江苏和浙江四省；第三梯队包括它们的指数值介于26—52之间。第三梯队包括辽宁、山西、湖南、河南、福建、湖北、天津、安徽、四川、河北、重庆、吉林、云南、江西、陕西、黑龙江、广西、海南、内蒙古、宁夏、甘肃、西藏、贵州、新疆和青海。①从这份研究成果可以看出，就全国范围内来看，天津文化产业位于发展初期，虽然"十二五"期间，天津文化产业发展迅速，但在短短的5年时间内，从第三梯队跃居第一梯队，显然是不显示的。

我国的文化体制改革经历了四个阶段。从2003年6月至2005年12月为"开展试点、积极探索"阶段，北京，上海、重庆、深圳等9个地区和35个文化单位被确定为文化体制改革试点单位；从2005年12月至2010年7月为"扩大试点、由点到面"阶段，全国新确定了全国89个地区和170个单位作为文化体制改革试点单位；从2010年7月至今为"加快推进、全面展开"阶段，文化体制改革大力推进、全方位展开、纵深化拓展，尤其是十六届其中全会的召开，将我国文化体制改革推向了崭新阶段。天津文化体制改革正是在这种大环境下步步深入，遗憾的是，由于各方面的原因，天津文化体制改革推进得较为缓慢。第一阶段未被确定为试点地区，第二阶段天津18个区县只有河西区和西青区被纳入试点地区名单，与国内其他省份相比，丧失了很多政策优势。2008年天津市文化体制改革工作领导小组成立后，采取有力措施加快推进资源整合和经营性文化单位转企改制，打造主业突出、具有核心竞争力的骨干文化企业，重塑市

---

① 教育部哲学社会科学研究重大课题攻关项目《我国文化产业发展战略研究》（08JZD0034）课题组．《中国文化产业发展指数（CCIDI）研究成果报告》，文化部网站，2012－7－18．

场主体,推动文化体制改革向纵深发展。在深入推进文化体制改的同时,天津市各级政府还加快文化产业的发展,分两次先后推出了81个文化产业项目,总投资超过600亿元,致力于发展3~5个在全国有影响力的文化产业集团。虽然改革已取得卓越成效,但文化体制的改革尚未真正到位,离真正转变政府职能,政事分开,政企分开,管办分离,尚有较大的距离。文化体制改革得不到位客观上影响了文化产业的投融资环境,在一定程度上影响了文化产业的又好又快发展。

与全国整体情况相似,天津文化产业企业以中小企业为主体。以文化创意企业为例,截至2013年底,天津市有文化创意企业1.9万家,但中小企业占比达到85%。这些中小文化创意企业,除少数企业外,企业的创办大多是由创意人员个人或小组以私人资本投资设立,本身既缺少可用于抵押的固定资产,又难以获得第三方担保,自然很难获得金融支持。

(2) 市场尚处培育期,未形成相对成熟的运营模式和持续盈利能力,市场风险较高,由此造成融资市场萎靡不振

和其他产业一样,文化产业也会经历从培育期、成长期、成熟期和衰退期。"十一五"以来,天津文化产业发展迅速,但整体尚未进入成长期。文化产业的培育期相对较长,要三五年甚至更长的时间才能见到成效。投资额相对巨大,但见效慢,自然对资本形成了天然的障碍。因此,发展初期,民间资本进入文化产业存在诸多顾虑,也属情理之中。

文化产业最为鲜明的特点是"人脑+电脑+文化",其资产多为知识产权和无形资产,难以运用传统的资产评估方法确定其价值。知识资产的评估一直是理论界和实践行业的难题。一般来说,文化产业项目评估的要素包括法律政策、产业特征、文化背景、消费需求、执行团队、宗旨分析、知识产权、规范管理、资金保障、盈利模式、营销推广、风险控制、市场培育、技术应用等十四方面①。这么多要素需要评估,对于资产评估事务所是一个业务挑战。由于评估需要确定的要素众多,评估周期较长,而收费注定不是很高,所以,规模以上的事务所不会轻易接单,而业务水平较低的事务所出具的报告市场认可度又不是很高。因此,文化产业属于

---

① 月明. 文化产业项目该如何评估 [N]. 中国文化报, 2010.06.23.

高风险行业是资本持有者普遍的观点。

文化产业财务风险较高还表现在其财务报表上。一是在资产负债表上，无形资产所占比例过大，资产负债率相对较高；二是利润表上，培育期内的文化产业企业持续盈利能力指标（营业利润率、成本费用利润率、盈余现金保障倍数、总资产报酬率、净资产收益率、资本收益率）表现差强人意。凭借如此情形的财务报表向社会融资，金融部门往往因为其资产负债率过高而拒接贷款，民间资本也会因为预期利润率过低而犹豫不决。

2. 准入政策方面的问题

目前，天津的融资市场主体仍以国有金融单位的间接融资为主。如2012年天津历史风貌建筑示范点及五大道历史文化街区项目获得国家开发银行天津市分行22亿元贷款，成为天津市获得贷款支持的单体融资额度最大的文化产业项目。

间接融资的条件相对较高，需要具备银行要求的抵押条件；审批程序复杂；融资风险大，当企业经营不善时，到期不能还本付息的风险必然导致企业变卖资产以至破产，企业难以借助改善融资结构分散风险和转移风险负担；融资成本刚性强，企业通过银行贷款会将资金融成本锁定在银行贷款利息上，企业金融成本的高低主要取决于银行调整利率政策，特别在银行紧缩银根，利率提高的情况下，就会使企业的融资成本刚性上涨；资金使用受限制，一般情况下，银行为了保证银行贷款的及时归还，对贷款用途有明确的规定，如流动资金贷款、固定资产贷款等，进行严格的账户监管，企业难以灵活运用资金。

以国有经济为代表的金融服务企业在传统的经营理念和监管方式等方面形成准入屏障，服务水平、服务愿望、服务功能和服务方式均无法与文化产业的需求高效对接。一是现有金融服务无法实现对文化产业的对接。文化产业与传统产业存在明显差别，轻资产、无形化、知识化特点较为明显，往往缺乏金融机构认可的抵押品和担保，特别是处于初创期的文化型小企业，由于缺乏稳定的现金流，还款来源存在较大的不确定性，企业早期风险比传统产业高很多。金融服务机构尚未研究并建立起完善的文化企业资产评估体系，很难在风险可控的前提下，为文化企业提供针对性的金融服务。另外，金融机构在为文化企业提供融资时，受到利率政策限制，仅靠贷款利息无法覆盖可能产生的高风险，严重制约了金融机构开展文化企业贷款的积极性。另外，银行类金融机构无法采取股权投资形式提供融资服务。二是现有金融服务愿望无法实现快速对接文化产业的融资信息。文化企业融资信息与金融服务之间无法实现快速对接，是制约金融助推文化产业的重要因素。文化产业与金融服务依然属于"两张皮"，一方面，金融机构在服务中小文化企业时，面临着企业点多面广，信息分散，风险和成本较高的实际问题，虽有服务中小文化企业的美好愿望，但寻找合适服务对象所带来的成本导致金融机构实际操作依然束手束脚。另一方面，众多中小文化企业为寻找发展资金而犯愁，到处寻觅金融服务，但成效并不显著。三是现有金融服务水平无法满足充分对接文化产业的外部需求。现有金融机构提供的服务范围相对狭窄，无法充分满足文化企业的外部需求，是制约金融支持文化产业的核心因素。伴随着文化产业的不断发展，文化企业在选择外部资金过程中的主动性和针对性逐渐增强，对金融服务的要求也不断提升，部分文化企业的外部需求开始逐渐由以往"饥不择食""来者不拒"向"主动挑选"转型，由以往的单纯资金数量需求向综合增值服务需求转型。引进的金融服务机构能否帮助企业拓展产品的上下游产业链、能否帮助企业寻觅优秀人才以及是否具备深厚的人际关系网络，已经成为文化企业选择外部金融服务的重要标准。而目前金融服务机构的功能仍然较为单一，单纯提供资金的模式尚未改变，综合性服务能力依然较为欠缺，导致文化企业在选择金融服务机构时，依然心存顾虑。四是现有金融服务功能无法拥有有效对接文化产业的经营理念。近年来，文化企业由事业单位改制为独立经营的企业已成为主要趋势。但与国企改革的整体步伐相比，文化产业往往体现为体制内重组，"把小单位改成大单位"，并没有改变大多数国有文化实体的国有独资性质，导致国有文化实体难以真正摆脱传统体制束缚。文化产业的现代企业制度建设依然滞后，企业法人治理结构不健全，所有者缺位和越位并存，企业内部激励机制和动力机制不足。对于主动接受金融服务，将文化企业进行股份制改造，进而重组上市，在经营透明化下接受公众的监督和制约，目前文化企业管理层依然心存疑虑。[①]

---

① 杨畅. 金融支持文化产业，期待四层突破[N]. 上海证券报，2011.08.04.

正因为存在以上种种缺憾，文化产业投融资环境没有发生根本性改善。以天津市为例，虽2013年天津市委宣传部与11家银行签署了授信额度达260亿的战略合作协议，但时至今日，真正落实至文化企业使用的资金少之又少。

（三）社会资本融资方面存在的问题

国家虽然向社会资本敞开了融资大门，但在具体执行中，尚存在着受市场准入限制的种种规定。2011年，工商银行提高了融资性担保公司的准入门槛，具体条件为实收资本在1亿元（含）以上，信用等级在A3级（含）以上的融资性担保机构，此举引发了整个担保业的恐慌。其后，越来越多的商业银行倾向于与有国资或者政府背景的融资性担保公司合作，也有银行直接引进保险公司做资金保障。于是，大量的民营融资性企业被挡了门外。就全国融资性担保机构而言，国有全资或者控股的较低，大部分还是属于民营的。截至2010年底，全国融资性担保法人机构共计6030家，其中，国有控股1427家，民营及外资控股4603家，占比分别为23.7%和76.3%。作为"第三方担保"主体的民营融资性机构被挡在门外，使得整体融资环境恶化，对于抵押资产先天不足的文化产业企业而言，无疑是雪上加霜。

天津现有民营金融企业不足10家，多由国有企业控股。2014年获银监会审批筹建的天津金城银行，注册资本为50亿元，发起人为华北集团和麦购集团分别占有20%和18%的股权；锦联金融服务集团（天津）股份有限公司是天津首家民营企业金融服务集团，注册资金2亿元，将以贷款、担保、融资租赁、商业保理、投资等业务为主导，为区域中小型企业提供全方位服务，着力打造全国乃至境外的金融服务机构；天津还有几家民营金融机构，如坐落东丽区的天津海河普惠金融信息服务有限公司，注册资本仅为1000万元。很显然，银行针对民营融资性机构的新规将使天津不到10家的民营金融企业为区域内各类企业融资服务的作用大大受限，而对资金需求最大的文化企业无疑会受到最大的影响。

还有一点需要提及的是，虽然本届政府大规模推进行政审批制度改革，取消和下放了大批行政审批事项。但现实中，行政审批还存在着效率低下的现象。以天津文化产业小额贷公司为例,控股方为市国有的文投集团,民营股东资本排居最后,仅证照申请就达一年之久。

二、文化产业投融资问题的原因分析

(一) 文化产业方面

天津市属于文化资源大市,但文化产业发展属于新鲜事物。传统的文化产业均寓于文化事业之中,多由文化、传媒、出版、旅游等行业垄断。一些民营文化企业也多为从过去的广告、印刷、制作等业态转换而成,基本从事动漫制作、文化演出、中介服务包括互联网文化等范围。大型传媒、传播、出版等产业受准入政策限制均掌控在国有文化企业手中。

不管是转制的国有文化企业还是新兴的民营文化企业,普遍存在着轻资产、收益低、风险管理能力落后等问题。加之经营管理意识落后,创新能力不强,直接影响了投融资市场对文化产业支持的意愿度,制约了文化投融资市场的发育。

(二) 政府投入方面

近年来,天津市加大产业结构调整提升力度,大力发展装备制造业、高新技术产业、现代服务业等,着力改善民生工程,由此形成财政投入重点向上述领域倾斜。以高新技术产业专项资金 200 亿元相比,天津文化产业专项资金 5000 万元显得杯水车薪。文化产业作为新兴的战略性产业承担着国民经济调整、可持续发展、安排就业惠及民生等不可替代的作用。基于目前天津市财政状况,应提高政府对文化产业的投入力度,更要从要素市场的配置上为文化企业提供更广阔的土地、税收、产权保护、市场准入等方面的政策配套支持,使得文化产业同天津市其它产业发展形成并举之势。

(三) 融资市场方面

天津市文化产业融资市场,是在文化大发展大繁荣催生下建立的,基本属于天津市金融市场中的新兴市场。上文曾述天津市文化产业结构和发展历程及天津市金融产业背景,不难看出文化融资市场尚处在体量小、产品单一等状态。传统的融资模式偏于支持实体经济,造成对文化产业的融资力度欠佳。新型的由社会资本构成的融资企业少之又少,融资规模和资金总量杯水车薪。另外,天津市文化企业又处在发展初期,产业和产品缺乏竞争力,规模化程度、品牌化水平尚未形成,因此不具备自身造血功能。以上几方面是制约天津市文化产业融资市场发展的瓶颈所在。

三、完善天津文化产业投资融体系的对策建议

天津文化产业投融资体系的完善,虽说只是一个区域层面的事情,但需要从两个维度来考虑这个问题,对于涉及全国的方针政策和制度,需要从国家层面完善制度设计,改善文化产业发展环境,而对于微观层面的,则需要天津市各级政府落实政策,强化政策执行力,保障文化产业健康有序发展。这两方面工作应该齐抓共管,才能完善文化产业投融资体系,促进天津乃至全国文化产业的又好又快发展。下文从两个层面分述如下。

(一)国家层面

1. 加快立法,严格执法

党的十八届四中全会提出全面推进依法治国的总目标和重大任务,依法治国当从依法治财破题。就文化产业而言,虽然不能提及治国的高度,但事关社会经济发展,也应强化立法工作,以法律保障和规范文化产业的发展。为此,应围绕以法律制度展开立法和执法工作。

(1)抓紧制定《事权法》

中央与地方财力与事权的匹配体制是全面深化改革追求的目标之一,而现实情况决定这是一个长期调整的结果。当前,地方政府负债前行,伴随着文化事业和文化产业大发展,基础设施建设压力增大,公共产品和服务供给负担增加,使得地方政府财力越发捉襟见肘。虽然,地方政府"吃饭财政"的现象有所缓解,但在财力仍然相当紧张的当下,挤出巨额资金支持文化事业和文化产业的发展,具有前所未有的难度,因此,中央财政加大对地方的转移支付、调整央地财力分配关系应该说恰逢其时。抓紧制

定《事权法》《转移支付法》《中央与地方关系法》等基础性法规,增强地方政府支持文化事业和文化产业发展的支持力度。

(2) 适时制定《文化产业促进法》

借鉴发达国家的经验,我国应建设与完善与文化产业发展相关的法律制度。虽然,我国各层级地方政府出台和实施了促进文化产业发展的法律法规,但作为国家促进文化产业发展的基本法尚未建立。中共十八大四中全会决定制定文化产业促进法,把行之有效的文化经济政策法定化,健全促进社会效益和经济效益有机统一制度规范。《文化产业促进法》的立法宗旨在于促进和保障文化产业的持续、长久发展、促进文化产业竞争力的提示,应建立健全以下几方面的制度。一是文化资源开发、利用的引导和鼓励制度,要明确文化资源科市场化利用,要放宽文化资源开发、利用的市场准入制度;二是文化产业集群建设和规模效应实现的政府制度,建立政府指导制度,有利于根据地区经济和资源特点来建设文化产业集群,有利于实现产业集群的规模效应;三是文化产业市场竞争的法律规范和维护制度,有效消除我国文化产业发展中存在垄断倾向,建立快速有效的侵权救济法律制度和明确的责任承担法律制度。另外,还应该围绕《文化产业促进法》这一基本法,梳理和完善现行法律制度,系统构建与文化产业发展相关的法律制度。①

(3) 严格执行新《预算法》

文化产业具有准公共产品的属性,需要政府以财政资金对非营利机构和文化基础设施提供必要的资金支持。涉及财政资金的运用,需要规范政府的收支行为,需要强化有着"经济宪法"之称的《预算法》的修订和执法工作。《预算法》经过了10年的修改,几易其稿,终于在2014年8月31日发布。新《预算法》很好地体现了三个原则。一是全面性,《预算法》删除了有关预算外资金的内容,确规定政府的全部收入和支出都应当纳入预算;预算包括一般公共预算、政府性基金预算、国有资本经营预算、社会保险基金预算;同时对四本预算功能定位、编制原则及相互关系

---

① 徐升权. 促进文化产业发展的法律制度建设与创新 [J]. 科技与法律, 2010 (04): 6-9.

作出规范。二是透明性，《预算法》规定，除涉及国家秘密的事项外，经本级人大或其常委会批准，预算、预算调整、决算、预算执行情况的报告及报表，应当在批准后20日内由政府财政部门向社会公开，并对本级政府财政转移支付的安排、执行情况以及举借债务的情况等重要事项做出说明。各部门预算、决算及报表应当在本级政府财政部门批复后20日内由各部门向社会公开，并对其中的机关运行经费的安排、使用情况等重要事项作出说明。三是权威性，《预算法》对于违反预算法加大了处罚力度，分别是降级、撤职、开除以及刑事处分，这是借鉴国际最严苛的惩罚机制，充分的体现了预算法的权威性，让各级政府部门能够严格按照预算来管好钱袋子。应该说《预算法》的成功修订完成了重要的第一步，但"天下之事，不难于立法，而难于法之必行"，接下来更为重要的是尽快制定相关实施细则，确保《预算法》真正执行，监督和约束各级政府运用财政资金的行为，包括支持文化产业的发展等。

2. 完善文化产业税收政策

本书的第二章曾经对我国文化产业税收制度进行了梳理，在肯定现行税收制度对文化产业举得促进作用的基础上，指出现行税收制度自身的缺陷影响了政策执行的效果，主要表现在以下几个方面：税收优惠政策门槛较高，中小文化企业被拒之门外；现行税收政策层次低，系统性和规范性较差；政策多属事后优惠，对初创文化企业的支持作用不大；税收优惠政策具有时效性，不利于投资者作出长期投资决策；对人才培训的激励作用不强，不利于可持续创新人才队伍的形成；税收优惠政策协调性差，限制了政策的激励作用。

针对以上不足，财税部门应全面深化改革，从以下几个方面完善文化产业税收政策：

（1）加大流转税优惠，增加扣除环节和项目

改变当前以所得税为主的税收优惠政策体系，加大流转环节税收的优惠力度，补充增值税、营业税对自主创新产品的优惠措施，对种子期、起步阶段的文化产业项目和企业给予更多的实惠，帮助企业做大做强；税制改革应充分考虑文化产业直接材料成本比例小、间接费用比例大的实际情况，对其产业化最需要扶持的技术研究、技术开发、成果转化阶段和中试

产品，有针对性地给予增值税优惠政策①；扩大税收优惠政策的广度和深度，提升中小型企业自主创新能力，在增值税及营业税方面，增加一些扣除环节及项目②；运用差别税率引导文化产业的发展，对政府鼓励发展的高雅文化实行低税率，而对于音乐茶座、夜总会、保龄球馆等实行高税率，对老少边穷地区的文化产业和项目给予税收优惠政策③；对科技含量高的文化产业实施免征进口关税，可以在不违背 WTO 规则的基础上提高文化产品的出口退税率④；在营改增改革过程中，应尽快将文化产业纳入增值税征收范围，同时应当研究通过实行低税率、先征后退等优惠政策，切实减轻文化产业的税收负担；针对广播电视电影服务、文化艺术表演服务、网络文化服务等实行零税率，给予足额退税⑤。

（2）加大所得税优惠，降低文化企业研发成本

相对于西方发达国家的文化产业税收优惠政策，我们尚有较大空间。今后税制改革过程中，政府应提高文化企业研发经费方面的加计扣除比例，可将扣除比例由现有的实际发生额的50%提高至80%；同时借鉴国际通行标准，允许文化产业企业用前期研发投入抵减未来一段时期的应税收入；对企业购进机器设备、科研仪器等，应允许其缩短折旧年限，按固定资产原值的一定比例（可按50%）进行初次折旧，若购进的固定资产为国产设备，可按更高的比例实行加速折旧；对于研发费用形成无形资产的，应将摊销比例由现行的无形资产成本的150%提高至200%，将现有摊销年限（不低于10年）缩短至不低于8年⑥。对从事文化产业研发的投资与再

---

① 吴凤平，曲顺兰. 高新技术企业自主创新能力再培育的财税政策选择 [J]. 税务研究，2009，(5)：39-42.

② 李存周. 促进中小企业自主创新财税政策的探讨 [J]. 现代商业，2012，(5)：250-251.

③ 娄爱花，宁晓娜. 促进陕西文化产业发展的财税政策选择. 陕西行政学院学报，2014（01）：100-103.

④ 梁云凤，孙亦军，雷梅青. 促进文化产业发展的财税政策. 税务研究，2010（07）：23-26.

⑤ 施正文. 加快完善促进文化产业发展的财税政策法规体系. 中国税务，2013（12）：42-43.

⑥ 钱霞，庄杨，黄晋. 推进企业自主创新的财税政策研究 [J]. 软科学，2012，(2)：94-97.

投资实行投资抵免政策，允许企业按研究开发费用的一定比例抵缴所得税；对于使用先进设备的企业以及为研究开发活动购置的设备或建筑物实施加速折旧，并在正常折旧的基础上给予特别折旧①。

(3) 允许计提和扣除准备金，防范文化产业创新风险

文化产业存在较高风险，可能成功，也可能失败。高风险往往使得部分投资者望而止步。有鉴于此，我国政府应借鉴国际经验，准许文化产业企业按照销售或营业收入的一定比例设立各种准备金，如风险准备金、技术开发准备金、新产品试制准备金以及亏损准备金等，用于研究开发、技术更新等方面，允许在所得税前据实扣除②。

(4) 促进法制建设，提升科技税收政策的法律层级

针对现行财税支持政策多以规章制度等形式存在，强制力弱化的现状，我们应加强法制建设，提高促进企业科技创新税收的法律位阶。在完善宪法有关的内容规定的基础上，逐步改变以行政法规为主的现状，规范财政、税务部门规章的制定程序，保证税收立法体系的完整性、协调性，从而提高税收法律在税收法体系中的比重和位阶，保证税收立法的稳定性和权威性。由人大或人大授权国务院制定《文化产业税收优惠法》《税收鼓励文化企业发展条例》等，对现行繁杂、零散的税收优惠政策进行规范和整理，以法律形式明确对科技进步的税收支持政策，实现促进科技创新税收政策的系统性、全面性、科学性和规范性，做到透明、公开，为促进企业自主创新奠定良好的制度基础。

(5) 加大"事前优惠"，前置激励政策

所得税的减免虽然能在一定程度上刺激文化产业研发的积极性，但客观上容易扭曲企业行为，甚至会产生"负向激励"的后果。今后税制改革过程中应针对现行所得税优惠政策为主的现象进行调整，将优惠政策向产业链上游转移，特别是加强对于研发类文化产业企业的支持；逐步扩大税前扣除、加速折旧、投资抵免、亏损结转、提取科研准备金等间接优惠方

---

① 刘群. 完善财税政策 增强企业自主创新能力 [J]. 中国财政，2009，(8)：18 - 22.

② 财政部财政科学研究所课题组. 财税支持中小企业自主创新的问题及对策 [J]. 中国财政，2011，(3)：54 - 57.

式的比重，将事前优惠与事后优惠结合起来，使两种方式优势互补，形成政策合力。

3. 健全资产评估体系，为文化产业拓宽融资渠道提供技术服务支持

文化企业的资产构成以无形资产为主。在传统信贷融资渠道中，因为缺乏可资抵押的固定资产，难以满足商业银行的贷款条件。而银行和投资公司等金融机构为文化产业企业或项目提供贷款，普遍缺乏可依据的风险评估体系，因而动力不足。于是，针对文化产业企业或项目的无形资产的评估便成为架接资金供给者与需求者之间的桥梁，加强文化产业的价值评估也就成了破解文化产业投融资难题的关键因素。

资产评估，也称价值评估，是指由专门的机构和人员，根据国家规定和有关资料，根据特定的目的，遵循适用的原则，选择适当的价值类型，按照法定的程序，运用科学的方法，对资产价值进行评定和估算的过程。

资产评估的基本方法有三种，一是成本法，也称重置成本法，是指在现时条件下，用被评估资产全新状态的重置成本减去该项资产的实体性贬值、功能性贬值和经济性贬值，以其差额确定资产价值的一种方法；二是收益法，也称收益现值法，是对评估对象剩余寿命期间每年的预期收益，运用适当的折现率进行折现，累加得出评估基准日的现值，以此估算资产价值的一种方法；三是市场法，是根据目前公开市场上与被评估对象相似的或可比的参照物的价格来确定被评估对象的价格，一般用以比较的参照物包括个别因素、交易因素、地域因素和时间因素等。资产评估的三种方法有其特定的假设和使用范围，针对企业整体价值评估和无形资产评估通常采用收益法。

就融通资金而言，资产评估的作用是专门的机构和人员站在独立的立场上，就资产的现时价值进行评定和估算，帮助投融资主体做出正确的判断和决策。

资产评估对于改善投融资环境具有重要作用。然而，我国资产评估行业起步较晚，时至今日，我国为无形资产提供评估、转让、担保的中介机构仍处于严重不足的局面，而银行自身也缺乏这方面的专业人员和成熟的评估方法，无形资产流转服务体系不到位，无形资产贷款出现风险面临质

押物处理难的问题①。

目前，我国文化产业融资仍然困难重重，究其深层原因不仅在于版权难评估，还在于版权评估难。我国学者对此进行了专门研究，现在摘录如下②：

第一，版权难评估。

版权之所以难评估就在于其无形资产的属性，因为它实质上是把智力成果作为财产，与传统意义上的厂房、设备、机器等有形资产不同，不能被人的眼、耳等感觉器官感知。

文化产业作为新兴产业，其涵盖的行业范围广泛，不仅包括新闻出版、广播电影电视、动漫游戏、软件网络等行业，还囊括了文化艺术、建筑设计、艺术品交易等行业。它的内容复杂，所以不同行业涉及的版权也有差异。行业的不同造成文化产品版权的表现形式不同，如涉及出版行业的版权多以著作权表现，电影则主要表现在发行权、放映权等，整个行业没有一个相对固定的评估元素。

其次，文化产业的产业特征也表现出可复制性、衍生性、价值隐形、传播至上等。随着文化产业链的横向和纵向延伸，文化产业的版权应用范围也随之扩大，甚至，延伸至与创意要素相关的创意农业、创意工业等产业中。而文化产业中的"文化"和"创意"又都是"看不见，摸不着"的，虽然部分文化产品或服务以书面、屏幕、画面、衍生品、表演、音效等形式表现出来，使人感觉"看得见"，但对文化产品价值的认同体现为一种感觉、情感、心理、体验和回应，是一种因人而异的思想意识反映，同样是"摸不着"的，具有很强的隐形性，使得也是"看不见，摸不着"的版权的评估难上加难。

第二，版权评估难。

（1）影响版权评估因素众多。

①产品自身因素。文化产品不是一般的物质性产品，而是涉及艺术、

---

① 杨玉娟，刘恒洲. 黑龙江省文化产业投融资研究 [J]. 现代商业，2014（10）：81－82.

② 蔡尚伟，钟 勤. 论文化产业发展中的版权评估问题. 西南民族大学学报（人文社会科学版），2012（01）：139－143.

文化和生活娱乐的产品,主要满足人们精神上的需要。产品的类型、产品的创作者、使用状态、登记情况、收益方式等都会影响对文化产品的版权评估。比如,不同类型文化产品的版权,其价值评估存在差别。同为音像制品,流行音乐与民族音乐由于在投入上和受众上存在差异,二者的版权价值是不同的,在融资时,对其版权风险的评估也就存在差异。而在电影、电视、设计等行业,创作者的知名度高低直接影响对其版权价值的评估判断。使用状态也会影响作品的影响力和经济利益,电视剧的播放权,有的是独家只播一次,有的是多次播放,其版权带来的收益就是不同的,那么在评估时应考虑版权的使用状态。此外,著作财产权有两种主要收益方式:销售型和使用型。前一种主要是通过销售其作品从而获得直接收益,后一种是通过使用该作品的方式间接地实现其收益。在对文化产品进行版权评估时,需将文化产品的收益方式纳入评估之中,如一组时装的设计图,它的价值实现方式体现在成衣的价值收益中,所以在评估过程中,对于通过使用的方式实现收益的版权,评估因素也将增加,最终影响版权评估结果。

②市场因素。文化产业版权的载体在作为商品进行生产和交换时,必然受到市场的供求规律的影响,市场需求量、产品可替代性、产品的发行路径等都影响版权价值的评估。市场需求量越大,所估产品的版权价值越高。文化产业以智力劳动和信息投入为主,其产品在生产中不需要特别的设备,由于创意是无形的,因此某一类创意产品的出现会导致一系列形式和内容相近或雷同的文化产品的出现,而且有时还很难认定是否属于侵权。这种市场的可代替性必然影响文化产品版权的价值。而不同类型的文化产品,由于其传播方式或者发行路径的不同会影响其收益,比如文字作品通过广播方式传播,摄影作品、设计作品就很难通过同样的方式传播,那么文字作品广播权价值就比摄影作品广播权价值要大。还有,电影的版权如果能够在多个窗口发行,就能增加版权的消费量和版权收益,在对电影版权评估时考虑其发行路径不仅在一定程度上确保了电影版权投资的安全性,也在一定程度上分散了投资风险。

③文化因素。文化产业中的版权与文化有着紧密的联系,文化是在对版权评估时着重考虑的因素。在对文化产品版权价值评估时,越是有着深

厚文化底蕴的产品，其传播价值和开发价值越大，版权的价值也就越大，获得融资的机会随之增加。以文化资源因素为例，文化资源的因素包括品相要素、价值要素、效用要素、传承能力。保存状态较好的文化资源就具有较高的文化价值，例如联合国教科文组织公布的人类文化遗产名录的文化资源的版权价值就比国家级或省级评定的文化资源的版权价值更高，那么在进行产业开发涉及需要版权质押融资时，其版权评估结果就会出现差异性。

④法律因素。文化产业融资中版权评估的法律因素主要考虑版权的法律状况、版权的剩余法定保护年限、著作权的相关法制环境等。对于不同的文化产品，法律是给予不同的权利的。以版权的法律保护期限为例，根据著作权法，不同的著作权具有不同的保护期限，著作财产权以及应当由著作权人享有的其他权利保护期为50年，但是作为文化产业中的软件产品，受其产品更新速度快的影响，其版权的法律保护期一般在25~50年。所以在对文化产品进行版权评估时，法律也是影响评估结果的因素之一。

（2）版权评估体系不健全。

版权虽有价值，但没有实物形态，保值能力存在很大的不确定性，能否为文化企业带来预期的经济效益是未知数。文化产业中创造的产品是否受消费者欢迎、市场需求量大小等也是不确定的，因此文化产业属于高风险投资行业。"高风险"使得银行放贷畏而止步，银行在放贷的时候就需聘请专家进行评估、遵循严格的程序。尽管有诸如文化产权交易所、会计师事务所等专业金融机构开展了相关评估工作，但是在全国范围内缺乏专业权威的评估机构，未在业界形成统一的评估方法，众多文化产品的版权价值在市场上无法获得正确、合理的评估，评估结果的认可度也大多在金融机构偏低，因为部分金融机构，如银行，内部存在一套针对文化产品版权的评估，但其与市场评估系统常常"不接轨"，使得放贷程序复杂化和长期性，版权也多以被"组合"方式进行质押，难以独立申请贷款，最终导致文化企业无法获得预期贷款。正是国内版权评估体系的不健全在一定程度上造成了文化产品版权评估难，也造成文化产业融资难的普遍现象，阻碍了文化资源市场化和产业化，制约了金融促进文化产业的发展。

十七届六中全会吹响了振兴和繁荣文化产业的号角，各级政府部门加强了制度设计，出台了若干促进文化发展的政策。其中《关于金融支持文化产业振兴和发展繁荣的指导意见》就全面细化了金融支持文化产业的方法、途径、步骤和手段，为解决文化企业投融资难问题提供了政策保障，必将对推动文化产业实现跨越式发展产生了积极而深远的作用。

"建立文化企事业无形资产评估体系"是破解文化企业融资的重点和难点，这一工作应该如何进行？文化部文化产业司司长刘玉珠认为，建立我国文化企事业无形资产评估体系是一项复杂而艰巨的系统工程，应完善知识产权法律体系，切实保障各方权益；依托专业的无形资产专职评估机构，规范评估行为；构建无形资产评估业的组织系统和信息服务系统网络等。

具体而言，应针对文化产业特殊属性，围绕着建立健全专门的资产评估体系，做好以下几方面的工作：一是推动建立符合文化产业发展需求的社会中介服务体系，推动有关部门制定和完善专利权、著作权等无形资产的评估、质押、登记、托管、流转和变现的管理办法，建立并充分发挥文化产权交易平台的作用，为文化企业的著作权交易、商标权交易和专利技术交易等文化产权交易提供专业化服务[1]。二是建立专业的无形资产评估服务机构，通过对具有优质商标权、专利权、著作权等无形资产的文化企业进行资产评估，为这类企业实施权利质押贷款的融资方式提供技术服务支持[2]；或是建立权威的版权评估事务所，由国家版权局、知识产权局等政府部门牵头，邀请全国著名的专业评估人士，引入银行、保险、担保等金融机构，联合版权领域、文化产业领域研究的专家学者共同建立一个合理、有效、权威的版权评估体系，然后在这一体系下建立权威的专业版权评估机构[3]。

---

[1] 褚晓琳：文化产业融资问题、现状与建议．经济导刊，2010（9）．

[2] 范晓宏，李静，安定明．河北省文化产业投融资中的问题及对策研究．产业与科技论坛，2011（09）：59-61．

[3] 蔡尚伟，钟勤．论文化产业发展中的版权评估问题．西南民族大学学报（人文社会科学版），2012（01）：139-143．

(二) 天津市层面

1. 借助开发性金融的资本优势,支持天津文化产业发展

开发性金融是开发性金融是单一国家或国家联合体通过建立具有国家信用的金融机构(通常为银行),为特定需求者提供中长期信用,同时以建设市场和健全制度的方式,加快经济发展,实现长期经济增长以及其他政府目标的一种金融形式①。开发性金融是政策性金融的发展,与商业金融有完全不同的目标和范围②。

近些年来,以国家开发银行为代表的政策性金融对我国文化产业的发展注入了强大的资金。近些年来,以国家开发银行为代表的政策性金融对我国文化产业的发展注入了强大的资金。在陕西,从2003年开始,国家开发银行运用"政府入口、社会共建、市场出口"的运作方式,以开发性金融理论为指导,开展了对曲江新区的全面支持,首期提供中长期信贷25亿元,用于曲江一期基础设施的起步发展③。在安徽,2009年,国家开发银行积极介入华强文化产业项目,对芜湖文化产业园项目提供融资支持,承诺项目贷款10亿元④。在上海,2010年,国家开发银行作为总牵头银行之一,为上海迪士尼项目争取到222亿元的银团贷款,一期额度为129.15亿元人民币。据悉,从2009年至2011年,国家开发银行先后与新闻出版总署、河南省、上海市、安徽省、青海省、西安市等省市签订文化产业合作备忘录,意向合作额度高达1400亿元。

国家开发银行开发性金融对天津经济发展也发挥了重要作用,比如海河大开发、设施农业发展等,但在文化产业发展方面,尚没有典型案例。因此,天津金融管理部门应加强与国家开发银行的合作,借助金融资本的

---

① 国家开发银行,中国人民大学联合课题组. 开发性金融论纲 [M]. 北京:中国人民大学出版社,2006

② 陈元. 创国际一流业绩的开发性金融 [J]. 求是,2003,(19):32 – 34.

③ 国开行"融资 + 融智"支持西安曲江新区文化产业建设 [N]. 人民日报. 2011.11.07.

④ 郭丽君. 文化产业调研行:担当文化产业的"金融引擎" [N]. 光明日报. 2011.11.03.

优势，大力支持天津文化事业和文化产业的发展。

为此，应做好以下三方面的工作。

(1) 强化开发性金融的开发性功能，以项目开发引领文化产业发展。开发性功能是指开发性金融对市场失灵领域进行投资与开发，培育市场，从而促进经济的协调发展。在文化产业领域，由于外部性、公共物品、信息不对称、垄断和贫富分化等现象的存在，市场失灵的问题比比皆是[①]。开发性金融性金融应通过政府信用的方式对文化产业进行投资，从而弥补市场信用失灵及体制不完善所导致的缺陷。

(2) 强化开发性金融的引导性功能，带动社会资金进入文化产业领域。引导性功能是指开发性金融机构通过市场建设与开发吸引商业性金融和民间资本进入符合政府意图的投资项目。建议天津文化管理部门强化开发性金融的引导性功能，将社会资金引入文化产业领域。社会资金的成功引入，需要地方政府加强制度建设，通过税收减免和返还等形式健全投资环境，提升文化事业和文化产业的投资价值。果能如此，政府治理游资的意图便能实现，而文化发展也获得了充盈的资金支持。

(3) 强化开发性金融的补充性功能，协同财政资金合力发展文化产业。开发性金融是指开发性金融机构承担商业金融机构无力或不愿承担的长期资金信贷业务，发挥补充完善商业性金融机构的功能。

2. 鼓励文化企业上市，利用资本市场进行直接融资

有资料显示，全国已有近 80 家文化企业通过上海和深圳上市。遗憾的是，天津仅有一家文化企业通过主板市场上市，二板和三板上市的天津文化企业也是寥寥无几。天津市文化产业通过资本市场融资落后于其他省市。

为了改变这一现状，近些年来，政府加快了扶持政策的制定。

2013 年 4 月，天津市召开推动企业上市工作会议，部署了下一步工作安排，制订了企业上市工作目标，即新增股改企业 100 家，辅导报备 11 家，报证监会发审 10 家，在新三板挂牌 46 家，在天交所挂牌 19 家，借壳

[①] 张李节，赵建军. 文化产业发展中的市场失灵纠正与政府职能再审视 [J]. 淮北师范大学学报（哲学社会科学版）》，2012（06）：30-33.

重组1家，组织培训2000人次；极推动天津市企业在新三板和天交所挂牌，引导企业到境外资本市场上市。各级政府和相关部门要加强组织领导，完善制度机制，全面落实企业上市工作责任制。加强协调服务和监督考核，加大工作力度，努力形成"条块结合、上下联动、整体推进"的工作格局。天津市主要领导表示，要进一步加强上市工作培训，积极营造企业上市氛围，形成政府推上市、促上市、帮上市，企业想上市、争上市、能上市的良好局面。

2013年9月，天津市金融办与市委宣传部联合发布《关于促进天津市文化与金融融合发展的实施意见》（津金融办〔2013〕71号），就文化企业上市做出了明确决定："推动天津市符合条件的文化企业进行股份制改造，充分发挥多层次资本市场作用，支持文化企业在主板、中小板、创业板、中小企业股份转让系统、天津股权交易所、天津滨海柜台交易市场股份公司挂牌融资。鼓励上市公司充分利用资本市场资源配置功能，将符合条件的文化企业、文化资产注入上市公司，促进文化企业借助资本市场发展壮大。"

政府的推动加快了文化产业上市的步伐。比如，中科曙光（603019）2014年11月成功在上海上市，股本数量为3亿股；长虹立川430218、天房科技（430228）、赛诺达（430231）、伟力盛世（430312）、金硕信息（430297）、中环系统（430331）、益佰广通（430660）、竹林伟业（831286）和赞普科技（831405）等9家股票于2013—2014年成功登陆深圳"新三板"市场；九宸动漫（212002）在"天交所"挂牌；新智公司、唐成公司登陆"天津OTC"非上市股份公司股份转让平台。天津文化企业上市融资的步伐呈现出加速度的态势。

3. 积极创造条件，推进知识产权证券化

天津各级政府应积极创造条件，借鉴国外经验，推行知识产权证券化，实现金融资本与文化产业资本的有机融合。在美国，知识产权证券化已运用于文化产业的各个领域，包括电子游戏、音乐、电影、休闲娱乐、主题公园等知识产权，几乎都已成为证券化的对象。如美国的迪士尼和我国的方特乐园，其每一张门票中有0.1%到1%的品牌证券化股权，也就是当您在娱乐消费的同时，就已经成为该企业的股东。其间孕育着巨大的成交量和市盈率。建议天津市以五大道作为试点，尝试推进产权证券化融资。

4. 拓展政策性支持空间，优化文化产业发展环境

随着全市经济的不断发展和壮大，政府应加大对文化产业的资金投入、政策支持和金融创新。

在资金投入上应根据天津市文化产业发展的规模和速度，合理安排政府拉动性的资金支持力度。完善和丰富专项资金的使用方向和门类，对应文化产品、文化科技、文化人才、文化设施，分别设定专项资金，与受资企业经济效益挂钩，梯次跟进专项资金支持力度。

在政策支持方面，应加大税收支持力度，放宽土地、产权、物权等要素市场政策。鼓励文化企业扩大固定资产，为文化企业建立融资担保、财政贴息和风险补偿机制，为信贷资金和其它融资产品介入提供保障。

文化产业是"朝阳产业"，具有"逆经济周期"的发展特点，金融业应抓住机遇，乘势而上。政府应大力推进金融体制改革和创新，支持其文化产业的融资业务。在监管层面上，通过货币信贷政策和金融监管政策，加大对文化产业的支持力度。在金融机构层面上，充分认识支持文化产业发展既是国家战略的需要，也是实现金融业务新增长的契机。不断开发针对文化产业项目的特色产品，探索知识产权、无形资产质押等方式，解决文化企业抵押难问题。

5. 调动社会力量，支持文化产业投融资发展

文化和文化产业触及百姓生活的衣、食、穿、戴、玩各层面，每一位公民都是文化的参与者和享受者。建议调动社会力量增强和丰富文化产业投融资市场容量和力度。

一是依据现有文化领域的协会和研究会，成立对应文化产业主要门类的专门基金会。广泛吸纳境内外热心文化发展人士的捐赠和募集，构筑支持文化产业发展的公益性基金。政府也可将一些非常态性文化企业税收（如演出现场税收、专利著作权稿酬税收等），采用转移支付的方式增加政府专项资金的容量，由此形成一个完整的新型的投资链条，加大对文化产业的投资力度。

二是发行文化彩票，扩大公益性文化基金范围。文化产业具备公益和收益两重性，尤其是近年来许多文化场馆免费向社会开放，其对外免费开放的设施管理成本均加在政府承担范畴。造成政府对文化产业支持表面上显着乏力，实际上负担过重的事实。国外许多国家都发行了文化彩票，作为政府通过民间融资支持文化产业发展的首选手段。山东省已发行了"孔子彩票"，收益颇丰，效果极佳。建议天津着手研究文化彩票设立诸事宜，选择代表天津文化特色的具有品牌竞争力的项目试发行文化彩票，如"五大道文化彩票"。

6. 拓展新型融资方式，努力为文化产业发展提供资金支持

引入国内外先进的投融资理念，采用BOT、BT也就是"建设—经营—转让"等模式兴建文化产业项目，尤其是文化园区项目。其内容指的是政府或政府授权项目业主，通过合同约定并授权另一投资企业来融资、投资、建设、经营、维护该项目，协议期满根据协议由授权的投资企业将该项目转交给政府或政府授权项目业主的一种模式。该模式适用于现在不能盈利而未来却有较好或一定盈利潜力的项目。例如由市文投集团与天津港合作建设的天津文化世贸区项目，非常适合上述融资建设模式。该模式既规避了文投集团资产轻、专业作业能力弱的现况，也充分发挥了文投集团作为全市文化产业投融资平台的核心职能，在事半功倍中建设一个服务于天津市文化企业，面向于外贸经济的文化产业世贸平台。

（三）文化企业层面

1. 加强财务管理，提高资金使用效率

在"现金为王"的今天，资金犹如企业的血液，唯有血液循环通畅，企业才能健康成长，但资金问题的解决只是企业发展壮大的必要条件，而非充分条件。政府层面针对文化产业出台各种优惠政策，源于文化产业企业提供的精神产品与服务属于准公共产品，但政府的行为不能替代企业的管理行为。

文化产业企业在获得较为充裕的运营资金保障的基础上，应强化自身的管理，提高资金使用效率。政府政策与企业管理犹如鸟之双翼，只有相互配合，才能形成合力，才能促进文化产业做大做强。

文化产业企业提高资金使用效率，须做好以下几方面工作：

(1) 注重资产结构与资本结构的适应性

第一，资产结构。

按照《企业会计准则—基本准则》的解释，资产是指企业过去的交易或者事项形成的、由企业拥有或者控制的、预期会给企业带来经济利益的资源。企业过去的交易或者事项包括购买、生产、建造行为或其他交易或者事项。预期在未来发生的交易或者事项不形成资产。由企业拥有或者控制，是指企业享有某项资源的所有权，或者虽然不享有某项资源的所有权，但该资源能被企业所控制。预期会给企业带来经济利益，是指直接或者间接导致现金和现金等价物流入企业的潜力。

按照使用期限，企业资产可分为流动资产和非流动资产两类。流动资产是指企业可以在一年或者超过一年的一个营业周期内变现或者运用的资产。包括货币资金、交易性金融资产、应收账款、存货。非流动资产是指流动资产以外的其他各类资产，包括对外投资、固定资产、无形资产和其他资产。

资产的结构是指流动资产、非流动资产占总资产的比重。通过资产结构的总括分析，可以大致了解企业资产的基本构成情况，认识企业生产经营与管理的优势与不足，为进一步分析这些优势与不足形成的原因提供资料。

第二，资本结构。

资本结构通常是指企业的全部资金来源中负债和所有者权益所占的比重大小。对于债权人来说，分析资本结构可以判断企业债权的保障程度，评价企业的偿债能力，从而为决策提供依据；对于投资者来说，分析资本结构可以判断其投资所承担的财务风险的大小，以及负债对投资报酬的影响，从而为投资决策服务；对于经营者来说，通过资本结构分析，评价企业偿债能力的高低和承担风险能力的大小，发现企业理财中存在的问题，采取措施调整资本结构，实现资本结构最优化。

第三，资产结构与资本结构的适应性。

资产结构与资本结构的适应性，是指企业资本结构（期限构成上）与企业当前以及未来经营和发展活动相适应的情况。

一般来说，企业的资产结构与资本结构的适应性可表现为以下形态：一是保守结构，在保守结构中，企业的全部资产的资金来源都依靠长期资金（长期负债和所有者权益）来满足；由于企业负债的偿还期限较长，所以风险较低，但很显然，企业要承受较高资金成本的压力，毕竟，负债期限越长，资金成本（利率）越高。二是稳健结构，在稳健结构中，企业流动资产的一部分资金需要使用流动负债来满足，另一部分资金需要由企业流动资产的一部分资金需要使用流动负债来满足，另一部分资金需要由长期负债来满足；企业的资金成本较低，短期偿债能力较强，财务风险相对较小。三是平衡结构，这种结构是企业追求的理想状态，企业流动资产全部依靠流动负债来满足，非流动资产依靠长期负债和所有者权益来满足；由于负债的偿还期限与资金的来源很好地配合起来，所以企业的财务风险均衡。四是风险结构，在风险结构下，企业的长期资产需要以流动负债来满足，比如，企业用6个月期限的贷款来构建固定资产等，由于非流动资产的建设期限较长，而流动负债的偿还期限相对较短，必然会出现非流动资产尚未安装完工产生效益时，企业就面临资金偿还的压力，因此，企业的财务风险较大，存在"黑字破产"的潜在风险。

以上四种结构，企业应尽量避免保守结构和风险结构，尽可能选择稳健结构和平衡结构。

文化产业企业的一个突出特点"轻资产"，在资产构成中，无形资产所占比例较大，而固定资产等有形资产所占比例相对较小。由于无形资产的研发需要经历较长时期，同时存在较大的不确定性，因此，无形资产研发和固定资产的建造所需资金不能选择短期资金，而应该选择期限较长的资金来源渠道。资金的长期占用会形成较高的资金成本，政府财政无偿拨款便显得十分重要了，或者政府出资进行贴息扶持，也能有效降低文化产业企业的财务风险，保证企业安全度过培育期，助力文化产业企业稳健成长。

（2）注重文化产业项目投资的可行性分析，提高资金使用效益

文化产业投资具有高风险性，中央财经大学助理教授李建栋曾撰文指出，文化产业的高风险性主要来源于以下几方面，一是部分项目的盈利模

式目前还不明确。二是成熟的文化产业如电影制作、出版发行等可能存在着过度同质化的风险，从资本投资的角度看，就会影响对高回报的判断。等投资发生之后，就可能发现市场不如想象中的广阔，竞争激烈。三是文化产品的估值主观性强，波动相对剧烈。四是在文化产业估值中，价值的主要部分在于知识产权。而我国这方面法律尚不健全。五是文化并不都是快餐文化。很多文化要求的是一种积淀，一种对金钱的漠视。而金钱、盈利、回报这些东西本身恰是投资所关心的。所以文化投资逻辑上的直接结果就是资本所能扶持的文化就是匹配于它的文化，也就是工业化生产的模式（可以成批生产），面对大众消费对象的一种服务性、经营性的文化。

投资有风险，这种风险与文化产业自身的风险叠加在一起，便产生了令投资者望而生畏的风险。这种境况下，针对文化产业项目的可行性分析就显得十分重要了。可行性分析是通过对文化产业项目的主要内容和配套条件从经济、技术、工程等方面进行详细深入的调查研究、科学论证和分析比较，预测文化产业项目建成后可能产生的经济收益及对社会环境所造成的影响，从而得出该文化产业项目是否值得投资和如何进行建设的投资方案，从这个意义上讲，可行性分析是文化产业项目决策的重要依据和参考。

正所谓"文无定法"，针对不同文化产业项目进行的可行性分析，其内容可能会不一样，但以下项目是分析的基本要件。

一是文化项目市场需求预测。需求预测是借助于市场调查资料和所获得的信息，选取适用的预测方法，分析未来一段时期内市场对文化产业项目的需求量及变化趋势，从而研究优选建设项目的过程。

二是文化产业项目的功能定位。是针对文化产业项目的功能及其目标顾客的分析；

三是项目选址与建设条件。项目选址包括地势、通风、土质、周边环境、交通、供电和供水等基础设施等；建设条件包括自然条件、区位交通条件、公共基础设施条件、经济社会条件、环境保护条件和施工条件等。

四是建设内容与建设规模。建设内容是简略介绍文化产业项目的主要建设模块和基础设施建设的具体内容；项目建设规模也称项目生产规模，是指项目设定的正常生产运营年份可能达到的生产能力或者使用效益。建设规模的确定，就是要合理选择拟建项目的生产规模，解决"生产多少"的问题。

五是建设方案。包括项目主体、附属设施、基础设施、服务设施和管理设施等的具体建设方案。

六是环境保护与节能方案。针对文化产业项目建设期和运营期可能出现的污染源制定污染物治理方案和节能方案。污染物治理方案包括污水、垃圾等的防治安排；节能方案包括工艺设备、电力、用水等降低能耗的措施安排。

七是安全、消防与人防。包括安全规划、消防规划等。

八是项目实施进度。包括各功能模块、基础设施等建设起点和终点及进度安排。

九是投资估算与资金筹措。包括固定资产、流动资产等估算和资金筹措方案和使用计划。

十是经济评价。包括费用估算与财务效益，即销售收入估算、综合总成本估算、利润总额估算、所得税及税后利润估算；财务分析，即针对全部投资和固定资产投资的财务分析；盈亏平衡分析和敏感性分析。

十一是风险分析及防控。包括政策风险分析及风险防控、用地及工程建设配套风险分析、市场风险分析及风险防控、资金风险分析及风险防控、原材料采购风险及风险防控、环保因素风险分析及风险防控等，在以上分析的基础上形成文化产业项目风险评价结论。

2. 积极上市融资，借助资本市场做大文化产业

本书第二章已做了介绍，我国资本市场门槛过高。主板市场对于会计利润、注册资本等的限制将大多数文化企业挡在了门外，二板市场和三板市场虽然大幅度降低了准入门槛，但截至目前，我国成功上市的文化企业仍然是少数。造成这种现状的原因是多方面的，其中一个主要原因是因为大部分文化企业上市融资的准备不充分，导致目前我国文化企业在融资渠道上过分依赖政府投资和银行贷款，不合理的资本结构导致文化企业发展饱受资金之困而举步维艰。因此，文化加强管理，实施资本运作，积极准备条件，对于成功叩开资本市场具有重要作用。

一般来说，企业成功上市应着力做好以下准备工作。

第一，选择合适的保荐人。

文化企业大都不具备熟悉资本市场运作的专门人才，因此，应根据需要聘请中介机构担任上市保荐人、财务顾问和主承销商等，同时委托律师、注册会计师、评估师等中介机构准备上市必须的法律文书及其他文本资料。

我国相关法律法规对保荐人的权利义务做出了明确规定："保荐人应当严格履行法定职责，遵守业务规则和行业规范，对保荐的上市公司的申请文件和证券服务机构出具的专业意见进行审慎核查，督导上市公司规范运作，对上市公司是否具备持续盈利能力、是否符合发行条件作出专业判断，并确保所出具的发行保荐书和上市公司的申请文件真实、准确、完整、及时。"[①] 因此，在众多中介机构中，保荐人的选择是至关重要的。通常的做法是，保荐人同时担任财务顾问和主承销商。

在帮助企业上市过程中，保荐人的主要职责在于就公司现行架构和财务状况，拟定最合适的重组方案，并实施重组工作；协调各专业人士的工作及制定时间表；统筹一切有关上市申请、公开发售及上市之工作，参与推荐和委托有上市审验资格的会计师事务所、律师事务所、印刷商；负责统筹编写招股说明书及其他相关文件；按照上市规则及其他有关法规，为公开发售及上市向交易所提交申请及处理有关事务；根据市场情况，与公司协商确定公开发售的股本数、最佳发行价格和时间；广泛联系投资基金参与发行，安排包销商首次公开发售及上市的股票。

保荐人的选择通常要考虑以下因素。一是目标保荐人的资信、品牌和公众形象。二是目标保荐人与其他知名中介的合作记录。三是目标保荐人是否拥有健全的营销和网络畅通的发行渠道。四是目标保荐人的专业能力和后续支持能力。

第二，选择适合的中介机构。

企业上市需要通过证监会等部门的审批，因此，需要准备大量的法律

---

① 中国证券监督管理委员会.《创业板上市公司证券发行管理暂行办法》（证监会令〔第100号〕），2014.05.14.

文书和其他审核材料。文化企业应选择具有证券从业资格的律师、会计师和评估师等中介机构做好上市准备。这些中介机构的选择除了要求其具备证券从业资格以外，还应该按照相关法律法规，明晰中介机构的具体职责。

《律师事务所从事证券法律业务管理办法》规定，律师事务所可以为下列事项出具法律意见：首次公开发行股票及上市；上市公司发行证券及上市；上市公司的收购、重大资产重组及股份回购；上市公司实行股权激励计划；上市公司召开股东大会；境内企业直接或者间接到境外发行证券、将其证券在境外上市交易；证券公司、证券投资基金管理公司及其分支机构的设立、变更、解散、终止；证券投资基金的募集、证券公司集合资产管理计划的设立；证券衍生品种的发行及上市；中国证监会规定的其他事项。

注册会计师要按照《企业会计准则》的要求为上市公司提供审计服务，出具独立审计报告，还应就上市公司管理层在重大投融资决策、重大会计政策选择和复杂交易事项等方面出具参考意见。

文化企业上市，涉及资产处置、股权转让的业务时，注册评估师应出具评估报告。注册评估师受聘为上市公司服务时，应遵从《资产评估准则》《资产评估操作专家提示——上市公司重大资产重组评估报告披露》等法律法规，独立客观地出具评估意见。

第三，制订公司上市规划。

文化企业确定保荐人和中介机构后，应在保荐人的安排下，由中介机构对文化企业进行详细调查。调查的主要调查包括公司成立及历史沿革、组织与人事、产品、销售及市场拓展、行业与竞争、生产、资产及证明、财务、发展规划和资本开支计划等。

在详细调查的基础上，保荐人和中介机构制定翔实的上市规划。上市规划的主要内容包括公司目前现状分析；公司改制和重组的目标、股权结构的调整、资产重组的原则和内容、重组中应注意的问题；公司上市操作的相关事宜；工作程序和时间表；组织实施及职责。

第四，改制与重组。

由于历史和体制方面的原因，我国文化企业大多没有建立现代企业制度，组织形式以非公司制的形式为主，上市之前需要进行股份制改造，通过资产重组成立股份有限公司，以明晰产权关系和规范公司经营和管理，达到上市规则的要求。

改制和重组按照以下程序进行。第一步，确定改制与重组方案。方案应由企业高层管理人员、保荐人、律师和会计师共同讨论确定。方案的确定要充分考虑企业实际情况，还应符合创业板上市规则要求。第二步，界定产权。由于律师、注册评估师对上市公司的有形资产和无形资产的所有权进行确认和评估，制定相关转让协议，取得有关部门的审批。第三步，主营业务重组。公司上市之前，应按照创业板上市的要求，对其主营业务进行重组，剥离非主营业务，注入优质资产，突出核心业务。第四步，完成各部门审批程序，注册新公司。

第五，规划拟上市公司治理结构。

《上市公司治理准则》对上市公司治理结构的构成及其法定职责做出了明确规定，《深圳证券交易所创业板股票上市规则》就股东大会、董事会、经理、监事会、独立董事等细化了相关规定，这些应成为文化企业上市前健全公司治理结构的法规性文件。拟上市文化企业应根据以上规定检查是否符合公司治理结构的要求并进行相应调整；明确股东大会、董事会、监事会以及经营管理层的职责权限，健全议事规则和相关制度。

综上，文化企业上市前的准备工作比较烦琐，需要借助中介机构的力量，按照现代企业制度深化改革。文化企业应扎实做好各项准备工作，尽量缩短上市历程，保证企业成功上市，通过发行股票及时足额地完成融资任务。

四、本章小结

本章针对完善天津文化产业投融资体系提出对策建议。

首先，书稿从三个方面总结天津文化产业投融资体系存在的问题。在政策支持方面，现有政策下天津市文化产业投融资无法满足日趋巨大且多元化的文化产业发展需求。在产业环境方面的问题表现在两个层面上，一是产业环境方面，天津文化产业尚处于发展的初期阶段，文化体制改革尚未完全到位，中小文化企业居多；市场尚处培育期，未形成相对成熟的运营模式和持续盈利能力，市场风险较高，由此造成融资市场萎靡不振。二是注入政策方面，以国有经济为代表的金融服务企业在传统的经营理念和监管方式等方面形成准入屏障，服务水平、服务愿望、服务功能和服务方式均无法与文化产业的需求高效对接。在社会资本融资方面，作为"第三方担保"主体的民营融资性机构被挡在门外，使得整体融资环境恶化，对于抵押资产先天不足的文化产业企业而言，无疑是雪上加霜。

接着，书稿从三个方面分析了以上问题的成因。在文化产业方面，天津市属于文化资源大市，但文化产业发展属于新鲜事物，不管是转制的国有文化企业还是新兴的民营文化企业，普遍存在着轻资产、收益低、风险管理能力落后等问题，加之经营管理意识落后，创新能力不强，直接影响了投融资市场对文化产业支持的意愿度，制约了文化投融资市场的发育。在政府投入方面，虽然近些年来，天津市实施文化强市战略，但囿于财力紧张，投入明显不足。在融资市场方面，天津文化融资市场尚处在体量小、产品单一等状态。

在较为深入分析存在的问题及其成因的基础上，书稿提出应从三个层面完善天津文化产业投融资体系：

一是国家层面。虽然书稿探讨的是天津文化产业发展的问题，但现实国情下，政策、法律和制度的完善，需要中央政府完善顶层设计。为此，首先应加快立法，严格执法，包括抓紧制定《事权法》；适时制定《文化产业促进法》；严格执行新《预算法》。其次，应完善文化产业税收政策，包括加大流转税优惠，增加扣除环节和项目；加大所得税优惠，降低文化企业研发成本；允许计提和扣除准备金，防范文化产业创新风险；促进法制建设，提升科技税收政策的法律层级；加大"事前优惠"，前置激励政策。第三，应健全资产评估体系，为文化产业拓宽融资渠道提供技术服务支持。

二是天津市层面。天津市各级政府和相关部门应做好以下几方面工作以推动文化产业投融资体系的完善。首先，应借助开发性金融的资本优势，支持天津文化产业发展；其次，鼓励文化企业上市，利用资本市场进行直接融资；第三，积极创造条件，推进知识产权证券化；第四，拓展政策性支持空间，优化文化产业发展环境；第五，调动社会力量，支持文化产业投融资发展；第六，拓展新型融资方式，努力为文化产业发展提供资金支持。

三是文化企业层面。文化产品具有准公共产品的属性，投融资体系的完善需要政府加大支持，但文化企业也应加强管理，通过自身的努力增强资金和资本实力。首先，文化企业应加强财务管理，提高资金使用效率，包括注重资产结构与资本结构的适应性；注重文化产业项目投资的可行性分析，提高资金使用效益。其次，文化企业应做好上市准备，借助资本市场做大文化产业。

参考文献

一、中文文献

（一）著作类

1. 伍小军：《中国文化产业融资方式创新研究》，华文出版社 2014 年版。

2. 北京市国有文化资产监督管理办公室：《北京市文化创意产业投融资实务：融资决策》，北京联合出版公司 2014 年版。

3. 李军：《文化创意产业投融资创新》，中国传媒大学出版社 2014 年版。

4. 李宝虹：《文化产业投资》，清华大学出版社 2013 年版。

5. 吴峻：《寻找庇护的艺术？——电影融资与扶持法律制度》，社会科学文献出版社 2013 年版。

6. 向勇，赵佳：《文化立国，我国文化发展新战略》，北京联合出版公司 2012 年版。

7. 龙怒：《云南省文化产业融资问题研究》，云南大学出版社 2013 年版。

8. 吴楣：《集群的力量（基于产业集群的中小文化创意企业融资研究）》，湖北人民出版社 2012 年版。

9. 李学鑫：《中部农区特色文化产业集群发展理论与实践》，科学出版社 2014 年版。

10. 秦宗财：《文化创意产业营销：理论与实践》，中国科学技术大学出版社 2013 年版。

11. 白远，池娟：《文化创意产业发展比较研究——理论与产品的国际贸易》，中国金融出版社 2009 年版。

12. 胡惠林，单世联：《文化产业学概论》，书海出版社 2006 年版。

13. 范建华：《文化与文化产业发展新论》，人民出版社 2011 年版。

14. 林日葵：《艺术经济学与文化产业新论》，中央文献出版社 2011 年版。

15. 叶取源，王永章，陈昕：《中国文化产业评论（第七卷）》，上海人民出版社 2008 年版。

16. 冯子标：《文化产业运行论》，科学文献出版社 2010 年版。

17. 王齐国，张凌云：《文化产业园理论与实践》，山东大学出版社 2011 年版。

18. 桑彬彬：《旅游产业与文化产业融合发展的理论分析》，联合大学出版社 2014 年版。

19. 虞海侠：《中国电影产业投融资机制研究》，经济管理出版社 2012 年版。

20. 露易丝·利维森：《电影制片人融资指南（第 6 版）：小制作大舞台，教你按"资本的规矩"行事》，曹怡平译，世界图书出版公司 2013 年版。

21. 刘藩：《电影产业经济学》，文化艺术出版社 2010 年版。

22. 何春耕：《中国电影产业与政策发展研究》，新华出版社 2012 年版。

23. 孙启明．文化创意产业的形成与历史沿革．文化创意产业前沿——希望：新媒体崛起，中国传媒大学出版社 2008 年版。。

24. 陈秀山，张可云：《区域经济理论》，商务艺术馆 2009 年版。

25. 国家开发银行，中国人民大学联合课题组：《开发性金融论纲》，中国人民大学出版社 2006 年版。

（二）论文类

1. 贾康：《税收促进文化产业发展的理论分析与政策建议》，《财政研究》，2012 年第 04 期。

2. 陈文旭：《阿多诺"文化工业"批判理论及其启示》，《北京交通大学学报（社会科学版）》，2014 年第 01 期。

3. 范希春：《论法兰克福学派文化批判理论》，（山东师大学报年第社会科学版)，2000年第6期。

4. 涂耀军：《中国特色社会主义理论体系视野下的文化产业发展策略》，《中共云南省委党校学报》，2014年第01期。

5. 常凌翀：《中西方文化产业理论嬗变对比研究》，《民族论坛》，2013年第11期。

6. 吉永生：《向普适文明迈进——兼论加入WTO的文化意义》，《云南行政学院学报》，2004年第3期。

7. 王瑜：《增长极理论与实践评析》，《商业研究》2011年第4期。

8. 张凌云：《文化产业园区有关理论问题重述》，《东岳论丛》，2011年第08期。

9. 李华成：《欧美文化产业投融资制度及其对我国的启示》，《科技进步与对策》，2012第7期。

10. 王海岳：《文化资本理论研究》，《南通职业大学学报》，2012年第1期。

11. 戴钰：《文化产业空间集聚研究》，武汉理工大学2012年版。

12. 杜小伟：《促进文化产业发展的财税政策——理论基础及政策设计》，《会计之友》，2013年第19期。

13. 施正文：《加快完善促进文化产业发展的财税政策法规体系》，《中国税务》，2013年第12期。

14. 鲍枫：《中国文化创意产业集群发展研究，吉林大学，2013。

15. 施涛：《文化产业集群理论与广西的实践》，《商业文化》，2012年第6期。

16. 邹广文：《资源与市场：中国文化产业的发展优势》，《学习时报》，2006.04.20.

17. 杜广中：《文化产业的投融资体制研究——兼论福建省文化产业投融资问题》，《东南传播》，2008第9期。

18. 王元京：《政府投资方式适用性研究》，《经济研究参考》，2006年第4期。

19. 张李节，赵建军：《文化产业发展中的市场失灵纠正与政府职能再审视》，《淮北师范大学学报年（哲学社会科学版）》，2012年第6期。

20. 陈元：《创国际一流业绩的开发性金融》，《求是》，2003年第19期。

21. 戴磊：《国开行"融资+融智"支持西安曲江新区文化产业建设》，《人民日报》，2011.11.07。

22. 王伟伟：《发达国家或地区发展文化创意产业的启示》，《北方经贸》，2012年第5期。

23. 福建省工商行政管理局课题组：《福建省文化创意产业的财税政策研究》，中共福建省委党校学报，2012年第8期。

24. 郭彧：《构建文化产业全方位投融资体系》，《青年记者》，2012年第16期。

25. 吴庆华：《国外文化产业财税政策借鉴与启示》，《财会月刊》，2012年第5期。

26. 张硕：《北京文资办主任：确保国有文化资产保值增值》，《北京晨报》，2014.01.20。

27. 陈红泉，何建平：《海外动漫产业投融资机制的经验借鉴》，《经济研究参考》，2008年第18期。

28. 王者洁，张莉莉：《论文化产业可持续发展的立法保障——以天津市文化产业发展为例》，《理论与现代化》，2014年第1期。

29. 辛阳：《中美文化产业投融资比较研究》，吉林大学，2013。

30. 何虹，海猛：《美、日、韩文化产业投融资经验及借鉴》，《贵州农村金融》，2012年第6期。

31. 李慧：《美国文化产业发展模式及其对我国西部地区的启示》，《科技广场》，2013年第11期。

32. 张梦依：《电影票房的百分之五该怎么用》，《中国文化报》，2012.11.19。

33. 罗潇：《知识资产证券化提振文化产业融资》，《新京报》，2010.04.09。

34. 王平，徐兵，李本乾：《美国影视制作投融资改革及中国借鉴》，《新闻界》，2014年第1期。

35. 张玉玲：《资本钟情哪类文化产业项目——从"2014年度文化金

融合作项目库"看文化金融合作走向》,《光明日报》,2014.05.25。

36. 张爱辉:《论激励自主创新的税收政策》,《时代经贸》,2008年第12期。

37. 李华成:《欧美文化产业投融资制度及其对我国的启示》,《科技进步与对策》,2012年第7期。

38. 李凌:《社会资本进入文化产业的投融资体系建设探究》,《新西部》,2013年第32期。

39. 荆晓燕:《世界强国文化产业发展的主要经验与启示》,《中共青岛市委党校青岛行政学院学报》,2012年第3期。

40. 潘玉香,海洋:《天津市文化创意产业投融资研究》,《天津经济》,2012年第9期。

41. 王玺,姜朋:《鼓励自主创新的税收优惠政策探析》,《税务研究》,2010年第8期。

42. 兰相洁,焦琳:《文化产业财税支持政策的国际比较及启示》,《中国财政》,2012年第15期。

43. 程丹艺:《英国文化创意产业融资对我国的启示》,《金融发展评论》,2012年第3期。

44. 钱霞,庄杨,黄晋:《推进企业自主创新的财税政策研究》,《软科学》,2012年第2期。

45. 刘军民:《提升企业自主创新能力的财税政策分析》,《华中师范大学学报》,2009年第2期。

46. 财政部财政科学研究所课题组:《财税支持中小企业自主创新的问题及对策》,《中国财政》,2011年第3期。

47. 龙怒:《云南省文化产业发展的金融支持研究》,《云南社会科学》,2012年第2期。

48. 张伟,周鲁柱:《我国文化产业投融资存在的问题及基本对策》,《现代传播(中国传媒大学学报)》,2006第4期。

49. 月明:《文化产业项目该如何评估》,《中国文化报》,2010.06.23。

50. 杨畅:《金融支持文化产业,期待四层突破》,《上海证券报》,2011.08.04。

51. 徐升权：《促进文化产业发展的法律制度建设与创新》，《科技与法律》，2010年第4期。

52. 吴凤平，曲顺兰：《高新技术企业自主创新能力再培育的财税政策选择》，《税务研究》，2009年第5期。

53. 李存周：《促进中小企业自主创新财税政策的探讨》，《现代商业》，2012年第5期。

54. 娄爱花，宁晓娜：《促进陕西文化产业发展的财税政策选择》，《陕西行政学院学报》，2014年第1期。

55. 梁云凤，孙亦军，雷梅青：《促进文化产业发展的财税政策》，《税务研究》，2010年第07期。

56. 钱霞，庄杨，黄晋：《推进企业自主创新的财税政策研究》，《软科学》，2012年第2期。

57. 刘群：《完善财税政策增强企业自主创新能力》，《中国财政》，2009年第8期。

58. 财政部财政科学研究所课题组：《财税支持中小企业自主创新的问题及对策》，《中国财政》，2011年第3期。

59. 杨玉娟，刘恒洲：《黑龙江省文化产业投融资研究》，《现代商业》，2014年第10期。

60. 蔡尚伟，钟勤：《论文化产业发展中的版权评估问题》，《西南民族大学学报年（人文社会科学版）》，2012年第1期。

61. 楮晓琳：《文化产业融资问题、现状与建议》，《经济导刊》，2010(9)。

62. 范晓宏，李静，安定明：《河北省文化产业投融资中的问题及对策研究》，《产业与科技论坛》，2011年第9期。

63. 蔡尚伟，钟勤：《论文化产业发展中的版权评估问题》，《西南民族大学学报年第人文社会科学版期》，2012年第1期。

64. 郭丽君：《文化产业调研行：《担当文化产业的"金融引擎"》，《光明日报》，2011.11.03。

65. 汪洋：《我国文化产业发展与投融资支持——陕西文化产业现状调查引发的思考》，《中国党政干部论坛》，2010第1期。

66. 余晓泓：《美国文化产业投融资机制及启示》，《改革与战略》，2008 第 12 期。

67. 林丽：《我国文化产业发展中的投融资问题及对策》，《经济纵横》，2012 第 4 期。

68. 李彬，于振冲：《日本文化产业投融资模式与市场战略分析》，《现代日本经济》，2013 年第 4 期。

69. 齐勇锋：《创新和完善文化产业投融资体系》，《中国金融》，2011 第 22 期。

70. 张彬，晏丹：《中日文化产业投融资模式比较》，《商业时代》，2012 第 4 期。

71. 卫兴华，孙咏梅：《文化产业市场化与投融资体制的改革》，《教学与研究》，2005 第 1 期。

72. 安定明：《文化产业投融资机制创新模式研究》，《中国城市经济》，2010 第 10 期。

73. 杜晓燕：《美国财政政策对文化产业投融资的支持探析》，《财政监督》，2011 第 12 期。

74. 何敏，何加明等：《成都市文化产业投融资问题探析》，《中国城市经济》，2011 第 2 期。

75. 谢耘耕：《文化产业投融资体制改革的两个突破》，《新闻界》，2004 第 2 期。

76. 刘二妹：《日韩文化产业投融资体系和启示》，《市场周刊（理论研究）》，2011 第 11 期。

77. 刘金林：《完善我国文化产业投融资市场体系的财税政策选择》，《税务研究》，2013 第 12 期。

78. 詹浩勇，刘明星：《我国文化产业投融资问题及策略研究》，《大众科技》，2011 第 11 期。

79. 吴少新，张立勇，张远为：《推进文化产业投融资机制改革研究》，《湖北经济学院学报》，2012 第 6 期。

（三）网络类

1. 孙志军：《加快推动文化产业成为国民经济支柱性产业》，新华网，2011. 10. 12.

2. 课题组：《中国文化产业发展指数年第 CCIDI 期. 研究成果报告》，文化部网站，2012. 7. 18.

3. 甬跃：《公司上市如何选择保荐人》，法律快车网，2013.09.05.

（四）年鉴类

1. 文化部财务司：《中国文化文物统计年鉴》，国家图书馆出版社，2011 - 2013.

2. 中华人民共和国国家统计局：《中国统计年鉴》，中国统计出版社，2008 - 2013.

3. 天津市统计局，国家统计局天津调查总队：《天津统计年鉴》，中国统计出版社，2008 - 2013.

二、外部文献

1. Rosenstein - Rodan, P. (1943). Problems of Industrialization of Eastern and South-Eastern Europe. Economic Journal. 53 (210/211), 157 - 165.

2. Hirschman, A. O. (1958). The Strategy of Economic Development. New Haven, CT: Yale University Press.

3. Romer, P. M. (1986). Increasing Returns and Long - run Growth. Journal of Political Economy. University of Chicago Press. 94 (40, 1002 - 1037.

4. Schumpeter, J. A. (1934). The Theory of Economic Development: An Inquiry into Profits, Capital, Credit, Interest, and the Business Cycle. London: Oxford.

5. Arrow, K. J. (1962). The Economic Implications of Learning by Doing. The Review of Economic Studies. 29 (3), 155 - 173.

6. Nelson, S., Phelps, E. (1966). Investment in Human, Technological Diffusion, andEconomic Growth. American Economic Review. 5, 56.

7. Gerschenkron, A. (1962). Economic Backwardness in Historical Per-

spective [M]. Boston: Belknap Press of Harvard University Press.

8. Levy, M. (1996). Modernization and the Structure of Societies: A Setting forInternational Relations. Princeton: Princeton University Press.

9. Barrow, R. J., Sala-Martin, X. (1995). Technological Diffusion, Convergence, and Growth, National Bureau of Economic Research. Working Paper Series No. 5151.

10. Van Elkan, R. (1996). Catching up and Slowing down: Learning and GrowthPatterns in an Open Economy. Journal of International Economics. 41, 95 – 112.

11. Smith, A. (2009). An Inquiry into the Nature and Causes of the Wealth ofNations. Kansas: Digireads. com Publishing.

12. Abramjoritz, M. (1989). Thinking about Growth. Cambridge: CambridgeUniversity Press.

13. Brezis, E. S., Krugman, P. R., Tsiddon, D. (1993). Leap – frogging inInternational Competition: A Theory of Cycles in National Technological

14. Grossman, G. M., Helpman, E. (1991). Equality Ladders and Product Cycle. Quarterly Journal of Economics. 106, 557 – 586.

后 记

《完善文化产业投融资体系——以天津为例》是天津市艺术科学规划项目《完善天津文化产业投融资体系》（E12002）的最终研究成果。

党和政府历来重视文化建设，尤其是"十一五"以来，随着文化强国战略的实施，我国文化事业和产业发展迅速，但投融资体系的不完善成为阻滞了文化的大繁荣和大发展。就天津市而言，这一方面表现得也非常明显，在一定程度上影响了文化强市战略目标的实现。因此，针对这方面的研究有着强烈的实践意义。基于以上想法，本人申请文化艺术科学规划项目，幸而立项，经过艰苦的努力，才有了今天这个成果。

课题研究由李勇负责拟定提纲、组织调研和统稿等工作。本书分为六章，其中第一、二、三、四章由李勇撰写，第五章由王晓东撰写，第六章由李勇、张洪生、吴建军共同撰写完成。

课题研究和书稿撰写过程中，得到了中共天津市委党校经济学教研部、科研处等部门领导和同事以及天津市艺术科学规划办公室的积极热情帮助；出版过程中，得到了国家行政学院出版社领导的大力支持，在此谨表诚挚谢意！

本书撰写过程中参考和借鉴了国内外学界的研究成果，对此本书尽最大可能予以标注，如有遗漏和不妥之处，敬请见谅。

文化产业投融资体系的研究是一个系统而又复杂的问题，作者的研究水平有限，难免挂一漏万，恳请方家批评指正。

李勇

2014 年 12 月 25 日